Wolf D. Hartmann, Wolfgang Maennig, Run Wang
Unter Mitarbeit von Nikolaus A. Egel

# Chinas neue Seidenstraße

Wolf D. Hartmann, Wolfgang Maennig, Run Wang
Unter Mitarbeit von Nikolaus A. Egel

# Chinas neue Seidenstraße

## Kooperation statt Isolation – Der Rollentausch im Welthandel

Frankfurter Allgemeine Buch

Bibliografische Information der Deutschen Nationalbibliothek
Die Deutsche Nationalbibliothek verzeichnet diese Publikation in der Deutschen Nationalbibliografie; detaillierte bibliografische Daten sind im Internet über http://dnb.d-nb.de abrufbar.

Frankfurter Allgemeine Buch


Frankfurter Allgemeine Buch, Frankenallee 71–81,
60327 Frankfurt am Main

Umschlag: Julia Desch, Frankfurt am Main
Titelgrafik: © Kara – Fotolia.com
Satz: Wolfgang Barus, Frankfurt am Main
Druck: CPI books GmbH, Leck
Printed in Germany

2. Auflage, Frankfurt am Main 2018
ISBN 978-3-95601-224-2

# Inhalt

# Vorwort

Seit der jüngsten Präsidentschaftswahl in den USA geht weltweit das Gespenst der Rückkehr zu Protektionismus und Begrenzung der Globalisierung um. Selbst das Androhen neuer Mauerbauten an Staatsgrenzen ist wieder salonfähig geworden. Außenhandelsüberschüsse werden kritisch bewertet, und die USA drohen führenden Exportnationen Strafzölle an.

Ausgerechnet in dieser Zeit triumphierte der chinesische Staatspräsident Xi Jinping im Januar 2017 auf dem Davoser Wirtschaftsforum als neuer Star der freien Weltwirtschaft.[1] Dabei ist China immer noch offiziell eine Planwirtschaft mit dem aktuell 13. Fünfjahresplan bis 2020.[2] Der Fünfjahresplan zielt darauf ab, dass die Volksrepublik China in definierten Schlüsselbereichen eine globale Führungsposition erreicht. Dazu zählen alle signifikanten Zukunftsbereiche von der Informationstechnik, Robotik und Hightech-Ausrüstungen über die Luft- und Raumfahrt sowie modernste Schnellbahntechnik bis hin zur E-Mobilität, aber auch Biotechnologie sowie Landwirtschaftstechnik. Die wirtschaftspolitische Position der Volksrepublik China gegenüber Europa und speziell Deutschland hat sich laut offizieller Einschätzung des Auswärtigen Amtes weiter verstärkt. China ist inzwischen wichtigster Handelspartner für Europa und Deutschland.[3] Zusammenfassend und diplomatisch formuliert schätzt das Auswärtige Amt die Beziehungen so ein:

„Dynamische Handelsbeziehungen, Investitionen, Umweltzusammenarbeit, forschungs- und wissenschaftspolitische Zusammenarbeit und ein intensiver hochrangiger Besucheraustausch prägen die Beziehungen. Reziproke Marktöffnung für Handel und Investitionen, Schutz geistigen Eigentums und unfreiwilliger Technologietransfer bleiben Themen des Dialogs zwischen Unternehmen und den Regierungen beider Länder."[4]

Chinas Wachstum bestimmt zunehmend die Weltkonjunktur, auch wenn es sich statt zweistellig „nur noch" um 6,5 Prozent bewegt. Das Wachstum soll nachhaltiger werden, und angekündigte Reformen vorwiegend strukturbestimmender Staatsunternehmen müssen greifen. Das betrifft vor allem den Umbau von 111 zentralstaatlichen und geschätzten rund 150.000 Staatsunternehmen auf Provinz- und lokaler Ebene.[5] Im Wettstreit um die Überlegenheit von Marktwirtschaftsmodellen gegenüber Planwirtschaftsansätzen gibt es allerdings seit Längerem eher verhaltene

Töne, wenn es um China geht. Chinas Wirtschaftsmodell lässt sich nicht in ein einfaches Schema einordnen, denn es gibt keine andere erfolgreiche Exportnation mit einem Fünfjahresplan und einem zentralgeleiteten Innovationssystem, aber zugleich auch starken international agierenden Unternehmen.

Im Wettstreit der internationalen Akteure hat China parallel zur zunehmenden Konfrontation des Westens mit Russland ein geopolitisches Initiativmodell der Kooperation und Entwicklung zum gegenseitigen Vorteil entworfen, das weltweit seinesgleichen sucht. Ein zentraler Bestandteil dieser Neuorientierung im freien Welthandel ist Chinas Vision der Wiederbelebung der alten Seidenstraße. Schon im Herbst 2013 hatte Xi Jinping an der Nasarbayev University in Kasachstan seine „One Belt One Road"-Initiative (kurz: OBOR) als Projekt einer „neuen Seidenstraße" angekündigt. Diese Initiative hat neben der wirtschaftlichen und geopolitischen auch eine hohe symbolische Bedeutung, knüpft es doch an die berühmte Seidenstraße an, die China schon im 2. Jahrhundert v. Chr. über viele Zwischenstationen mit Europa verbunden hatte. Dieser Tatsache ist es geschuldet, dass in einem Anhang gesondert die Historie dieser alten Seidenstraße von Nikolaus Egel, einem Spezialisten alter Weltkarten wie der Mappamondo des Fra Mauro, skizziert wird.[6]

Tatsächlich ist es nicht das erste Mal in der Geschichte, dass sich das „Reich der Mitte" zu einer führenden Weltmacht aufschwingt. Noch heute hängen viele Chinesen den großen Zeiten der Han-Dynastien und der Tang-Dynastien nach, in denen China weite Teile der alten Seidenstraße dominierte. Damals waren die Römer und später die Byzantiner begierig nach den Seidenprodukten, die den alten Handelswegen durch Zentralasien und den mittleren Osten ihren legendären Namen gaben. Die Herstellung des Naturprodukts Seide zählte in China zu den bestens gehüteten Geheimnissen bis ins 16. Jahrhundert hinein, so dass der edle Stoff nur aus China importiert werden konnte, obwohl natürlich auch viele andere Güter von Gewürzen bis zu Porzellan auf dem damals weltgrößten Handelsweg transportiert wurden.

In der Tradition der Seidenstraße möchte China im 21. Jahrhundert Asien und Europa nicht nur mit modernen Straßen, Schienennetzen, Schifffahrtslinien, Häfen, Industriekorridoren und Kommunikationsnetzen verbinden, sondern auch den friedlichen Wettbewerb zum gegenseitigen Vorteil und kulturellen Austausch fördern. Die Initiative einer „neuen Seidenstraße" knüpft in seiner Popularisierung und Vermarktung bewusst an die große Vergangenheit der Seidenstraße an und erscheint als äußerst ambitioniert. Das liegt auch daran, dass die geplante Verbindung mit Kirgisistan, Tadschikistan, Usbekistan, Turkmenistan und den Iran durch Länder führt, die heute nicht nur strukturell wenig erschlossen und voller geografischer Hindernisse sind, sondern die zudem auch zumeist politisch instabil und damit für den Handel nicht ungefährlich – und teils, wie der Iran, auch von den USA und der EU sanktioniert – sind.

Darüber hinaus ist mit der Initiative der „neuen Seidenstraße" auch an eine ebenbürtige Ausdehnung des Seehandels durch eine maritime Route gedacht, die gleichfalls an ruhmreiche Zeiten Chinas als Seemacht anknüpft. Chinas maritime Ambitionen erinnern damit an die Unternehmungen der Portugiesen, die gegen Ende des 15. und zu Beginn des 16. Jahrhunderts den Seeweg nach Indien (die sogenannte „Gewürzroute") auf ähnlichen maritimen Wegen eingerichtet hatten – mit der Errichtung von Häfen und Befestigungsanlagen entlang der afrikanischen Küste, um sich den Zugang zum lukrativen Gewürzhandel mit Indien und Südostasien dauerhaft zu sichern. So wurde Portugal von einer lokalen Macht zu einem der größten und mächtigsten Imperien der Frühen Neuzeit.[7] Einen ähnlichen Versuch hatte China mit den Expeditionen Zheng He's in umgekehrter Richtung bereits während der Ming-Dynastie zu Beginn des 15. Jahrhunderts unternommen.[8]

Die chinesische Initiative zur Wiederbelebung der Seidenstraße(n) umfasst eine – zumindest in der aktuellen Zeitgeschichte – unvergleichliche Dimension.[9] Die Führung in Peking verspricht sich davon einen engeren wirtschaftlichen Austausch mit seinen Nachbarn, aber auch bis hin nach Afrika, den mittleren Osten und Europa, und darüber hinaus auch immer, zumindest in den Ankündigungen, wechselseitige Vorteile, Wirtschaftswachstum und Aufschwung. Dass die Sicherung der großen Öl-, Edelmetall- und Gasvorkommen sowie sonstigen Rohstoffe in Zentralasien ein weiteres wesentliches Motiv darstellen, liegt auf der Hand.

Die USA haben mit ihrem „Silk Road Strategie Act"[10] im Jahr 1999 eine ähnliche Strategie angedacht. Die EU hatte sich bereits seit 1993 im Rahmen des TRACECA-Projekts[11] (Transport Corridor Europe-Caucasus-Asia-, deutsch „Verkehrskorridor Europa-Kaukasus-Asien") um einen infrastrukturellen Ausbau zwischen Europa und Zentralasien bemüht, wie zum Abschluss des ersten Kapitels näher erläutert wird.

In diesem Zusammenhang sei auch an die wiederholten Bemühungen Russlands erinnert, eine Freihandelszone von „Lissabon bis Wladiwostok" einzurichten. Wladimir Putin hatte diesen Vorschlag bereits auf der Münchener Sicherheitskonferenz 2007 unterbreitet, aber kein Gehör gefunden, obwohl er ihn später mehrfach wiederholte.[12] Die Folgen der sich daraus ergebenden verstärkten politischen und ökonomischen Zuwendung Russlands zu China werden – wie alle Entwicklungen entlang der Seidenstraße – erst in Zukunft abzuschätzen sein.[13]

China wächst wirtschaftlich nach wie vor trotz aller Rückschläge mit einer hohen Geschwindigkeit. Mit China ist eine neue und selbstbewusste politische und wirtschaftliche Großmacht wiedererstanden, die in den nächsten Jahrzehnten von hoher geopolitischer Bedeutung sein dürfte. Chinas neue Seidenstraße ist dafür jene Vision, die als weltumspannende Kontinental- wie Seeverbindung das 21. Jahrhundert verändern soll. Chinas außenpolitische Rolle wächst damit aus geopolitischer Sicht und fordert die USA und Europa wie seit Langem vorhergesagt auf neue Weise nicht nur in Eurasien, sondern bis nach Afrika heraus. Der US-Politologe Joseph S. Nye spricht von einer chinesischen „Marco-Polo-Strategie".[14] Europa und den USA, ja dem gesamten Westen fehlt eine analoge Vision, wie China sie mit der neuen Seidenstraße vorgelegt hat. Im Weiteren werden dazu Licht und Schatten der neuen Seidenstraßen-Initiative im Kontext der gesamten chinesischen Innovations- und Wirtschaftsstrategie erläutert.

Das wird vor allem im *ersten Kapitel* in Verbindung mit den jüngsten politischen Veränderungen in den USA und der Schwächung Europas durch den Brexit in den Mittelpunkt gestellt. Dazu werden sowohl Chinas interne Anstrengungen zur Modernisierung als auch die erweiterten Unternehmenskäufe in Europa und weltweit bei Technologieführern beurteilt.

Das *zweite Kapitel* gibt einen Einblick in die Dimensionen der OBOR-Initiative. Neben Verlauf und strukturellen Herausforderungen zu Lande und entlang der Küsten auf dem Seewege werden die zur Realisierung notwendigen Schritte aufgezeigt. Eine zentrale Rolle spielt dabei die Finanzierung der Mammutprojekte. Hier hat China schon lange kritisch auf die Weltbank und andere global agierende Finanzierungsinstitute geschaut und dann einen für viele, insbesondere die USA doch überraschenden und unerwarteten Schluss gezogen: die Gründung der Asian Infrastructure Investment Bank (AIIB).[15] Diese Bank mit Sitz in Peking soll mit weiteren internationalen Finanzinstituten sowie speziellen Fonds die Projekte der neuen Seidenstraßen-Initiative finanzieren helfen. Im Januar 2016 nahm die Bank ihre Arbeit ohne Beteiligung der USA und Japan auf. Deutschland wirkt wie Frankreich und Italien und andere europäische Staaten mit und stellt für die ersten Jahre den Direktor dieser Stimmrechtsgruppe. Über die Schritte zur Finanzierung der Großinitiative Chinas hinaus behandelt das zweite Kapitel vor allem die bereits in Angriff genommenen Realisierungsschwerpunkte im terrestrischen sowie maritimen Bereich der neuen Seidenstraße, zeigt aber auch die von Kritikern der chinesischen Initiative befürchteten militärischen Implikationen.

Das *dritte Kapitel* umreißt, welche Herausforderungen China parallel zu den Infrastrukturmaßnahmen im Innern des Landes lösen muss. Das Auswärtige Amt fasst zusammen: „China steht unverändert vor gewaltigen Aufgaben: Um wettbewerbsfähig zu bleiben, muss sich die Wirtschaft weiter modernisieren. Das Ziel des aktuellen 13. Fünfjahresplan ist die Umstrukturierung der chinesischen Volkswirtschaft von einer investitions- und exportorientierten zu einer innovationsgetriebenen. Hierfür müssen nicht zuletzt auch Innovationsfähigkeit und Kreativität in der Gesellschaft gestärkt werden, auch durch strukturelle Reformen im Bildungssystem. Um Märkte zu erschließen und technologische Lücken durch Zukäufe im Ausland zu schließen, wurden zudem im Jahr 2016 massive Auslandsinvestitionen getätigt.“[16]

In Europa wurde allein aufgrund der Sprachbarrieren kaum zur Kenntnis genommen, dass sich längst auch in China mächtige Internetkonzerne herausgebildet haben, die Google oder Amazon Paroli bieten. Oder auf dem Gebiet des Verkehrs geht China mit hohem Tempo in Richtung E-Mobilität, ähnlich wie bei der Durchsetzung von Digitalisierungsstrategien auf vielen anderen Gebieten.

Im *vierten Kapitel* werden diese Herausforderungen weiter konkretisiert. Dabei geht es insbesondere um das Erzielen eines nachhaltigeren Wachstums. Neben chinesischen Überkapazitäten in einzelnen Industriebereichen wie Stahl und Kohle bereiten vor allem soziale und ökologische Probleme erhebliche Sorgen. In keinem anderen Land der Erde zeigen sich die Folgen ungebremsten Wirtschafts- und Verkehrs – inklusive Logistikwachstums – so deutlich wie in China, obwohl auch das Eisenbahnnetz für Hochgeschwindigkeitsverbindungen erheblich ausgebaut wurde. Die Luftverschmutzung in chinesischen Großstädten zwingt zeitweise zu drakonischen Maßnahmen, wie das Abschalten der Produktion oder Fahrverbote. Immer deutlicher zeigt sich, dass alternative Antriebstechniken im Straßenverkehr unerlässlich sind und Vorrang bei der Autozulassung haben, was auch die deutsche Autoindustrie schmerzhaft spürt. Die Herausforderungen konsequenter Dekarbonisierung und verstärkten Umweltschutzes wachsen in allen Arbeits- und Lebensbereichen mit der zunehmenden Urbanisierung und der Digitalisierung.

Das abschließende *fünfte Kapitel* bewertet die Möglichkeiten und Grenzen der Belt-and-Road-Initiative im Gesamtkontext der chinesischen Wirtschafts- und Gesellschaftsentwicklung. Dabei werden die Ziele des 13. Fünfjahresplans mit den Ansprüchen der Durchsetzung der neuen Seidenstraßen verglichen, besonders der hohe Ressourcenbedarf und die nötige Kooperationsbereitschaft sowie Konnektivität der Initiative in den betreffenden Regionen und Staaten. Gleichzeitig geht es um die Internationalisierung und Modernisierung des „Innovationssystems Chinas", die Entbürokratisierung und Verstärkung des Kampfes gegen Korruption bei erhöhter Partizipation der Bevölkerung und dem Ausbau eines dynamischen Unternehmertums. Vom Design bis zum Marketing neuer Produkte aus China werden vielfältige Anstrengungen unternommen, um insbesondere den erhöhten Qualitätsansprüchen weltweit gerecht zu werden und unter Beweis zu stellen, dass die mit der OBOR-Initiative angestrebte Prosperität allen Beteiligten zu Gute kommt.

Die vorliegende Veröffentlichung soll bei der Beurteilung helfen, ob für die betroffenen Regionen die Chancen oder Risiken der Seidenstraße überwiegen. Sicher ist, dass es bei der Beurteilung Freiheitsgrade gibt. Sicher ist aber auch, dass für die Umsetzung der Vision von der neuen Seidenstraße das chinesische Sprichwort gilt:

„Jede große Reise beginnt mit einem kleinen Schritt."

# 1. Chinas neue Rolle in der Globalisierung

## Neue Herausforderungen nach Trumps „America first" und dem Brexit

Auf der Webseite des Weißen Hauses sticht als Zeichen der Präsidentschaft Donald Trumps die US-Flagge mit dem Motto „AMERICA FIRST" ins Auge.[1] Die offizielle Einschätzung nach 100 Tagen ging davon aus, dass kein Präsident der USA in den vergangenen 50 Jahren eine brillantere Bilanz aufzuweisen hat, wenngleich das weltweite Medienecho dies teilweise anders sah. Bereits in den ersten Monaten seiner Amtszeit überraschte Trump die Welt mit immer neuen Vorstößen und Dekreten. Sie fokussierten sich nach Angaben des Weißen Hauses insbesondere auf die Stärkung des Militärs, die Beendigung der illegalen Immigration und auf die Wiederbelebung der amerikanischen Wirtschaft. Kritischen Einschätzungen zufolge ist die außenpolitische Position der USA eher geschwächt. Ernsthaft wird gefragt, ob es sich vielmehr um eine „America Third: A China First and Russia Second Foreign Policy" handelt?[2]

China wird besonders seit Beginn der Regierungsära von Donald Trump eine weltpolitisch neue Rolle zugesprochen, während sich Russland bedingt durch den Vorwurf einer Einmischung in den US-Wahlkampf und davor vor allem durch die Übernahme der Krim-Halbinsel erneut isoliert hat und von der westlichen Welt mit Sanktionen belegt wurde – obwohl dies auch für die Wirtschaft der sanktionierenden Länder Milliardenverluste bedeutet.

Um China im 21. Jahrhundert und seine neue Rolle in der Weltwirtschaft zu verstehen, muss man die weltpolitische Lage mit ihren gravierenden Veränderungen besonders der letzten Jahre und Jahrzehnte berücksichtigen. Wenn man die im Vorwort benannten, teilweise viele Jahrhunderte zurückliegenden Initiativen insbesondere Chinas und Portugals, aber auch Spaniens außer Acht lässt, startete die Globalisierung aus handelspolitischer Sicht spätestens am 1. Januar 1948, als sich 23 Staaten in Genf zum ersten Zoll- und Handelsabkommen GATT (General Agreement on Tariffs and Trade) zusammenschlossen. Das Bundesministerium für Wirtschaftliche Zusammenarbeit und Entwicklung schätzt, dass rund 50 Jahre lang das GATT den Welthandel bestimmte.[3] Die Bundesrepublik schloss sich dem GATT schon 1951 an, wie später viele weitere Staaten, bis das Abkommen 1995 in der Welthandelsorganisation WTO (World Trade Organization) aufging, der seit Juli 2016 bereits 164 Länder angehören.[4] Ein von der WTO vorgesehenes globales Freihandelsabkommen scheiterte an den unterschiedlichen Interessen der Industrie-, Schwellen- und Entwicklungsländer. Es folgte die Gründung regionaler Handelsblöcke, etwa in Südamerika 1991 MERCOSUR, der EU-Binnenmarkt 1993, die südostasiatische AFTA 1993 und der nordamerikanische NAFTA-Pakt zwischen den USA, Kanada und Mexiko 1994.

Die USA schotten sich inzwischen ab und stellen die Idee des multilateralen Freihandels ganz offen in Frage – was schlechte Aussichten für die geplanten transpazifischen Handelsabkommen TPP (Trans-Pacific Partnership) und das transatlantische Handelsabkommen TTIP (Transatlantic Trade and Investment Partnership) bedeutet. EU-Handelskommissarin Cecilia Malmström sah das TTIP-Abkommen nach Trumps Wahl im „Gefrierschrank“, und die europaweiten Gegner der „neoliberalen“ Handelsabkommen hatten Zeit zum Verschnaufen im Protest gegen diese Handelsabkommen. Inzwischen haben sich die Bündnisse gegen unfaire und geheime Verhandlungen von internationalen Handelsabkommen zu einem „Netzwerk Gerechter Welthandel“ vereinigt, um gemeinsam auf die europäische Handelspolitik einzuwirken.[5]

Viele Unternehmer sehen für die Weltwirtschaft schwere Zeiten. China öffnet sich just in dieser Phase einer sich dynamisch ändernden Globalisierung. Nach nur rund eineinhalb Jahrzehnten Mitgliedschaft in der Welthandelsorganisation WTO seit Dezember 2001 ruft China eine Wiederbelebung der Seidenstraße aus – und knüpft damit nicht nur an einen historisch erfolgreichen Handelsweg zwischen Asien und Europa an, sondern an seine einstige geopolitische Bedeutung vor über zweitausend Jahren.

Die USA verzeichneten 2016 mit der Wahl von Donald Trump zum Präsidenten ein Wiedererstarken der republikanisch-konservativen Kräfte im Land. Was bedeutet die Trumpsche Außen- und Wirtschaftspolitik für das Gleichgewicht der Weltwirtschaft? Die meisten Verbündeten und nicht zuletzt die Nachbarn Amerikas müssten die Vorstellung und das „populistische Manifest“, das sie zu hören bekamen, erst einmal verdauen, heißt es. Es habe nicht – wie man früher sagte – der Führer der freien Welt oder der Präsident der globalen Ordnungsmacht gesprochen, sondern einer, der Ordnungen zertrümmere: „Insofern ist diese ‚alte Welt‘ untergegangen. Ob auch der Westen untergeht? Wenn die Vereinigten Staaten keine Lust mehr haben, internationale Verantwortung zu tragen, auf gemeinsamen

Werten gründende Bündnisse zu pflegen, dafür aber die Weltwirtschaft im Führermodus aus den Angeln heben, was bleibt dann vom Westen? ... Dennoch muss man sich daran erinnern, dass die europäische Einigung gute Zeiten immer dann erlebte, wenn Amerika sie mit Wohlwollen begleitete. Jetzt heißt es kurz und bündig ‚Amerika zuerst'! Kann der Gegensatz dazu Europa stark machen?"[6]

Sorgen bereitet vielen Wirtschaftsexperten die „Abschottungsstrategie" Trumps: „Sollten die USA tatsächlich aus ihren Handelsabkommen ausscheren und Strafzölle etwa auf Waren aus Mexiko oder China erheben, könnte dies schnell in einen weltweiten Handelskrieg münden."[7] Das Washingtoner Peterson Institute of International Economics (PIIE) sieht bei einem Handelskrieg Millionen von Arbeitsplätzen in den USA in Gefahr, vor allem für Minderqualifizierte, denn Trumps Politik „could unleash a trade war that would plunge the U.S. economy into recession and cost more than 4 million private sector jobs."[8]

Die „Welt" zitiert Eric Nielsen, den Chefökonom von Unicredit, demzufolge sich die Weltwirtschaft glücklicherweise erhole, was auch die USA nicht mehr aufhalten könnten. Die Frage sei nur, „bis zu welchem Grad Trump die lang erwartete Erholung von ihrem Kurs abbringen wird".[9]

Auch der Bund der Deutschen Industrie warnt vor Abschottungstendenzen. Eine repräsentative Umfrage des Sozialforschungsinstitutes INSA belege, dass jeder zweite Deutsche (52 Prozent) davon überzeugt sei, dass sich Freihandel positiv auf die deutsche Industrie auswirke. Außerdem rechneten sich mehr Menschen in Deutschland persönliche Vorteile (36 Prozent) als Nachteile (21 Prozent) durch Freihandel aus, BDI-Präsident Dieter Kempf äußerte sich in einer Pressemitteilung: „Wir dürfen eine Trendwende weg vom Freihandel hin zu Abschottung nicht zulassen... Die Mehrheit der Deutschen hält die Auswirkungen des Freihandels auf die deutsche Industrie für positiv. Das ist ein wichtiges Ergebnis in einer Zeit, in der Politiker weltweit wieder stärker auf Abschottung setzen."[10] Dabei rangiert Deutschland global bei den Im- und Exporten auf dem dritten Platz, obwohl es nur ein Prozent der Weltbevölkerung stellt. Und rund 15 Prozent aller weltweiten Exporte sowie annähernd genauso viele Importe lassen sich der EU zuschreiben – obwohl diese nur etwa sieben Prozent der Weltbevölkerung stellt.

Die Europäische Union steht angesichts des BREXIT – des am 23. Juni 2016 per Referendum mit 51,89 Prozent mehrheitlich beschlossenen Ausstiegs der Briten aus der EU – vor einer harten Bewährungsprobe wie Großbritannien selbst auch. Großbritannien setzt inzwischen auf einen harten BREXIT aus der EU, also Ausstieg aus der Zollunion, dem Binnenmarkt und dem gesamten europäischen Rechtsgefüge. Die gemeinsame Politik für einen starken Handelsplatz Europa befindet sich seit dem EU-Referendum der Briten auf dem Prüfstein. Beobachter fürchten, die Befürworter eines Austritts in anderen Ländern könnten sich nun gestärkt fühlen. Die Vorsitzende des rechtsextremen Front National in Frankreich, Marine Le Pen, ließ sich im vergangenen Präsidentschaftswahlkampf gerne „Madam Frexit" nennen und forderte das Ende eines Schengen-Raums ohne Grenzkontrollen und zudem den Austritt aus dem Euro.[11] Mit diesem Programm schaffte sie es 2017 immerhin in die Stichwahlen gegen den parteilosen Aufsteiger des sozial- und wirtschaftsliberalen Lagers, Emmanuel Macron. Auch nach dessen Wahlsieg und der Niederlage Le Pens verstummten die Stimmen gegen die Europäische Union nicht.

Das veränderte Agieren der USA und die aktuelle Schwächung der EU beförderten die Pläne Chinas, stärker denn je im Weltwirtschaftsgeschehen mitzumischen. Die Stiftung Wissenschaft und Politik hat diesen zentralen Aspekt der chinesischen Außenpolitik in einer Studie[12] untersucht. Darin konstatiert Nadine Godehardt, dass Beziehungen zu den direkten Nachbarstaaten in Asien für China auch in der Vergangenheit immer von Bedeutung waren. Von Deng Xiaoping bis Xi Jinping könne Pekings Nachbarschaftspolitik dabei in drei Phasen eingeteilt werden.

- Ende der 1970er Jahre und während des Kalten Krieges ging es China darum, Konflikte zu vermeiden und sich auf die eigene Entwicklung zu konzentrieren. „Nicht auffallen" (tao guang yang hui) war die Devise. Stabilität in den Grenzgebieten wurde als wesentliche Voraussetzung für die wirtschaftliche Entwicklung gesehen.[13] 1979 nahm China volle diplomatische Beziehungen zu den USA auf. 1984 schloss es mit Großbritannien ein Abkommen, aufgrund dessen China 1997 die Souveränität über Hongkong zurückerlangte. 1989 erfolgte die Aussöhnung mit der UdSSR.
- Von den 1990er Jahren bis Anfang 2000 öffnete sich das Land nach außen. Der frühere Staatspräsident Jiang Zemin strebte „freundliche Nachbarschaftsbeziehungen" an (mulin youhao). Jeder Nachbarstaat wurde demnach gleich behandelt. Wirtschaftskooperationen wurden nun umgekehrt zu früher als Basis für die nationale Sicherheit gewertet.[14] Innenpolitisch intensivierte Deng Xiaoping 1992/93 die wirtschaftliche Reformpolitik. Privatwirtschaftliche Tätigkeit wurde in weitestem Umfang zugelassen.
- Ab der Jahrtausendwende vertiefte China seine institutionellen Verbindungen mit dem Ausland. Wichtigster Schritt war dabei Chinas Beitritt

zur Welthandelsorganisation WTO am 11.12.2001, der den Aufstieg des Landes erheblich beschleunigte. Um den steigenden Rohstoffbedarf des Landes zu sichern, intensivierte die chinesische Führung die Beziehungen zu Afrika und richtete 2006 ein chinesisch-afrikanisches Gipfeltreffen aus. Die Volksrepublik stieg zu einem Global Player auf, war 2008 Austragungsort der Olympischen Spiele und 2010 der World Expo in Shanghai. Als die globale Finanzkrise 2009 begann, reagierte die Volksrepublik China antizyklisch und verabschiedete ein Konjunkturpaket in Höhe von rund 465 Milliarden US-Dollar. Ohne Zweifel haben die erleichterten Handels- und Investitionsbedingungen China beflügelt, kein anderes Land hat sich so schnell als globaler Player etabliert.

China ist keine Demokratie nach westlichem Verständnis. Das Land bezeichnet sich seit seiner Verfassung von 1982 als „sozialistischer Staat der demokratischen Diktatur des Volkes". Die Kommunistische Partei Chinas hat laut Verfassung die Führung des Landes auf Dauer abonniert. Nichtsdestotrotz wurde China aufgrund des anhaltenden Wirtschaftswachstums zur Jahrtausendwende ein entscheidender Faktor der ökonomischen Globalisierung. In keinem Land der Welt gibt es mehr Börsengänge als in Shenzhen oder Hongkong. China ist heute die zweitstärkste Volkswirtschaft der Welt, Exportweltmeister, Besitzer der höchsten Devisenreserven, reichster Gläubiger der Vereinigten Staaten. In Folge von Turbulenzen an den chinesischen Börsen verlor China 2015 nicht weniger als 100 Milliarden US-Dollar an Reserven – in einem einzigen Monat, im gesamten Jahr sanken die Devisenreserven um eine halbe Billion. „Von einer Pleite ist das Land … noch sehr weit entfernt"[15], schrieb das Nachrichtenmagazin „Der Spiegel" Anfang 2016 und verwies auf die hohen Bestände Chinas von 3,33 Billionen US-Dollar.

Wie Russland traf auch China 2017 massive Vorkehrungen, um gegebenenfalls aus dem Dollar-System auszusteigen.[16] Das Land verkaufte US-Staatsanleihen und erhöhte seine Goldreserven. 2014 hat die Volksrepublik mit ihren Beständen die Schweiz überholt und kam mit 1.054 Tonnen Gold Russland sehr nahe (USA: 8.133, Deutschland: 3.384, Russland 1.112 Tonnen).[17] Ende 2016 besaß Peking mit 1.842 Tonnen bereits mehr als Moskau (1.615 Tonnen).[18] Doch Goldhändler vermuten wesentlich höhere Bestände in chinesischer Hand: „… könnte es sich bei der angeblichen Gold-Unlust im Reiche der Mitte auch um eine Finte der chinesischen Notenbank handeln. Schließlich will diese ihre Währung zum Jahresende in den Währungskorb des Internationalen Währungsfonds legen. Dann wäre der Yuan offiziell eine Reservewährung, so wie Dollar oder Euro. Um diesen Schritt vorzubereiten, musste China überhaupt erst seine Menge an Goldreserven veröffentlichen. Goldoptimisten hoffen nun, dass China bloß die Goldmärkte nicht in Aufregung versetzen wollte und in Wirklichkeit Reserven von 2.000, 3.000 oder noch mehr Tonnen Gold besitzt – und diese in Zwischenspeichern außerhalb der Notenbank-Bilanz parkt. Zum Beispiel bei der Volksarmee."[19]

Fernost ist für Autohersteller und viele andere Branchen zu einer zentralen Absatzregion geworden. Um das Agieren internationaler Unternehmen in China zu erleichtern, sind die Zölle von im Schnitt 15,3 auf 9,8 Prozent gesenkt worden, rund einhundert Zweige der Dienstleistungswirtschaft sind inzwischen auch für ausländische Akteure zugänglich. Dies hat weiten Teilen der Europäischen Wirtschaft über die schwere Zeit der Währungs- und Finanzkrise hinweggeholfen. Die F.A.Z. zitiert Zhang Hanlin, Direktor des Instituts für WTO-Studien in Peking: „Unser Wohlstand ist schneller gewachsen, und nur dadurch hatten wir die Nachfragemacht, den Westen in der Wirtschaftskrise vor dem Schlimmsten zu bewahren."[20]

Doch wo Licht ist, findet man auch Schatten. China profitiere zwar gern vom freien Welthandel, sagen seine Kritiker, setze sich jedoch über die Prinzipien des fairen Wettbewerbs selbst hinweg. So klagen westliche Unternehmen über „fortgesetzten Diebstahl geistigen Eigentums und den Zwang zum Technologietransfer"[21]. Wer in Schlüsselbranchen aktiv werden will, muss einen wissenshungrigen chinesischen Joint-Venture-Partner akzeptieren. Ausländische Unternehmer fühlen sich diskriminiert.

In der EU betrifft jede zweite Untersuchung zu Preisdumping das Land China. Handelsstreitigkeiten entstehen vor allem dann, wenn die Staatsführung der heimischen Industrie, vor allem den Staatsunternehmen, Vorteile verschafft. Aufgrund ihrer Exportbeschränkung für neun wichtige Bodenschätze, allen voran Seltene Erden, steht die Volksrepublik ebenfalls in der Kritik – bei Europäern wie bei Amerikanern. Umgekehrt schreiben chinesische Experten dem Westen Diskriminierung und Protektionismus zu, so etwa der bereits zitierte WTO-Fachmann Zhang. Als Motive führt er auf Seiten der EU die Schuldenkrise und auf Seiten Amerikas neue Pazifik-Ambitionen an; der Westen agiere in beide Fällen auf Kosten der Volksrepublik. „Das aber führt zu nichts, wir sind alle aufeinander angewiesen."[22]

2013 definierte Peking den Begriff der „Großmachtbeziehungen neuen Typs", geprägt von drei Merkmalen:

- Konfrontationen vermeiden und vorhandene Dialogmechanismen nutzen sowie neue aufbauen,

- gegenseitig Respekt vor dem politischen und wirtschaftlichen System und der Vergangenheit des jeweils anderen Staates aufbringen,
- nationale Kerninteressen und gemeinsame Ziele beim Verfolgen der eigenen Interessen berücksichtigen.[23]

In diesem Grundverständnis soll das Verhältnis zwischen etablierten Mächten wie USA, Russland und EU und dem aufsteigenden China gedeihen.

## Chinas praktische Initiativen zum Bewahren des freien Welthandels

Die entscheidende Trendwende in der Wirtschaftspolitik Chinas begann im März 2011, als der einmal jährlich tagende Nationale Volkskongress den 12. Fünfjahresplan verabschiedete. Darin bekannte sich die Führung in Peking zu einem nachhaltigeren Wachstum mit einer Fokussierung auf:

- Umweltschutz,
- Inflationsbekämpfung und
- eine Stärkung des Inlandkonsums durch Wohlstandssteigerung.

Das private Unternehmertum förderte das Land bereits seit den 1990er Jahren. Eine wichtige weitere Voraussetzung für die neuen Wachstumspläne stellt der Zugang Chinas zum freien Welthandel dar. Dafür war ein Zugeständnis der Europäischen Union in den WTO-Beitrittsverhandlungen wichtig, die China bereits 1998 den Status einer „Nichtnichtmarktwirtschaft"[24] zuerkannt hatte. Die doppelte Verneinung macht die Vorbehalte einiger Mitgliedsstaaten und das lange Ringen deutlich. Weil der chinesische Transformationsprozess noch Jahre dauern würde, gewährten die Verhandlungspartner der EU Übergangsfristen beim Abbau von Handelsschranken. „Zahlreiche Industriezweige … sind noch immer im Schutz protektionistischer Barrieren gegen ausländische Konkurrenten tätig, genießen staatliche Subventionen und operieren in kleinen ‚Fürstentümern'… Im Zuge des Abbaus von tarifären und nichttarifären Handelsbarrieren und der Liberalisierung des Investitionsregimes werden diese Unternehmen nun plötzlich Konkurrenten gegenüberstehen, die es gelernt haben, sich im globalen Wettbewerb zu behaupten."[25] So gehe es aktuell der Landwirtschaft oder Staatsbetrieben, die bis dato unter dem Schutz des Staates standen. Ihr Hauptproblem: Produktionskosten ein Drittel über Weltmarktniveau.

In den 1980er und 1990er Jahren strebte China eine Teilnahme an der Weltwirtschaft an. Doch war den WTO-Partnern klar, dass der Beitritt massive Auswirkungen auf das Wirtschaftsgefüge haben würde. Auf China kamen weitreichende Anpassungen seiner Wirtschafts- und Handelspolitik und seines Verwaltungsapparates zu, die auch Konsequenzen für das gesellschaftliche und politische System der Volksrepublik haben könnten. Am meisten sollten zunächst die chinesischen Konsumenten vom beschleunigten Warenaustausch Chinas profitieren. Ihnen stand eine größere Auswahl an qualitativ besseren und kostengünstigeren Produkten zur Verfügung. Unter den chinesischen Industrieunternehmen sollten anfangs vor allem die Textil- und Bekleidungsindustrie vom WTO-Beitritt und dem Wegfall der Handelsbarrieren profitieren, weil sie ihre Exporttätigkeit ausweiten konnten. Mittelfristig werde die Aufnahme in die Welthandelsorganisation dreierlei Wachstumsimpulse für die Volksrepublik China bewirken[26]:

- Belebung der Wirtschaft: sowohl innerhalb Chinas selbst als auch im Zusammenspiel mit dem Ausland durch verstärkten Austausch.
- Mechanismen des Wettbewerbs: Konzentration auf diejenigen Wertschöpfungsbereiche, in denen das jeweilige Land ein Alleinstellungsmerkmal aufweist.
- Fortschritt: Produktivitätszuwächse im eigenen Land durch eine Intensivierung des Binnenwettbewerbs.

Die Aufnahme Chinas in die WTO hat Handelsexperten zufolge nicht nur China selbst verändert, sondern wird die Struktur der Weltwirtschaft insgesamt prägen. Die globale Arbeitsteilung werde sich dadurch weiter verfeinern, es werde neue grenzüberschreitende Güterströme geben und eine neue Allokation von Produktionsfaktoren bewirken. Der Preis spielt in diesem neuen Wirkungsgefüge zwei Rollen: Er ist die Ursache und das Ergebnis von Veränderung zugleich. Ein massiver Anstieg der chinesischen Ausfuhren wird die Preise auf dem Weltmarkt für die betreffenden Güter senken. Eine substanzielle Ausweitung chinesischer Einfuhren wird im Gegenzug Güter verknappen und teurer machen. Davon profitiert nicht China in erster Linie, vor allem profitieren die Volkswirtschaften Europas und der USA.[27]

Seit dem Beitritt Chinas in die Welthandelsorganisation haben sich die Direktinvestitionen ausländischer Kapitalgeber bis 2010 verdoppelt und liegen seither über 100 Milliarden US-Dollar pro Jahr – mit steigender Tendenz. Das bedeutet einerseits einen quantitativen Zuwachs auf der Seite der Produktionsfaktoren. Andererseits werden sich chinesische Firmen in der Folge auch westliche Managementpraktiken aneignen und die Qualität ihrer Produkte durch die Einfuhr neuer Technologien weiter steigern.

Vor allem der chinesische Binnenmarkt dürfte von den veränderten Rahmenbedingungen profitieren. Während heute knapp 90 Prozent der ausländischen Direktinvestitionen in Küstenregionen gehen, wird das Engagement ausländischer Kapitalgeber nun verstärkt in die Binnenprovinzen gehen.[28] Das bedeutet: Nicht mehr der Export billig in China gefertigter Güter steht im Fokus der internationalen Investoren; derzeit macht der Export noch gut 40 Prozent ihrer Geschäftstätigkeit aus. Langfristiges Engagement in China bedeutet, die starke Binnennachfrage der wachsenden Mittelschicht zu bedienen. Zusammenschlüsse und Aufkäufe von Firmen kommen an die Tagesordnung und werden den Sektor der Staatsbetriebe neu strukturieren. Davon werden auch wachstumsfördernde Spill-over-Effekte für chinesische Unternehmen erwartet.

Grundsätzlich schränkte der Beitritt zur WTO die wirtschaftspolitische Autonomie der Volksrepublik China ein, weil die internationalen Regeln des Welthandels stärker als davor zu beachten sind. Gleichzeitig stieg Chinas Einfluss auf internationale Wirtschaftsunternehmen, und Chinas Präsident Xi nutzte geschickt das schon im Vorwort erwähnte jährliche Davoser Weltwirtschaftsforum 2017 zur Betonung der Notwendigkeit des freien Welthandels gegenüber Rückschritten mit Strafzöllen und Einfuhr- oder Exportbeschränkungen.

Die Wiederbelebung historischer Handelsbeziehungen im Rahmen der „neuen Seidenstraße" spielte hierbei eine zentrale Rolle. Als wichtigste Konferenz zur Neuorientierung der Außenpolitik lud China Mitte Mai 2017 zu dem „Belt and Road Forum for International Cooperation" nach Peking ein. Nach Angabe von *The Diplomat* nahmen 29 Regierungschefs mit Präsident Xi und Russlands Präsident Putin teil, wobei auch UN-Genereal-sekretär António Guterres, der Präsident der Weltbank Jim Yong Kim und die Chefin des Internationalen Währungsfonds, Christine Lagarde, teilnahmen.[29] Insgesamt wurden mehr als 1.500 Teilnehmer aus 110 Ländern erwartet.

China erklärte auf diesem Forum der Welt seine geopolitische Strategie zur Verbindung Asiens, Europas und Afrikas auf dem Landweg und über die maritime Route. 65 Länder, drei Kontinente und Milliarden Dollar sollen die beteiligten Länder verbinden. 50 Kooperationsvorhaben sollen unterzeichnet werden. Bereits davor wurden 46 Kooperationsvereinbarungen mit 39 Staaten unterzeichnet, wie dem Nachrichtenportal Fast Facts im Internet zu entnehmen ist.[30] Aus Deutschland nahm stellvertretend für Bundeskanzlerin Angela Merkel Bundeswirtschaftsministerin Brigitte Zypries teil. China plant, mit der Neubelebung der Seidenstraße eine neue

Ära der Globalisierung mit Win-Win-Situationen für alle Beteiligten zu eröffnen, auch wenn westliche Diplomaten eher glauben, dass China eine Vorherrschaft erreichen will.

Gleich zu Beginn des Treffens in Peking zeigten sich jedoch Widersprüche zwischen den chinesischen und EU-Auffassungen über gegenseitig freien Handel. Während chinesische Unternehmen weltweit ausländische Unternehmen erwerben können, brauchen umgekehrt westliche Unternehmen in China immer noch zwangsweise einen Joint-Venture-Partner. Darüber hinaus geht es um Transparenz bei öffentlichen Ausschreibungen sowie um die Einhaltung von Sozial- und Umweltstandards, wie Nachrichtenagenturen berichteten.[31]

## Mergers und Acquisitions aus China in Europa und der Welt

Staudämme in Myanmar, Infrastrukturprojekte in Nigeria und der Kauf innovativer Unternehmen in Europa – all das geht auf das Konto Chinas. Allein 2012 hat die Volksrepublik weltweit rund 67 Milliarden Euro in Übernahmen, Neugründungen und sonstige Infrastrukturprojekte gesteckt. China ist damit international auf den dritten Platz geklettert – nur die USA und Japan investieren weltweit noch mehr. Schätzungen des Mercator Institute for China Studies zufolge könnten die Investitionen bis 2020 sogar auf insgesamt 1,5 Billionen Euro[32] anwachsen. Strukturelle Veränderungen in der chinesischen Wirtschaft und die verstärkte Unterstützung der Regierung seien die Ursachen. Peking habe eine Reihe von Genehmigungserfordernissen für Investitionsprojekte zurückgenommen. Heute sind mehr chinesische Investoren denn je auf Shoppingtour durch Europa. Es braucht nicht betont zu werden, dass diese Einkaufstouren in Deutschland und Europa durchaus mit gemischten Gefühlen begleitet werden und teilweise auf Argwohn stoßen, wenn Schlüsselinteressen betroffen sind. Das betrifft vor allem sensitive Hochtechnologiebereiche, in denen Genehmigungen des Bundeswirtschaftsministeriums erforderlich sind. Die folgende Übersicht gibt einen Einblick zu den Europaaktivitäten.

Obwohl die in Frankreich, Deutschland und Großbritannien getätigten Investitionen gerade einmal drei Prozent des gesamten chinesischen Investitionsvolumens ausmachen, lösen die Transaktionen in diesen Ländern Sorgen aus. Die finanzkräftigen Investoren aus Fernost werden mit einem Ausverkauf von Technologie und Know-how in Verbindung gebracht. In den Jahren 2012 bis 2014 ging der Großteil der chinesischen Gelder für Europa nach Großbritannien, wo chinesische Bauinvestoren hochpreisige

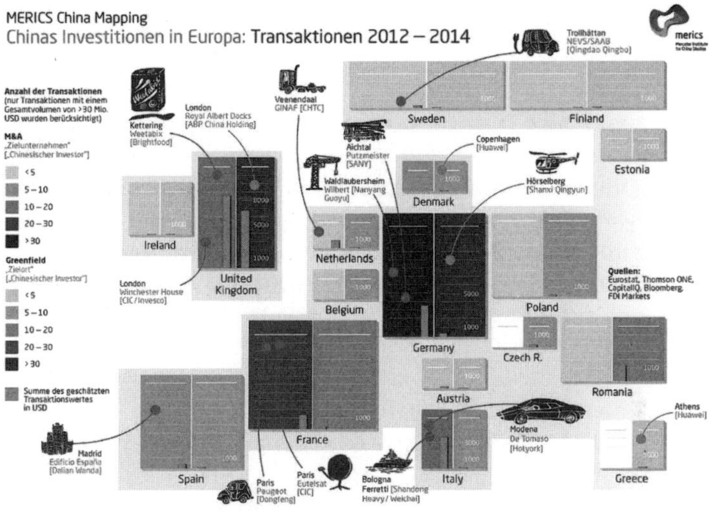


*Abbildung 1: Chinas Direktinvestitionen nach Europa steigen an. Vor allem Frankreich, Großbritannien und Deutschland gelten als attraktive Partner*[33]

Büroprojekte in London realisierten. Eine Unternehmensgruppe aus der Volksrepublik beteiligte sich am Flughafen Heathrow. Und der Nahrungsmittelkonzern Brightfood aus Shanghai kaufte die Marke Weetabix.[34]

In Deutschland erreichte das Transaktionsvolumen an Mergers und Acquisitions aus China[35] allein im ersten Halbjahr 2016 fast 10,8 Mrd. US-Dollar, umgerechnet 9,7 Mrd. Euro. In den zehn Jahren zuvor war zusammengenommen nur halb so viel aufgebracht worden. In ganz Europa betragen die Zukäufe und Beteiligungen chinesischer Unternehmen sieben Mal so viel, meldet die Wirtschaftsprüfungs- und Beratungsgesellschaft EY. Yi Sun, Partnerin bei EY Deutschland und Leiterin der Chinaaktivitäten in der DACH-Region, erklärt: „Mit dem verlangsamten Wachstum auf dem Heimatmarkt sehen sich die chinesischen Unternehmen gezwungen, neue Geschäftsfelder aufzubauen und sich von der Massenproduktion in Richtung Spezialisierung und Hochtechnologie zu bewegen. Der kürzeste Weg dahin besteht in Akquisitionen ausländischer Marktführer."[36]

„Made in Germany" genießt weltweit eine unverändert gute Reputation. Deutschland gilt als Premium-Standort. Zwei große Übernahmen waren der Roboterhersteller Kuka, für den der chinesische Hausgeräte-Konzern Midea knapp 4,7 Milliarden US-Dollar bot, und die EEW Energy from

Waste GmbH, die für 1,6 Milliarden US-Dollar vom Investor Beijing Enterprises Holding aufgekauft wurde.

Kuka prognostizierte nach der Übernahme, dass sein Jahresabsatz an Industrierobotern in China innerhalb von drei Jahren um mehr als 75 Prozent steigen werde – von zuletzt 90.000 auf 160.000 Stück. Kuka würden künftig die Vertriebswege von Midea in einem der größten Märkte für Industrieroboter offenstehen. Der Konzern, der Großgeräte wie Klimaanlagen, Waschmaschinen und Kühlgeräte baut, will Kuka bei Entwicklung und Ausbau von Automatisierungssystemen unterstützen. Midea ordnete den Kauf von Kuka auf der Hannover Messe 2017 als „eine Übernahme von vielen“ ein. Wenn es in Deutschland weitere gute Unternehmen gebe, werde man wieder investieren, zitiert die Agentur dpa den Chef des kauffreudigen Unternehmens, Fang Hongbo.

Zu den beliebtesten deutschen Übernahmezielen für Chinesen gehören vor allem Hightech-Unternehmen mit speziellem Know-how in Produktion, Logistik, Management und IT. Sorgen um einen Arbeitsplatzabbau seien unbegründet: „Die Zeiten, in denen hier ein Stahlwerk abgebaut und in China wieder aufgebaut wurde, sind längst vorbei. Im Gegenteil: Tendenziell bauen sie eher zusätzlich zu den hiesigen Produktionskapazitäten ein Werk in China auf. Und vielerorts, wo Unternehmen von der Insolvenz bedroht sind, sind die investierenden Chinesen sogar diejenigen, die die Arbeitsplätze erst retten.“[37]

Chinesische Investoren beteiligen sich in großem Stil auch an US-Firmen. Betrug der Anteil von Käufern aus der Region Asia Pacific im Jahr 2005 noch 16 Prozent, so ist er im Jahr 2016 auf 40 Prozent gestiegen, während der Anteil von Investoren aus der Region EMEA (Europe, Middle East, Asia) im gleichen Maße zurückgegangen ist.

Abbildung 2 zeigt den Anteil chinesischer Investoren an den weltweiten Mergers and Acquisitions. Die absolute Höhe der chinesischen Investitionen lag 2015 bei 735 Milliarden US-Dollar.[38]

Beispiele dafür sind:

- Der chinesische PC-Hersteller Lenovo übernahm die IBM-Sparte Personal Computer Ende 2004 für 1,7 Milliarden US-Dollar.
- Die Chinese Investment Corporation beteiligte sich 2007 mit 9,9 Prozent am Bankhaus Morgan Stanley und bezahlte dafür 5,5 Milliarden US-Dollar.

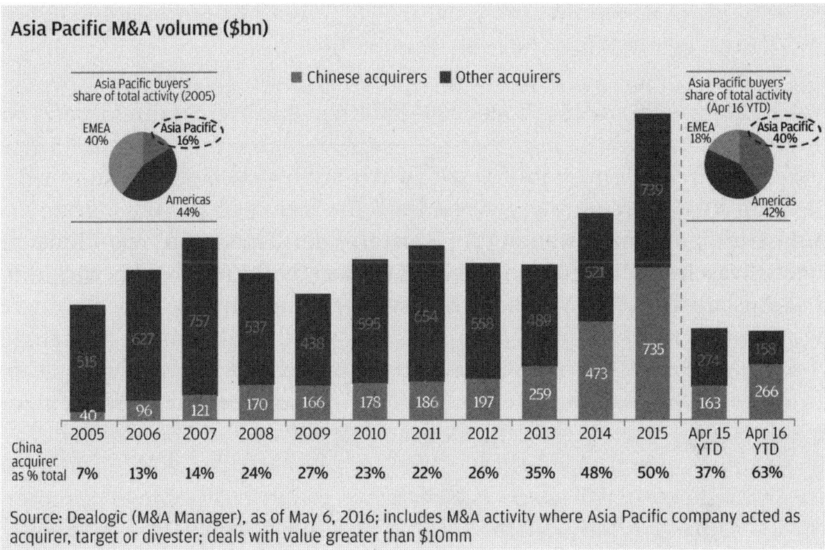


*Abbildung 2: Der Anteil chinesischer Investoren an den weltweiten Mergers and Acquisitions steigt seit Jahren*[39]

- 2012 legte die Dalian Wanda Group 2,6 Milliarden US-Dollar für den weltweiten Kinobetreiber AMC Entertainment auf den Tisch.
- Shuanghui International erwarb 2013 Smithfield Foods, den weltgrößten Verarbeiter von Schweinefleisch, für knapp 7,1 Milliarden US-Dollar.

Die finanzielle Verschränkung der internationalen Wirtschaft ist ein gewöhnliches Merkmal der Globalisierung und ein Zeichen der Wertschätzung der Technologien und Produkte eines Landes. Mergers und Acquisitions als Gefahr zu betrachten, wäre eindimensional. Es liegt nahe, dass der Investor seinem Unternehmen nach dem Kauf den Zugang zu seinem Heimatmarkt erheblich erleichtern wird.

## Die neue Seidenstraße als Symbol für Kooperation statt Konfrontation

Als Xi Jinping auf seiner Tour durch Zentralasien 2013 das Projekt der neuen Seidenstraße ankündigte, war schnell klar: Das kurz- bis mittelfristige Ziel dieser Initiative sollte es sein, die Wirtschaftsbeziehungen mit Staaten Zentralasiens auszubauen und die Region auf diese Weise politisch zu stabilisieren. Langfristig will sich China für den Westen öffnen und damit ausdrücklich auch für Europa und beispielsweise die Türkei. Auch den bis dato nicht klar umrissenen Begriff Eurasien bringt Regierungschef Xi dabei immer wieder ins Spiel.

Mit anderen Worten: Die Initiative spricht alle Staaten zwischen Europa und Asien an. Deshalb beabsichtigt Peking neben dem Landweg auch den Aufbau einer neuen „maritimen Seidenstraße", um ebenfalls den Verband der Südostasiatischen Nationen (ASEAN) zu erreichen und zu integrieren. Somit erlangt das Projekt eine globalpolitische Dimension.

Nun darf man sich von einer Ausweitung der chinesischen Aus- und Einfuhrmengen jedoch nicht in gleichem Umfang eine Ausweitung des Welthandels erwarten. Teilweise wird es auch Verdrängungseffekte geben – vor allem gegenüber Volkswirtschaften, die sich auf einer ähnlichen Entwicklungsstufe wie China befinden und somit in direkter Konkurrenz stehen: siehe Südostasien, Lateinamerika und Osteuropa.

Die Europäische Union wird von den intensivierten Handelsbeziehungen zu China besonders stark profitieren. Fallen tarifäre und nichttarifäre Handelshemmnisse infolge der WTO-Handelsabkommen weg, kommen Warengruppen in den Austausch, deren Handel mit China bis dahin ökonomisch nicht interessant war. Dies festigt die Position Chinas als drittwichtigster außereuropäischer Handelspartner der EU (Platz1: USA, Platz 2: Japan).

## Initiativen anderer Interessengruppen – in der EU, den USA und Russland

Auch seitens der EU gab es Vorschläge, die der Seidenstraßen-Initiative ähneln. Das TRACECA-Projekt[40] (Transport Corridor Europe-Caucasus-Asia) stand als „Verkehrskorridor Europa-Kaukasus-Asien" seit 1993 auf der Agenda. Es wurde von der TACIS-Organisation (Technical Assistance to the Commonwealth of Independent States) für die technische Zusammenarbeit mit der Gemeinschaft der Unabhängigen Staaten nach dem Zerfall der Sowjetunion ins Leben gerufen, um den infrastrukturellen Ausbau zwischen Europa und Zentralasien voranzubringen, neue Versorgungstrassen für Rohstoffe, Gas und Öl zu schaffen und die neuen unabhängigen Staaten stärker als bisher an die EU zu binden. Diese eurasischen Bemühungen erstreckten sich über eine Reihe von Folgekonferenzen bis zu einem Gipfeltreffen in Baku in Aserbaidschan 1998, bezogen sich aber vorwiegend auf verkehrswirtschaftliche und handelspolitische Fragestellungen.[41] Daran waren zwölf TRACECA-Staaten beteiligt, die ein „Basic Multilateral Agreement on International Transport for Development Corridor Europe-Caucasus-Asia“ (MLA) abschlossen, um die geopolitischen und wirtschaftlichen Möglichkeiten der weiteren Entwicklung zu verfolgen. Dies war bis dato die einzige rechtliche Basis für die Verwirklichung des Programms. Ergänzend wurden eine Intergovernmental Commission (IGC) und ein Ständiges TRACECA-Sekretariat (Permanent Secretariat) geschaffen, mit dem das ambitionierte Programm vorangetrieben werden sollte. Allerdings zeigen die aktuellen Updates der TRACECA-Homepages vor allem politische Treffen des Generalsekretärs der IGC ohne besondere Fortschritte in der Sache.[42]

Die globale Wirtschafts- und Finanzkrise hatte 2008/2009 für die EU einen drastischen Rückgang der Investitionen zur Folge. So hielt die Europäische Kommission konzertierte Aktivitäten der EU-Mitgliedsstaaten für nötig, um dem entgegenzuwirken und den Wachstumsmotor in Europa wieder anzuwerfen. Ein umfangreiches Maßnahmenpaket wurde erarbeitet, das EU-weite Investitionen mobilisieren sollte. Vor allem soll die Investitionsoffensive Hindernisse beseitigen, Öffentlichkeitsarbeit betreiben und für eine intelligente Nutzung neuer und bestehender finanzieller Ressourcen eintreten. Die Investitionsoffensive sollte ursprünglich drei Jahre laufen und sich auf drei Bereiche erstrecken[43]:

- Investitionen von zunächst mindestens 315 Milliarden Euro,
- Investitionsschwerpunkt Realwirtschaft,
- Schaffung eines investitionsfreundlichen Klimas.

Im ersten Jahr ihres Bestehens hatte die Initiative bereits Investitionen in Höhe von 116 Milliarden Euro mobilisiert. „Wir schlagen vor, die Laufzeit des Fonds und seine Finanzierungskapazität zu verdoppeln, so dass bis 2020 Investitionen von mindestens 500 Mrd. EUR mobilisiert werden können“,[44] sagte EU-Kommissionspräsident Jean-Claude Juncker in einer Rede zur Lage der Union vor dem Europäischen Parlament im September 2016. Es seien mehr als 100.000 neue Arbeitsplätze entstanden, 290.000 kleine und mittelständische Unternehmen sowie mittelgroße Aktiengesellschaften dürften sich leichter finanzieren, und für Drittländer gebe es ein zusätzliches Programm zur Förderung von Investitionen in Afrika und in der Nachbarschaft der EU.[45] Hier ähneln sich die Strategien Chinas und der EU: Beide setzen in ihrem Programm neben einer Stärkung der eigenen Wirtschaft auch auf gute Nachbarschaft.

Der Europäische Fonds für strategische Investitionen (EFSI) unterstützt Infrastruktur- und Innovationsprojekte, kleine und mittlere Unternehmen (KMU) sowie Midcap-Unternehmen (mittelgroße Aktiengesellschaften). Dabei will der EFSI vor allem Privatkapital mobilisieren. Die Inhalte der EU-Initiative reichen von Offshore-Windanlagen über Hafeninfrastruktur und Eisenbahnprojekte bis zu Bioprodukten.

Schnell wird deutlich: So plakativ wie die „Seidenstraße“ mit einem großen gemeinsamen Ziel lesen sich die europäischen Pläne nicht. Und statt eines massiven finanziellen Engagements seitens des Staates setzt die Kommission der Europäischen Union auf die Selbstheilungskräfte der Wirtschaft und sieht sich eher als Dirigent eines Orchesters.

## Initiativen anderer Interessengruppen – in den USA

Die US-amerikanischen Pläne stehen unter dem Motto „Rebalancing to Asia“. Das Vorhaben der chinesischen Regierung kann auch als Antwort auf diese US-Pläne verstanden werden. Denn die USA hatten China nicht in Verhandlungen über eine transpazifische Partnerschaft (TPP) einbezogen. 2011 und damit zwei Jahre vor Peking hatte Washington bereits eine „New Silk Road Strategy“ angekündigt. Sie fokussierte zu einem guten Teil auf die Rolle Afghanistans, das die Amerikaner in die Wirtschaft Zentral- und Südasiens integrieren wollten, um das Land schnell wieder sich selbst zu überlassen. Mit einer Wiederbelebung der Seidenstraße verbanden die USA eine Reihe geopolitischer Pläne:

- die Unterstützung der Souveränität und Unabhängigkeit, demokratische Regierungsformen und besonders betont immer wieder die Respektierung der Menschenrechte,
- die Beilegung regionaler Konflikte und die Überwindung von Hemmnissen für den grenzübergreifenden Handel,
- den Aufbau der regionalen Infrastruktur und Energieversorgung für verbesserte Ost-West-Handelsbeziehungen.

Die USA verabschiedeten im Repräsentantenhaus bereits 1999 einen „Silk Road Strategy Act“[46]. Allerdings passierte der Gesetzesentwurf weder den Senat noch das Oval Office des früheren Präsidenten Bill Clinton.[47] Die Vorlage ging im Kern auf das strategische Konzept von Zbigniew Brzezinski aus dem Jahre 1997 zurück.[48] Dabei ging es um die Sicherung des Einflusses der USA auf die unabhängigen Staaten der ehemaligen Sowjetunion und insbesondere Zentralasiens. Der geopolitische Stratege und Politikberater Zbigniew Brzezinski[49] und der Geograf Halford Mackinder[50] sprechen ganz unbekümmert vom „Herzland“ Eurasien, das es unter Kontrolle zu bringen gilt. In der monopolaren Weltmachtvision der USA steht Amerikas Strategie der Vorherrschaft nicht erst seit Trumps „America First“, sondern schon seit Jahrzehnten vor allen anderen Zielen.

Als US-Präsident Obama 2009 noch einmal 30.000 zusätzliche Soldaten nach Afghanistan entsandte, hoffte er, mit einem erfolgreichen Kampf gegen die Taliban-Milizen den Grundstein für einen endgültigen Rückzug der Amerikaner aus jener Krisenregion zu legen, die inzwischen auch vom sogenannten Islamischen Staat bedroht wird. Nach Jahrzehnten des Kriegs war die Wirtschaft in Afghanistan zu Beginn dieses Jahrhunderts weitgehend am Boden. 2003 lag das Bruttoinlandsprodukt des Landes bei 20 Milliarden US-Dollar. Damit landete Afghanistan weit unten in der globalen Armutsstatistik. Auch wenn die Wachstumsrate von Jahr zu Jahr stark schwankt und 2016 bei rund 2 Prozent lag: Inzwischen hat sich die Wirtschaftsleistung Afghanistans verdreifacht – und nach der Landwirtschaft haben sich auch Industrie und Dienstleistungssektor wieder erholt.[51] Allerdings nicht ohne fremde Hilfe – und das wollten die USA ändern.

Die Vereinigten Staaten planten deshalb Investitionsprojekte und regionale Handelsabkommen, die Wirtschaftswachstum und Stabilität nach Zentralasien bringen sollen[52] (und damit u.a. in die Länder Afghanistan, den östlichen Iran, Jammu, Kashmir, Kasachstan, Kirgisistan, Pakistan, die Mongolei, Tadschikistan, Tibet, Turkmenistan und Usbekistan). An der Länderaufzählung wird deutlich, dass dieses Projekt nicht allein ein Wirtschaftsprojekt darstellt, sondern auch einen immanenten Konflikt mit China beinhaltet. Der Konflikt um die autonomen Regionen Jammu und Kashmir ist zwischen Indien, Pakistan und China noch nicht gelöst, und auch eine Autonomie von Tibet wird durch die Regierung in Peking nicht anerkannt. Das US-Ziel der Stabilität für diese Region wurde von den Chinesen daher sicherlich als Einmischung in die ungelösten Konflikte empfunden.

Ein wesentlicher Punkt der US-Initiative „New Silk Road“ ist die Energieversorgung der Region mit Wasserkraft und einer Erdgas-Pipeline. Kasachstan und Turkmenistan sollten aufgrund ihrer natürlichen Ressourcen zum Energielieferanten Zentralasiens aufgebaut werden, um die Versorgung von 1,5 Milliarden Menschen in Indien, Pakistan und Teilen Südasiens zu stabilisieren. Turkmenistan verfügt über die zweitgrößten Erdgasvorkommen der Welt. In einem weiteren Schritt soll privates Unternehmertum in den Ländern Afghanistan und Pakistan gefördert werden, zum Beispiel durch zollfreie Exporte von Obst aus Afghanistan und Zement aus Pakistan

– was bis zu Beginn dieses Jahrzehnts noch durch Handelsbeschränkungen blockiert war.[53]

Allerdings hat sich das Pipeline-Projekt mit einem Volumen von 10 Milliarden US-Dollar immer wieder aufgrund offener Finanzierungsfragen verzögert. Westliche Mineralölgesellschaften wollen nur dann in die Pipeline investieren, wenn ihnen Turkmenistan auch einen Anteil an der Gesellschaft einräumen. Im Vergleich zu den Milliardenbeträgen, die die chinesische Regierung in Zentralasien ausgeben will, erscheinen die US-amerikanischen Bemühungen eher bescheiden, so dass sich Washington offenbar eher auf diplomatische Initiativen zurückzieht.

### Initiativen anderer Interessengruppen – in Russland und Osteuropa

Geradezu erschüttert zeigte sich die Welt, als der russische Präsident Wladimir Putin auf der 43. Münchener Sicherheitskonferenz 2007 jenes unipolare Weltherrschaftsbild der USA bezweifelte und sich für eine multipolare Sicherheitsarchitektur aussprach. Wörtlich sagte Putin (in deutscher Übersetzung):

„Ich denke, dass für die heutige Welt das monopolare Modell nicht nur ungeeignet, sondern überhaupt unmöglich ist. Nur nicht, weil für eine Einzel-Führerschaft in der heutigen, gerade in der heutigen, Welt weder die militärpolitischen, noch die ökonomischen Ressourcen ausreichen. Aber was noch wichtiger ist – das Modell selbst erweist sich als nicht praktikabel, weil es selbst keine Basis hat und nicht die sittlich-moralische Basis der modernen Zivilisation sein kann."[54]

Dem geostrategischen Denken der USA und der gesamten westlichen Welt, insbesondere auch Großbritanniens, widersprach zwei Jahre nach der großen Finanzkrise von 2008 auch die von Wladimir Putin überraschend vorgestellte Vision, eine Freihandelszone von „Lissabon bis Wladiwostok" einzurichten.[55] Putin ging sogar weit darüber hinaus, wenn er eine große harmonische Wirtschaftsgemeinschaft propagierte: „In Zukunft kämen eventuell auch eine Freihandelszone, gar noch fortgeschrittenere wirtschaftliche Integrationsformen in Frage. In der Tat würde damit ein gemeinsamer Kontinentalmarkt entstehen, dessen Kapazitäten Billionen von Euro stark wären. Offensichtlich gilt es aber zunächst, alle noch verbleibenden Hemmnisse für den russischen WTO-Beitritt auszuräumen. Dann würden eine Vereinheitlichung der Rechts- und Zollvorschriften sowie der technischen Regelsätze folgen, aber auch die Umsetzung der Projekte anstehen, die die Engpässe in der gesamteuropäischen Verkehrsinfrastruktur eliminieren sollen."[56] Neben dieser Wirtschaftsgemeinschaft stellte er sich vor:

- eine gemeinsame Industriepolitik,
- einen gemeinsamen Energiemarkt,
- einen intensiven akademischen und wissenschaftlichen Austausch sowie
- Visafreiheit für engere menschliche und wirtschaftlichere Kontakte.

All diese visionären Ideen für einen eurasischen Zusammenschluss und gemeinsamen Aufbruch überraschten den Westen und blieben im Grunde genommen unbeantwortet oder wurden eher als der Zeit zu weit voraus belächelt. Allerdings gab es auf dem Davoser Weltwirtschaftsforum 2015 eine bemerkenswerte Kehrwende der deutschen Bundeskanzlerin: Sie hielt einen Wirtschaftsraum von Wladiwostok bis Lissabon nun doch für möglich.[57] Doch der ist nun mal ohne Zentralasien – und letztlich auch ohne eine Wiederbelebung der Seidenstraße – undenkbar.

Bereits im September 1990 hatte der ehemalige sowjetische Außenminister Eduard Schewardnadse bei der Internationalen Konferenz der Staaten des Asien-Pazifik-Raumes in Wladiwostok über Dialog, Frieden und Zusammenarbeit den Wiederaufbau der alten Seidenstraße ins Spiel gebracht.[58] In der Phase des Zerfalls der Sowjetunion und Herausbildung der unabhängigen Staaten fand die Vision jedoch keinen großen Widerhall. Die zentralasiatischen Staaten Kasachstan, Usbekistan, Turkmenistan, Tadschikistan und Kirgisien waren nach dem Ende der UdSSR vor allem auf Unabhängigkeit bedacht, ähnlich wie im Südkaukasus Georgien, Aserbaidschan und Armenien. Erst im Mai 1993 wurde auf einer gemeinsamen Konferenz der EU-Staaten in Brüssel mit den genannten fünf zentralasiatischen und drei südkaukasischen Staaten der Grundstein zu dem schon oben genannten TRACECA Programm gelegt.[59]

Das 1999 veröffentlichte Buch von Eduard Schewardnadse unter dem anspruchsvollen Titel „Die Neue Seidenstraße" gibt vor allem einen Überblick über die für Georgien wichtigen Projekte, angefangen von Berechnungen möglicher Frachtvolumen bis hin zu Prüfungsvorschriften für die Qualität der Straßenoberbelege.[60]

Es gilt als wahrscheinlich, dass auch die jüngsten russischen Ambitionen in Asien zu dem vehementen Vorstoß der Chinesen für eine Seidenstraße geführt haben. Putin hatte seine Vision einer „eurasischen Integration" weithin hörbar bekanntgegeben und dafür das gemeinsame Dach einer Eurasischen Union ausgerufen. Am 29. Mai 2014 unterzeichneten Alexander Lukaschenko (Weißrussland), Nursultan Nazarbajew (Kasachstan) und Wladimir Putin (Russland) das Abkommen in Astana. Dieser eurasische Binnenmarkt mit gemeinsamen Zöllen und einer geplanten gemeinsamen Wirtschaftspolitik trat am 1. Januar 2015 in Kraft. Innerhalb eines Jahres folgten auch Armenien und Kirgisistan. Die Ukraine war jedoch ausgeschert und hatte kurz vor der Vertragsunterzeichnung bereits 2014 ein Assoziierungsabkommen mit der EU unterzeichnet.

Bedeutet die Eurasische Union heute einen Rückfall in die Zeit der Sowjetunion oder kann sie eine Brückenfunktion zu EU darstellen? Wahrscheinlich beides. In der Entstehungsphase dieser neuen Allianz sind deutliche Versuche Moskaus zu erkennen, das alte Machtgefüge wieder herzustellen. Perspektivisch jedoch besitzt die Wirtschaftsunion großes Potential auch für die EU. „Kritiker sagen, Russland wolle mit der Eurasischen Wirtschaftsunion den Einfluss auf die Nachbarstaaten zurückgewinnen, der nach dem Auseinanderbrechen der Sowjetunion verlorenging. Putin nährt solche Befürchtungen. Im vergangenen Sommer sagte er bei einem Jugendforum, die Kasachen hätten nie einen eigenen Staat gehabt, und im Übrigen gehörten die Kasachen zur ‚großen russischen Welt'. Den Begriff der ‚Russischen Welt' hat Putin auch schon im Zusammenhang mit der Ukraine verwendet, er weckt Ängste bei Russlands Nachbarn."[61]

Kirgisistan hat kaum eigene Rohstoffe, und Armenien ist ebenfalls abhängig von den russischen Erdgaslieferungen. Im Vorfeld der Vertragsunterzeichnung hatte Russland die Zölle für Waren aus Kirgisistan erhöht und den Gaspreis für Armenien um 50 Prozent erhöht. Wegen des massiven Drucks auf die beiden Länder ließen diese ihre Pläne fallen, sich wie die Ukraine mit der EU zu assoziieren. Nach dem Beitritt in die Eurasische Union senkte Moskau den Gaspreis für Armenien wieder auf das alte Niveau und richtete einen Entwicklungsfonds für Kirgisistan in Höhe von umgerechnet einer Milliarde US-Dollar ein – das ist fast ein Sechstel des kirgisischen Bruttoinlandsprodukts.

Auch auf Weißrussland übte Moskau starken Druck aus. Als Russland als Reaktion auf die westlichen Sanktionen den Import westlicher Lebensmittel verboten hatte, suchte Weißrussland davon zu profitieren. Es führte westliche Produkte ein, verpackte sie neu und lieferte sie als weißrussische Erzeugnisse nach Russland. In der Folge beschränkte Russland nicht nur die Einfuhr weißrussischer Lebensmittel, sondern stoppte entgegen internationaler Normen auch den Warentransit durch sein Land – im Alleingang, ohne Konsultation der neu geschaffenen Eurasischen Wirtschaftskommission.

Bisher sind der Handel und die Zusammenarbeit zwischen den Mitgliedsstaaten der Eurasischen Wirtschaftsunion noch gering. Ökonomen sagen, dass ein spürbarer wirtschaftlicher Nutzen erst dann entstehe, wenn die Union Freihandelsabkommen mit anderen Wirtschaftsräumen abschließt, vor allem mit der Europäischen Union, dem bisher wichtigsten Handelspartner der Mitgliedsstaaten. Doch die Beziehungen zwischen Moskau und Brüssel befinden sich seit der russischen Annexion der Krim und der russischen Aggression in der Ostukraine auf einem Tiefpunkt. Sollte sich dies einmal ändern, steckt in der Zusammenarbeit beider Gemeinschaften ein großes Potential. Insofern kann das chinesische Projekt einer neuen Seidenstraße als Maßnahme der Regierung in Peking eingeschätzt werden, auf friedliche und elegante Weise Position gegen die Außen- und Wirtschaftspolitik Russlands und der USA zu beziehen, dabei gleichwohl einen gewissen Machtanspruch zu erheben und sich gleichzeitig wirtschaftlich und politisch stärker gegenüber den westlichen Nachbarn zu öffnen.

Der frühere deutsche Botschafter in der Volksrepublik China, Schaefer, sieht in der neuen Seidenstraße eine bedeutende Chance für Europa. Die EU solle keine Freihandelsabkommen als geostrategische Instrumente gegen China in Stellung bringen: „Selbstverständlich geht es auch noch um alte Machtkonstellationen: Im Nahen Osten geht es um Öl und Gas, im chinesischen Meer um die Kontrolle der Handelswege und im rohstoffreichen Afrika darum, den dort wachsenden chinesischen Einfluss einzudämmen … Politik, Wirtschaft, Wissenschaft, Kultur und Zivilgesellschaft müssen künftig als komplementäre Akteure bei der Lösung komplexer Probleme gedacht werden. Da wird es weder nur noch um politische oder nur um wirtschaftliche Faktoren gehen. Die Fähigkeit einer Gesellschaft, sozialen Frieden zu schaffen, wird hohe Priorität genießen.“[62]

Die chinesische Wirtschaft ist sich bewusst, dass es um mehr geht, als nur eine Präsenz und damit eine Vertriebsbasis im Ausland aufzubauen. Der Technologie- und Wissenstransfer aus dem Ausland stärkt die Konkurrenzfähigkeit auf dem heimischen Markt. Folgten anfangs vor allem staatliche Unternehmen der Go-Out-Initiative der chinesischen Regierung, so stammt jüngst bereits ein Drittel der chinesischen Auslandsinvestitionen aus der Privatwirtschaft.

Die Politik hat ein wesentliches Ziel längst erreicht: dass Peking international auf Augenhöhe mit den westlichen Playern gesehen wird. Politische Beobachter werten das Verhältnis der beiden scheinbar ungleichen Partner – das kapitalistische Amerika und das kommunistische China – Anfang 2017 als sehr harmonisch. So schreibt das liberal-konservative Online-

Meinungsmagazin „Tichys Einblick" des früheren Wirtschaftswoche-Chefredakteurs Roland Tichy: „Einerseits ist Chinas Wirtschaft von der amerikanischen ebenso abhängig wie von der europäischen. Ohne diese Märkte bricht Chinas Wirtschaft mit unabsehbaren Folgen für die Pekinger Führung zusammen. Russland, dessen Putin immer noch davon träumt, eine gegen USA und EU gerichtete Achse Moskau-Peking aufzubauen, ist für die Chinesen als Wirtschaftspartner unbedeutend. Russland ist Rohstofflieferant und Verpächter von Agrarflächen. Mehr nicht. Die zahllosen chinesischen Arbeiter, die von der Belieferung des kapitalistischen Weltmarkts abhängig sind, könnten auf diese Zulieferungen jedoch schnell verzichten müssen, sollten ihre Produkte keine Abnehmer mehr finden. Also hängt China untrennbar am Westen – und spielt mit Russland. Andererseits ist China für die USA ebenfalls ein unverzichtbarer Wirtschafts- und Finanzpartner – auch wenn Trump offiziell in ein anderes Horn gestoßen hat. Die beiden Länder sind aufeinander angewiesen."[63]

# 2. Meilensteine und Dimensionen der Neuen-Seidenstraße-Initiative Chinas

## Von der Vision zur Wirklichkeit der Initiative

Die Vision des chinesischen Präsidenten Xi Jinping – symbolstark im September 2013 im Herzen Zentralasiens vorgetragen, und zwar bewusst in Astana, der Hauptstadt Kasachstans – erzielte auch deshalb globale Aufmerksamkeit, weil schnell klar wurde: Die neue Seidenstraße ist für China mehr als eine große Vision. Sie ist ein konkretes Vorhaben, das tatsächlich umgesetzt wird.[1] Seither wird nicht nur innerhalb Chinas sondern auch in der internationalen Diskussion immer deutlicher, dass das Projekt der „neuen Seidenstraße" kein Strohfeuer war, sondern fester Bestandteil der chinesischen Politik bleibt.

Bester Beweis dafür ist der viel beachtete Auftritt von Xi Jinping im Januar 2017 auf dem Weltwirtschaftsforum in Davos. Kurz vor dem Amtsantritt Donald Trumps als US-Präsident warnte Xi ihn vor Protektionismus. „Verkehrte Welt", schrieb das Handelsblatt: „Während der mächtige US-Präsident Trump gegen den Freihandel poltert und Unternehmen mit Zöllen droht, präsentiert sich sein chinesisches Pendant Xi Jinping als glühender Verfechter der Globalisierung."[2]

Wörtlich sagte der Staatspräsident in jener mehr als dreiviertelstündigen Rede: „Niemand wird als Sieger aus einem Handelskrieg hervorgehen."[3] Es bringe nichts, die Globalisierung für Probleme wie Arbeitslosigkeit, Migrationsbewegungen und die Finanzkrise verantwortlich zu machen, sagte Xi. Die Weltwirtschaft verglich er mit einem Ozean, dem niemand entrinnen könne. Es sei schlicht unmöglich, „den Austausch von Kapital, Technologien, Gütern und Arbeitern zu stoppen". China werde seine Türen offenhalten. Denn Protektionismus sei so, als wolle man „sich in einem dunklen Raum einschließen. Wind und Regen bleiben vielleicht draußen, Licht und Luft aber auch", so der chinesische Präsident. Er sprach sich für eine integrativere und nachhaltigere Ordnung aus, die Globalisierung müsse wieder „ins Gleichgewicht gebracht" werden. Globale Institutionen seien nicht „repräsentativ" genug, betonte er und spielte damit auf das fehlende Gewicht Chinas in den Gremien des Internationalen Währungsfonds (IWF) sowie bei der Weltbank an.[4]

Die Vision einer neuen Seidenstraße geht seither immer öfter durch die Medien, beschäftigt Politiker und Ökonomen, geopolitisch orientierte Verkehrsplaner und Wissenschaftler vieler Disziplinen. Vom weltgrößten Investitionsprogramm aller Zeiten ist die Rede und einem neuen Modell zur Entwicklung der Menschheit. Die Vision Chinas wurde für breite Teile der Weltbevölkerung anschaulich.

Die Megainitiative der neuen Seidenstraße wird international kurz OBOR genannt. Das Akronym OBOR – („One Belt, One Road", „ein Gürtel, eine Straße" – heißt in Chinesisch „Yi Dai Yi Lu". Teilweise wird auch die Bezeichnung „Belt-and-Road-Initiative" (BRI) benutzt oder im Englischen verkürzt „New Silk Road"(NSR). An die kürzere Formel NSR wird man sich vielleicht am schnellsten gewöhnen, denn sie steht in Dunkelrot auf weißem Grund auf den Containern aus China, die schon jetzt auf den Bahnrouten aus dem Reich der Mitte in Duisburg oder Hamburg ankommen.

Xi Jinping wird gerne als Vater der chinesischen Vision der neuen Seidenstraße bezeichnet. Er sprach tatsächlich schon früher als 2013 von diesem Traum einer Wiederbelebung des einst steinigen Weges. In der Tradition der alten Seidenstraße möchte China die beiden Kontinente Asien und Europa auf modernem Weg verbinden:

- Straßen,
- Autobahnen,
- Schienennetze,
- Schifffahrtslinien,
- Häfen,
- Flughäfen,
- Industriekorridore,
- Energienetze,
- Kommunikationsnetze.

Die neuen Verkehrswege sollen durch chinesische High-Speed-Züge und Autobahnen zu Lande und parallel auf maritimen Wegen ins 21. Jahrhundert führen. Die Führung in Peking verspricht sich davon einen größeren wirtschaftlichen Austausch mit seinen Nachbarn bis nach Afrika, den mittleren Osten und Europa, aber vor allem ein weltweit neues Entwicklungsmodell für friedliche Beziehungen zum gegenseitigen Nutzen.

Der englische Name „One Belt, One Road" macht unter Umständen nicht deutlich genug, dass es sich bei dieser „neuen Seidenstraße" eigentlich um zwei geplante Mega-Handelsrouten handelt:

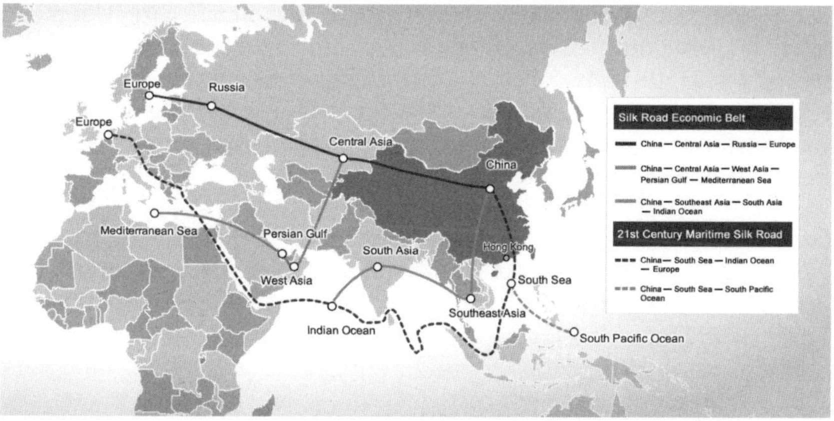


*Abbildung 3: Landweg im Norden und maritime Seidenstraße im Süden*[5]

- eine über den nördlichen Landweg, dem sogenannten „Silk Road Economic Belt“, kurz: SREB, vom Reich der Mitte über Zentralasien, den Iran, die Türkei und Moskau nach Europa, von Peking (bzw. Xi'an) nach Rotterdam verlaufenden Strecke und
- eine über den Seeweg, über die „Maritime Silk Road“, kurz: MSR genannt.

Im Süden verläuft die „21st Century Maritime Silk Road“, eine auf den Seeweg ausgerichtete Handelsroute. Sie soll China und ganz Südostasien mit dem Mittleren Osten, mit Ostafrika und Europa verbinden. Die maritime Seidenstraße startet in Fuzhou, verläuft entlang der chinesischen Küste nach Süden über Hanoi, weiter nach Jakarta und Kuala Lumpur, führt durch die Straße von Malakka in den Indischen Ozean über Colombo nach Nairobi und zieht schließlich am Horn von Afrika vorbei durch das Rote Meer und das Mittelmeer über Athen nach Venedig. Auch die hierzu notwendige Infrastruktur soll massiv ausgebaut werden. Das bedeutet Investitionen in Häfen und Werften von Bangladesch über Sri Lanka und den Malediven bis Griechenland. Mit der maritimen Seidenstraße ist an eine dem Landweg ebenbürtige Ausdehnung des Seehandels gedacht.

China wächst heute wieder wirtschaftlich mit einer Geschwindigkeit, die in 30 Jahren das einholte, wofür die Industrialisierung in Europa mehr als 150 Jahre benötigte. Auch von daher ist China für viele der Staaten entlang der neuen Seidenstraße ein lebendiges Beispiel, welche Veränderungen in kürzester Zeit machbar sind. Mit China ist eine neue und selbstbewusste politische und wirtschaftliche Großmacht wiedererstanden, die in den nächsten Jahrzehnten von enormer geopolitischer Bedeutung sein wird. Auf Grund der gesamten politischen, sozialen, wirtschaftlich-ökologischen sowie finanziellen Lage in China, aber auch der kulturellen und weltanschaulich-philosophischen Unterschiede, werden viele neuen Anstrengungen aus China in Europa erst verspätet hinsichtlich ihrer enormen Konsequenzen verstanden.

Europa und speziell Deutschland könnten von neuerungsorientierten Entwicklungen in China stark profitieren, insbesondere weil das Land die USA bereits im Jahr 2016 als wichtigsten Handelspartner Deutschlands abgelöst hat.[6]

Das chinesische Projekt einer „neuen Seidenstraße" knüpft in seinem Traditionsbewusstsein und zugleich Innovationsanspruch an die Vergangenheit und Gegenwart mit großem Zukunftsblick an. Es setzt bewusst nicht allein auf die wirtschaftlichen Vorteile, sondern schließt ausdrücklich den politischen, kulturellen, religiösen und philosophisch-wissenschaftlichen Austausch entlang der Seidenstraße wie vor Jahrtausenden ein. Chinas National Development and Reform Commission (NDRC) und das chinesische Außenministerium veröffentlichten im März 2015 Planungsdetails der OBOR-Initiative.[7] Danach bedeutet Chinas neue Seidenstraße zwar in erster Linie eine Bündelung gewaltiger Infrastrukturprojekte, doch entsteht zugleich entlang dieser Routen oder Gürtel ein breiter Entwicklungskorridor mit Innovationshubs.

Der „Silk Road Economic Belt" umfasst die von Osten her westwärts gewandte Überlandverbindung nach Europa. Sie erstreckt sich von Xián in Zentralchina (weltweit bekannt geworden durch den für Touristen besonders interessanten Fund der Terrakotta-Armee) über das Festland in Zentralasien nach Samarkand, Teheran, Istanbul und Moskau. Von dort führt die Seidenstraße durch Osteuropa bis nach Duisburg in Deutschland und von dort bis Rotterdam. Infrastrukturprojekte dafür sind der Ausbau von Transportkorridoren und Erdgas-Pipelines. Güterzugverbindungen sollen Rohstoffe und Fertigwaren schneller an ihr Ziel bringen als über das Meer. In China erstreckt sich der Korridor über sieben Provinzen. Bemerkenswert ist, dass seit Oktober 2008 regelmäßiger Güterbahnverkehr zwischen China und Europa (auch nach Deutschland) Realität ist. Die Containerzüge benötigen für die unterschiedlich langen Strecken von über 10.000 km durch Zentralasien oder nördlicher über die Transsibirische Eisenbahnlinie zwischen 15 und 17 Tagen, bedingt auch durch unterschiedlich aufwendige Zollabfertigungen. Gegenwärtig bestehen 40 regelmäßige Güterzugverbindungen zwischen China und Europa.[8]

Die Landroute soll China mit Zentralasien, Russland und Europa, dem Persischen Golf und Mittelmeerraum verbinden. Um die Dimension zu verdeutlichen: Es geht unter anderem um den Bau von 80.000 Kilometern Schienensträngen für Hochgeschwindigkeitszüge. Die Hauptroute soll von Xi'an, Hauptstadt der chinesischen Provinz Shaanxi und Ausgangspunkt der antiken Seidenstraße, über Ürümqi, Hauptstadt des Uigurischen Autonomen Gebiets Xinjiang, bis Moskau und von dort weiter nach Westeuropa führen. Weiterhin sind der Aufbau eines modernen zentralasiatischen Straßen- und Stromnetzes, eines Systems von Öl- und Gaspipelines sowie die umfassende Vernetzung der Region mit modernen Telekommunikationsmitteln geplant. Auf wissenschaftlichem und kulturellem Gebiet sind Kooperation mit Forschungsinstitutionen und Universitäten der betreffenden Staaten anvisiert, ebenso wie der Aufbau weiterer Konfuzius-Institute (ähnlich den Goethe-Instituten) entlang der neuen Seidenstraße.[9]

Im März 2015 hat die offizielle Xinhua News Agency in Peking noch einmal die Zeitschiene der offiziellen Erklärungen Chinas zum OBOR-Projekt zusammengestellt[10], die in dem von der obersten Wirtschaftsplanbehörde von China herausgegebenem Aktionsplan mündete.[11] Danach sind an der OBOR-Initiative über 60 Länder aus sieben Regionen Südasien, Zentralasien, ASEAN (Association of Southeast Asian Nations), Westasien, Zentral- und Osteuropa sowie Nordafrika interessiert. Die wichtigsten Partner für Peking sind dabei die ASEAN-Staaten, Russland, Polen, Weißrussland, die Türkei, Saudi-Arabien, Sri Lanka, Indien, die Mongolei, Kasachstan, Kirgisistan sowie Pakistan.

Nach Einschätzung von Patrick Bessler, ehemals Außenhandelskammer Japan, leben in diesen Ländern rund 4,4 Milliarden Menschen, die zusammen eine enorme Finanzkraft aufbringen – man geht von einem verfügbaren Einkommen von jährlich 21 Billionen US-Dollar aus.[12] Bessler beruft sich an gleicher Stelle auf die Renmin University in China, wonach die an der OBOR-Initiative beteiligten Länder 55 Prozent des global aggregierten Bruttonationalprodukts und 75 Prozent der bisher bekannten Energiereserven abdecken. Ein Viertel des chinesischen Handelsvolumens entfällt auf diese Länder: mehr als eine Billion US-Dollar im Jahr 2013. Die Wachstumsdynamik zwischen China und diesen Ländern entwickelt sich überproportional.

## Finanzierungsquellen der Megaprojekte

Für Großprojekte wie die OBOR-Initiative spielen die Finanzierung und die Stärke der chinesischen Währung eine entscheidende Rolle.[13] Lange Zeit wurde der wirtschaftliche Aufschwung Chinas als einseitig industriell untermauert betrachtet. Doch das hat sich in den letzten Jahren gewandelt. Heute schon spielt die chinesische Währung im Handel eine größere Rolle als der Euro, wenn auch in Relation zum US-Dollar noch eine relativ kleine.[14] Die chinesische Zentralbank, die People's Bank of China (PBoC), ist längst auf dem Weg, ihre Währung zu einer der internationalen Leitwährungen zu machen. Dazu entkoppelte sie den Renminbi (RMB) tendenziell vom US-Dollar. Der Wert eines Yuan soll künftig über einen neuen Währungskorb bestimmt werden, den CFETS RMB-Index.[15] Das China Foreign Exchange Trade System (CFETS) wirkt dafür als Namensgeberin. Als Tochter der PBoC organisiert sie den Interbanken-Handel und setzt die Vorgaben der chinesischen Notenbank in Bezug auf Zinsniveau und Wechselkurse um. Zur Berechnung des RMB sollen künftig über den US-Dollar hinaus auch andere Währungen herangezogen werden, insgesamt 13. Zu den wichtigsten zählen neben dem Dollar (26 Prozent) künftig der Euro (21 Prozent), sowie das britische Pfund, der Hongkong-Dollar oder der Australien-Dollar. Ziel ist es, eine ausgewogenere Bewertung des RMB zu erhalten. Insbesondere gegenüber dem US-Dollar kann man die Wertentwicklung kontinuierlich vergleichen, und es zeigt sich ein kontinuierlicher Aufwärtstrend.[16]

China bemüht sich also intensiv, seine Währung international unabhängiger aufzustellen und auch gegenüber anderen Weltwährungen direkt konvertierbar zu gestalten. Für jede international angelegte Beteiligung an den OBOR-Projekten sind Währungsstabilität und Konvertierbarkeit entscheidende Voraussetzungen.

Der chinesische Kapitalmarkt schottete sich früher systematisch gegenüber dem Ausland ab. Doch absehbar ist, dass Kapitalzuflüsse nach China die chinesischen Auslandsinvestitionen übertreffen: So hat sich etwa ein Offshore-RMB-Bondmarkt („Dim Sum") entwickelt. Auch wird die chinesische Wirtschaft von der steigenden Kaufkraft der neuen Mittelschicht profitieren sowie von der großen Flexibilität und niedrigen Verschuldung der chinesischen Notenbank, die mit niedrigen Zinsen die Konjunktur belebt.[17]

China ist bei dem Bemühen, sich gegenüber den führenden Währungen der Welt stärker zu behaupten, nicht allein. Seit Langem fordern insbesondere

Entwicklungsländer mehr Einfluss in den internationalen Finanzinstitutionen und mehr demokratische Entscheidungsprozesse. Nach jahrelangen Verzögerungen ist die seit 2010 angemahnte Stimmrechtsreform im IWF in Kraft getreten, und China kann sich als eine neue Weltwährungsmacht begreifen.[18] Christine Lagarde erklärte als geschäftsführende Direktorin, dass der IWF nun besser in der Lage sei, den Anforderungen seiner Mitglieder in einer sich rapide verändernden globalen Umwelt gerecht zu werden.[19] Nach über 70 Jahren unveränderter Quoten der 188 Mitgliedsländer des IWF einigten sich die Länder nach fünfjährigem Tauziehen, wenigstens 6 Prozent der Stimmrechtsanteile umzuverteilen. Insbesondere die vier BRIC-Staaten Brasilien, Russland, Indien und China sollen unter den Top Ten vertreten sein. So verstärkte sich die Quote Chinas von 3,8 auf 6,1 Prozent.[20] China nimmt damit hinter den USA und Japan bereits Platz drei ein. Das finanzielle Gewicht des IWF wurde gleichfalls gestärkt. Auch die Wahl von Frankfurt am Main zum internationalen Handelszentrum für den Renminbi hat überregionale strategische Bedeutung für die Internationalisierung der chinesischen Währung[21] und zugleich für die aktuell startende Finanzierung konkreter Einzelprojekte der OBOR-Vision.

Die wachsende Bedeutung des Renminbi ist auf das jahrelange chinesische Engagement für die eigene Währung zurückzuführen. So verabschiedete Peking Mitte 2010 ein „RMB Trade Settlement Scheme". Es ermöglichte die grenzüberschreitende Bezahlung chinesischer Waren- und Dienstleistungen. Seit März 2012 ist dafür nicht mehr eine Registrierung als „Mainland Designated Enterprise" nötig, jedes Unternehmen mit Sitz in China darf grenzüberschreitende Zahlungsströme veranlassen. In der Folge dieser erleichterten Währungspolitik hat der Renminbi an Bedeutung gewonnen. Seit Juli 2013 gelten vereinfachte Dokumentationspflichten für grenzüberschreitende Zahlungen in Renminbi. Und konzerninterne Kreditvergaben zwischen Mutter- und Tochtergesellschaften sind aus China heraus in Renminbi möglich.[22] Noch befindet sich der Renminbi am Anfang seiner Entwicklung für den internationalen Zahlungsverkehr. Aber alle Zeichen sprechen für eine weitere massive Veränderung in den nächsten Jahren. Zunächst musste der RMB von der Zahlungswährung zur Anlagewährung heranwachsen und davon ausgehend letztlich zur Reservewährung. Dieser Schritt vollzog sich im Oktober 2016, als der Renminbi (umgangssprachlich Yuan genannt) offiziell als fünfte Reservewährung des Internationalen Währungsfonds IWF neben Dollar, Euro, Yen und Pfund anerkannt und somit die realwirtschaftliche Entwicklung Chinas gewürdigt wurde: „Mit dem Ritterschlag erkennt der IWF eine neue Realität an: China ist in den letzten 30 Jahren zu einer neuen wirtschaftlichen Supermacht geworden. (...) Seitdem Deng Xiaoping China mit seinem berühmten Motto ‚Reich werden ist glorreich' ab 1979 schrittweise für Kapital und Ideen aus dem Ausland öffnete, hat die Volksrepublik einen beachtlichen Aufstieg vollbracht. Gemessen an der Kaufkraft ist China inzwischen die größte Wirtschaft der Welt."[23]

Der Aufschwung der internationalen Bedeutung des Renminbi wird dadurch unterstrichen, dass immer mehr Länder des asiatisch-pazifischen Raumes am häufigsten die Währung der Volksrepublik China verwenden. Dazu zählen die Philippinen, Malaysia, Indonesien, Singapur, Laos, Myanmar, Vietnam, die fünf zentralasiatischen Länder sowie Nordkorea und die Mongolei, aber auch Russland als Teil des europäischen Kontinents.[24] Der RMB hat sich damit in der Asien-Pazifik-Region zur meistgenutzten Währung aufgeschwungen. Unter den 26 asiatischen Ländern macht der Anteil der RMB-Zahlungen nur in neun Ländern weniger als zehn Prozent aus. Sechs Länder verwenden den RMB sogar in über 50 Prozent ihres globalen Zahlungsverkehrs.[25]

Dass Chinas Währung gegenüber dem Euro, aber auch dem Dollar erheblich an Gewicht gewonnen hat, wird sich durch die Rolle der maßgeblich von China vorangetriebenen neuen Asiatischen Infrastrukturinvestmentbank (Asian Infrastructure Investment Bank, AIIB) insbesondere zur Finanzierung der OBOR-Projekte noch weiter verstärken.[26] Die neue multilaterale Entwicklungsbank unter chinesischer Führung steht seit 2014 im Wettbewerb zur Weltbank, zum Internationalen Währungsfonds und zur Asiatischen Entwicklungsbank. China ergriff die Initiative und gründete die Entwicklungsbank, weil es der dominierenden Rolle der USA im Internationalen Währungsfonds und in der Weltbank etwas entgegensetzen wollte.

57 Länder unterzeichneten am 29. Juni 2015 in Peking die Gründungsurkunde der AIIB. Ergebnislos versuchte Washington, den chinesischen Gegenentwurf zur Weltbank aufzuhalten. Der Entwicklungsbank für Asien traten auch wichtige europäische Player nach und nach bei – Großbritannien, Deutschland, Frankreich und Italien.[27] „Im Machtspiel zwischen Peking und Washington geht es nicht nur um die Gründung und den Sitz einer neuen internationalen Institution. Der Streit um die AIIB steht nach Meinung aller Beobachter stellvertretend für nichts weniger als den Einfluss der Großmächte in Asien und vielleicht auch bald in der Welt. Ein Debakel für die Amerikaner nennt der amerikanische Think Tank Council on Foreign Relations den Beitritt der Europäer gegen den massiven Widerstand Washingtons."[28]

Dass sich die Chinesen gegen die Amerikaner durchgesetzt haben, bewerten viele internationale Wirtschaftsfachleute als ein Zeichen für den noch offenen Machtkampf der beiden größten Volkswirtschaften im 21. Jahrhundert. Hendrik Ankenbrand, Wirtschaftskorrespondent in Shanghai, bewertet den Nutzen einer AIIB-Teilnahme für ihre Unterstützer: „Vorerst wird die AIIB vor allem in Bauprojekte in Asien investieren. Wer von Anfang an dabei ist, kann für die Bauwirtschaft der eigenen Nation die lukrativsten Verträge an Land ziehen.“[29]

Neben der Entwicklung der Mitgliedschaft in der AIIB und den Versuchen der US-Amerikaner gegenzusteuern, ist entscheidend, in welcher Währung die Kredite vergeben werden. Hierbei geht es vor allem um drei Möglichkeiten:

- Nutzung des US-Dollars (bisher überwiegend in der Welt der Fall),
- Nutzung des Renminbi/Yuan,
- Nutzung eines Währungskorbs der Mitgliedstaaten der AIIB.

China strebt dabei geschickterweise keineswegs direkt an, den Yuan durchzusetzen, sondern setzt eher auf die Währungskorblösung im Sinne einer „AIIB Currency“.[30] Mit der Währungskorblösung hofft die AIIB, auch im Hinblick auf mögliche Turbulenzen der Währungen stabiler zu werden. Erfahrene Banker sehen jahrelange Streitigkeiten um die Zusammensetzung eines speziellen AIIB-Währungskorbes und empfehlen, mit dem US-Dollar zu starten und später einen Mix aus Dollar und Yuan durchzusetzen.[31] Andere führende Ökonomen sehen Chinas Wettlauf um mehr Einfluss im Weltwährungsgeschäft geschwächt, wenn die Dominanz des Dollars auch in den geplanten großen Infrastrukturinvestments bestehen bleibt.[32]

Japan hat sich offenbar unter dem Druck aus Washington entschlossen, nicht der AIIB beizutreten. Hintergrund dafür ist auch, dass die USA und Japan schon 1966 die Asia Development Bank (ADB) gegründet haben.[33] Umso energischer wird versucht, die neue AIIB unter chinesischer Führung kritisch zu betrachten.[34] Es verwundert auch nicht, dass insbesondere Taiwan erhebliche Probleme in der Zusammenarbeit mit einer Bank sieht, die primär durch die Volksrepublik China geprägt ist. Allerdings haben Japan (und Kanada) nicht ausgeschlossen, zu einem späteren Zeitpunkt beizutreten.[35]

Das zeigt, wie hart im internationalen Währungs- und Finanzgeschäft um die Vorherrschaft gekämpft wird und wie argwöhnisch die USA Veränderungen des bestehenden Systems zu verhindern suchen. Was die Entwicklungschancen betrifft, werden sie recht positiv auch gegenüber der schon bestehenden ADB gesehen: „Die ADB hat zurzeit 67 Mitglieder und verfügt über ein gezeichnetes Kapital von 162 Milliarden US-Dollar. Diese Größenordnung könnte auch die AIIB erreichen. Wenn es der AIIB gelingt, durch Infrastrukturinvestitionen das Wachstumspotential Asiens zu entfachen, werden weitere Staaten an einer Mitgliedschaft interessiert sein. Das gezeichnete Kapital der AIIB wird sich zunächst auf 100 Milliarden US-Dollar belaufen. Doch könnte insbesondere China auf seine immensen Währungsreserven zurückgreifen, um der AIIB zusätzliches Kapital zur Verfügung zu stellen."[36]

Aktuell hat die AIIB mit 57 Mitgliedsstaaten seit dem Start am 16. Januar 2016 bereits ein Dutzend Megaprojekte verabschiedet und gleich im ersten Jahr über 2 Mrd. US-Dollar investiert.[37]

China leitet eine Wende in der Entwicklungszusammenarbeit ein, in der Infrastrukturprojekte bislang von untergeordneter Bedeutung waren. Zudem verhilft China durch AIIB-finanzierte Infrastrukturprojekte seiner von Überkapazitäten geplagten Bauindustrie zu neuen Absatzmärkten und Investitionsmöglichkeiten.[38] Gerade die sogenannten Wachstumsdellen der chinesischen Industrie zwingen China zu einem verstärkten internationalen Investment. Große Infrastrukturprojekte nehmen dabei eine besondere Rolle ein, zumal sie weder von der Weltbank noch der ADB gern gesehen, geschweige finanziert werden. Durch Chinas eigene Großprojekte wie der Drei-Schluchten-Talsperre am Jang Tse-Fluss ist bekannt, wie radikal China Umsiedlungen organisiert und dabei auch immer wieder Menschenrechte verletzt. Oft wird die Bevölkerung nicht oder nicht rechtzeitig eingebunden – und die Frage einer Sozial- oder Umweltverträglichkeit nimmt nicht den erwarteten Stellenwert ein.

Es gibt nicht wenige Experten, die glauben, dass mit diesem Megaprojekt des weltweit längsten Wirtschaftskorridors eine neue Renminbi-Zone über den eurasischen Kontinent hinweg entwickelt wird. Die Finanzierung der Infrastrukturprojekte wird nicht allein von der neuen AIIB getragen, sondern von weiteren Finanzinstitutionen und privaten Investoren, weil sie einen Paradigmenwechsel einschließt. Unabhängig davon, wie die AIIB künftig bei Infrastrukturprojekten auf diese Aspekte stärker eingehen wird, muss anerkannt werden, dass unter chinesischer Führung die bisher dominanten Akteure unter US-Vorherrschaft, Weltbank, IWF und ADB, mit der neuen chinesisch dominierten Finanzinstitution schon einen ernstzunehmenden, großen Wettbewerber bekommen haben.

PricewaterhouseCoopers hat die Chancenregionen weltweit in vier Gruppen klassifiziert: Den einen geht es nur ums Überleben, eine zweite Gruppe hat die Basis geschaffen, wieder andere kann man als fortgeschritten bezeichnen und in der vierten Gruppe der Chancenregionen kann man von Lebensqualität sprechen. Fortgeschritten bedeutet, dass die Infrastruktur stärker auf die Erhöhung von Wirtschaftswachstum, Produktivität und Wettbewerbsfähigkeit ausgerichtet ist.

Von besonderer Bedeutung für die Internationalisierung des chinesischen Finanzmarktes bleibt die Neuausrichtung der gesamten Wirtschaftspolitik: weg von einer primär exportorientierten Strategie einer „verlängerten Werkbank" für Industrieländer hin zu einer dienstleistungsorientierten und auf die modernen Erfordernisse der Industrie 4.0 ausgerichteten Strategie mit Stärkung der Binnennachfrage, aber auch wirklich visionären globalen Großprojekten im Sinne der Wiederbelebung der alten Seidenstraße.

Mit der Gründung der AIIB ist ein neuer wichtiger Player für die Finanzierung globaler Infrastrukturprojekte entstanden, der nach Einschätzung des „Manager Magazins" zugleich die gesamte westlich dominierte Finanzarchitektur ins Wanken brachte.[39] Die Entstehung dieser Bank sei ein außerordentlich interessantes Beispiel, das in Europa und den USA sowie weltweit viel mehr Beachtung verdiene als bisher.[40] Man kann die Bedeutung dieser Bank kaum überschätzen und Europa sowie speziell der Eurozone nur empfehlen, aus der Vorgehensweise der Chinesen beim Gewinnen von Bankpartnern zu lernen. Es erstaunt nicht nur, wie schnell die Bank gegründet, sondern auch, wie dynamisch sie kapitalisiert wurde, und das nicht nur von den BRICS-Staaten (Brasilien, Russland, Indien, China und Südafrika), sondern auch von anderen asiatischen Ländern, also im Grunde genommen von Konkurrenten Chinas. Kurz nach der AIIB wurde in Shanghai die New Development Bank von den BRICS-Staaten mit 50 Milliarden US-Dollar Kapital gegründet. Die BRICS-Staaten wollen auf diesem Weg wie die AIIB gleichfalls in große Infrastrukturprojekte sowie Vorhaben der nachhaltigen Entwicklung investieren.[41]

Darüber hinaus wurde am 29. Dezember 2014 in Peking der „Silk Road Fund" ins Leben gerufen. Er dient gleichfalls der langfristigen Finanzierung der OBOR-Initiative und wurde mit einem Startkapital in Höhe von 10 Milliarden US-Dollar ausgestattet. Schon im Mai 2017 wurde der Silk Road Fund laut offiziellen Verlautbarungen der chinesischen Zentralbank um weitere 14,5 Mrd. US-Dollar aufgestockt, um den enormen Kapitalbedarf zu decken.[42] Es ist eine Erhöhung auf 40 Milliarden US-Dollar vorgesehen.[43] Insgesamt wird geschätzt, dass mindestens 890 Milliarden US-Dollar für die OBOR-Initiative benötigt werden.[44] In einer PWC-Studie zum OBOR-Projekt betont Heiner Sieger: „In rund zehn Jahren will China das Handelsvolumen mit den anderen Projektbeteiligten von heute 1,1 Billionen Dollar auf 2,5 Billionen mehr als verdoppeln. Verwirklicht werden soll das mit enormen Investitionen in den Ausbau von Eisenbahnlinien, Straßen, Öl- und Gas-Pipelines, Häfen und Breitband-Kabelsträngen sowie Kraftwerken. Genaueres zu einzelnen Projekten ist derzeit allerdings noch genauso ein gut gehütetes Geheimnis wie die tatsächliche Höhe künftiger Investitionen."[45]

Politisch wird mit großer Wahrscheinlichkeit die Shanghaier Organisation für Zusammenarbeit[46] eine tragende Rolle spielen, der China, Russland, Tadschikistan, Kasachstan, Kirgisistan und Usbekistan als Vollmitglieder sowie die Mongolei, Afghanistan, Iran und Belarus als Beobachter angehören. Indien und Pakistan haben Interesse, genau wie die Türkei, gleichfalls beizutreten.[47]

Insgesamt spiegeln die zahlreichen finanziellen sowie politischen Fakten wider, dass die OBOR-Initiative aus geopolitischer Sicht eine realistische Entwicklungsalternative darstellt. Nicht zuletzt soll die OBOR-Initiative auch privaten Anlegern neue Chancen bieten, obwohl die Projektausschreibungen gerade erst beginnen.

## Dimensionen der Landprojekte der neuen Seidenstraße

Bevor auf die inhaltlichen Cluster der neuen Seidenstraße eingegangen wird, gilt es, einen kurzen Blick auf die Dimensionen des Projektmanagements der OBOR-Initiative zu werfen. Ganz zweifelsfrei steht fest, dass damit eine Größenordnung erreicht ist, an die bisherige internationale Megaprojekte nicht herankommen. Das liegt einerseits an der Vielzahl der von der OBOR-Vision berührten Staaten und Regionen, andererseits an der geografisch bedingten terrestrischen Kompliziertheit und Unberührtheit der Natur, den klimatischen Verhältnissen und logistischen Herausforderungen für die vielfältigen infrastrukturellen Vorhaben, aber auch an den kulturellen und politischen Unterschieden der beteiligten Länder. Der Direktor des Chinesischen Instituts für Internationale Studien (CIIS) Shi Ze aus Beijing betont daher, dass innovative Ideen für die konzeptionelle Phase wie für die Umsetzung der OBOR-Initiative erforderlich sind.[48]

In für chinesische Verhältnisse typischer Vorgehensweise spielt dabei die bewusst noch relativ offene Detailausrichtung der OBOR-Initiative eine durchaus positive Rolle. Die Chinesen betonen die Anpassungsfähigkeit der OBOR-Projekte an die Wünsche und Interessen aller Beteiligten, den Nutzen für alle Seiten. Hinzu kommen die sogenannten drei Negationen bei der Vorbereitung und Realisierung der Seidenstraßenstrategie. Man werde sich nicht in die inneren Angelegenheiten anderer Länder einmischen. Man strebe nicht danach, die eigene ‚Einflusssphäre' auszuweiten. Ziel sei auch keine Hegemonie, keine Vorherrschaftsstellung in der Welt.[49]

Es geht China bei der neuen Seidenstraße um eine langfristige Perspektive, die nicht in drei, fünf oder zehn Jahren umgesetzt werden kann oder soll. Es geht um ein Jahrhundertprojekt, für das es nach Auffassung vieler keine historischen Vorbilder in der Geschichte gibt. Die Dimensionen der Ausrichtung der Projekte werden daher im Prozess der Vorbereitung und Umsetzung adaptiert und so ausgelegt, dass sie resilient verwirklicht werden können. Resilienz im Sinne der Widerstandsfähigkeit und Elastizität während der Projektvorbereitung genauso wie bei der Realisierung werde zu wichtigen neuen Kriterien genau wie Nachhaltigkeit aus der Sicht des Umweltschutzes und der sozial-ökonomischen wie kulturellen Auswirkungen der neuen Wirtschaftskorridore und Industriezentren entlang der Route. Der Dimension der Vision entspricht auch die narrative Umsetzung, in der sowohl von weltumspannenden als auch weltfriedensrettenden Lösungen für die Menschheit und der Welt-Landbrücke die Rede ist.[50]

Was die inhaltliche Ausrichtung der Projekte betrifft, gibt es bisher keine offizielle Gesamtdarstellung der Initiative aus China. Die uns bekannte umfassendste Buchpublikation legten Wissenschaftler und Analysten aus Singapur im Londoner Verlagshaus „Imperial College Press" 2016 mit zahlreichen Beiträgen einer Konferenz des Konfuzius-Instituts der Nanyang Technological University mit der International Zheng He Society vor.[51]

Seit Frühjahr 2015 gibt es erste Leitlinien der OBOR-Initiative. Sie schließen Schlüsselbegriffe wie Koordinierung und Konnektivität (im Sinne von elektronischen Verbindungen und Verbindungsdichte) der Infrastrukturnetze genauso ein wie den Abbau von Handels- und Investitionshemmnissen und Fortschritte in der Finanzmarktintegration und politischen Willensbildung.[52]

Aus geografischer Sicht geht es grundsätzlich um die Verbindung von Asien, Europa und Afrika auf verschiedenen Wegen. Angedacht sind auf dem Landweg sechs zentrale Wirtschaftskorridore, welche die regionalen Schwerpunkte der OBOR-Initiative umreißen:[53]

- China – Mongolei – Russland,
- China – Zentral- und Westasien,
- China – Indochina-Halbinsel,
- China – Pakistan,
- Bangladesch – China – Indien – Myanmar und
- eine neue Eurasische Landbrücke.

Im Wesentlichen basieren die hiermit umrissenen Korridore auf Modernisierungen oder Neuinvestitionen in Eisenbahnlinien und Autobahnen bzw. Straßen, unterstützt durch Konnektivität im Sinne von Breitbanddatenverbindungen und Energieversorgung. Um welche Dimensionen es im Einzelnen jeweils geht, zeigt sich z.B. am ersten Wirtschaftskorridor China – Russland – Mongolei.[54] In 50 Mrd. US-Dollar umfassenden Projekten soll eine 997 km lange neue Express-Autobahn zwischen China und Russland gebaut werden, eine 1.100 km lange, elektrifizierte Bahnlinie, das Pan-Mongolische Eisenbahnnetz soll modernisiert und zusätzlich sollen neue Öl- und Gas-Pipelines gebaut werden.[55]

Integriert werden sollen demnach außer Russland und der Mongolei folgende Staaten:[56]

- fünf Zentralasiatische Länder (Kasachstan, Kirgisien, Tadschikistan, Turkmenien und Usbekistan)
- sechs weitere Länder der CIS-Staaten (Armenien, Aserbaidschan, Belarus, Georgien, Moldawien und die Ukraine)
- 16 ost- und zentraleuropäische Staaten (Albanien, Bosnien und Herzegovina, Bulgarien, Kroatien, Tschechien, Estland, Ungarn, Lettland, Litauen, Mazedonien, Montenegro, Polen, Rumänien, Serbien, Slowakei und Slowenien)
- 16 mittelost- und nordafrikanische Staaten (Bahrain, Ägypten, Iran, Irak, Israel, Libanon, Jordanien, Kuweit, Oman, Palästina, Katar, Saudi-Arabien, Syrien, Türkei, Vereinigte Arabische Emirate, Jemen)
- acht asiatische Staaten (Afghanistan, Bhutan, Bangladesch, Indien, Malediven, Nepal, Pakistan, Sri Lanka)
- elf südasiatische Staaten (Brunei, Kambodscha, Ost Timor, Indonesien, Laos, Malaysia, Myanmar, Singapur, Philippinen, Thailand, Vietnam) sowie die beiden Nachbarn Russland und Mongolei.

Rechnet man die West-, Süd- und Nordeuropäischen Staaten hinzu, wird deutlich, dass die OBOR-Initiative weit mehr Staaten betrifft, zumal auch die noch nicht auf dem Seewege erreichbaren weiteren afrikanischen Staaten noch nicht aufgeführt sind.

China hat einen besonderen Fokus auf die 16 osteuropäischen Staaten gelegt und Ende 2015 dazu das Format 16+1 erstmals in China organisiert. Hintergrund dafür ist, dass China lange Zeit die ehemaligen osteuropäischen Staaten geradezu vernachlässigt hat und sich jetzt im Rahmen der umfassenden OBOR-Initiative darauf zurückbesinnt, wie das Handelsblatt es darstellt.[57] Derartige Aktivitäten in Osteuropa im Zuge der neuen Seidenstraßenpolitik Chinas zielen nicht nur auf unmittelbare Investitionen der Volksrepublik in den betreffenden Ländern, sondern oft auch auf Hilfen für die Bewältigung der Schuldenlasten aus finanzpolitischer Sicht ab. Am Ostrand der EU zeigt sich, dass es bisher keine gesamteuropäische Reaktion der EU auf die chinesische OBOR-Idee gibt. Das wird auch durch erste Bemühungen zur Etablierung einer „Konnektivitätsplattform EU-China"[58] nicht viel besser. Die EU-Kommission will die Bereiche für die Zusammenarbeit mit Peking abstecken und konzentriert sich in ersten Ansätzen auf Infrastruktur, Ausrüstung, Technologie und Standards. Wie wichtig allein letztere sind, erkennt man an den unterschiedlichen Spurweiten der Eisenbahnen, etwa zu Russland, die immer noch ein zeitaufwendiges Umspuren erfordern. In den meisten europäischen Staaten, China und Japan hat sich die Spurweite von 1.435 mm durchgesetzt gegenüber 1.520 mm in Russland und früheren Staaten der Sowjetunion. Gerade der Ausbau der Bahn spielt im OBOR-Projekt eine wichtige Rolle.

Chinas Ministerpräsident Li Keqiang unterzeichnete bereits 2014 beim 16+1-Gipfel in Serbien einen Vertrag für den Bau bzw. die Modernisierung der 350 km langen Eisenbahnlinie zwischen Belgrad und Budapest.[59] Benötigt man für die Strecke bisher acht Stunden, soll sie künftig in 2,4 Stunden zu schaffen sein. „Chinas Express-Verbindung nach Europa" wird die Route genannt. 2,89 Milliarden US-Dollar teuer ist das Projekt. Brüssel prüft allerdings, ob die EU-Vergabevorschriften für Großprojekte eingehalten wurden. Bei solchen Projekten ist eine öffentliche Ausschreibung nötig. Stellt die EU-Kommission einen Verstoß gegen EU-Recht fest, wäre dies eine große diplomatische Niederlage für Peking.[60]

Der OBOR-Aktionsplan schränkt die Initiative geografisch nicht explizit ein. Chinesische Medien sprechen von 65 Staaten inklusive China, die Teil der geplanten Seidenstraßen-Initiative sein sollen. In einem offiziellen Dokument der chinesischen Regierung vom 28. März 2015 mit der Bezeichnung „Vision and Actions on Jointly Building Silk Road Economic Belt and 21st-Century Maritime Silk Road"[61] fehlen Kartendarstellungen. In dem Dokument gibt es bisher keine offizielle OBOR-Karte oder Darstellungen inklusive der Seewege. Auch eine Liste mit Prioritätsprojekten fehlt, obwohl bereits 900 Projekte in Diskussion sind.[62] Der Verlauf der angedachten Wirtschaftskorridore ist gleichfalls noch eher grob umrissen, was aber nicht besagt, dass deshalb die OBOR-Initiative nicht ernst genommen werden muss. Ganz zweifellos wird China, wie bereits begonnen, die Aktivitäten im infrastrukturellen Bereich schrittweise weiter präzisieren.

Das European Think Tank Network on China (ETNC) hat 2016 eine ausführliche Studie vorgelegt,[63] in der es um die OBOR-Projekte generell und speziell die Berührung von ausgewählten europäischen Staaten geht. Beispiel: Tschechien. Die Chinesen holen längst Versäumtes nach, wie etwa Direktflüge von China nach Tschechien. Zugleich werden viele weitere Investitionsmöglichkeiten in dem Land untersucht und Versäumnisse offen diskutiert. Neben Einblicken zur Rolle Tschechiens im OBOR-Kalkül enthält der Bericht weitere Positionen zu folgenden europäischen Staaten: Dänemark, Frankreich, Deutschland, Griechenland, Ungarn, Italien. Niederlande, Polen, Portugal, Slowakei, Spanien, Schweden, UK und die EU insgesamt. Auf die einzelnen Schwerpunkte in den jeweiligen Ländern soll hier nicht näher eingegangen werden, sondern generell nochmals betont werden, dass die OBOR-Initiative besonderen Wert auf den Ausbau der CRH-Infrastruktur (China Railway High-Speed) und hiermit verbundene Serviceleistungen legt.

Von manchen in Europa wenig bemerkt, werden Chinas CRH-Züge inzwischen längst mit dem japanischen Shinkansen Japanese Super Express verglichen und sogar besser bewertet.[64] Was die ausgebaute Strecke und den zu erwartenden Zuwachs betrifft, liegt China weit vor allen anderen Staaten. Die in China inzwischen vollständig selbst entwickelten und im Lande gefertigten CRH380A erreichen Geschwindigkeiten von 350 km/h und übertreffen damit viele europäische Züge inklusive der bestehenden ICE auf deutschen Strecken. Bis 2020 sollen in China 480 Milliarden Euro (3,5 Billionen Yuan) in den Ausbau der Hochgeschwindigkeitsstrecken investiert werden. Damit soll eine Gesamtlänge des Streckennetzes von rund 30.000 km gegenüber jetzt rund 20.000 erreicht werden.[65]

Bis zum 100-jährigen Jubiläum der Volksrepublik China im Jahre 2049 soll die Weltgemeinschaft ihre gemeinsamen Interessen durch die OBOR-Initiative vertiefen und die ebenfalls gemeinsame Verantwortung ausbauen. Die Seidenstraßen-Initiative ist dafür von zentraler innen- wie außenpolitischer Bedeutung und soll als Katalysator für den von Xi Jinping formulierten chinesischen Traum fungieren, das Reich der Mitte in Zukunft wieder zu einer bedeutenden Weltmacht zu führen.

## Dimensionen der maritimen Seidenstraße des 21. Jahrhunderts

Mit der maritimen Seidenstraße des 21. Jahrhunderts will China seinen Handel und wirtschaftspolitischen Einfluss über den Seeweg ausbauen und zugleich durch Investitionen in Häfen, Werften und Industrie- sowie Energieanlagen Partner entlang der Seestraßen gewinnen. Im Vordergrund steht dabei zunächst Südostasien.[66]

Grundsätzlich geht es bei der neuen maritimen Seidenstraße um folgende Ziele:

- Ausbau der Schifffahrtswege zwischen Asien und Europa durch den Indischen Ozean und das Mittelmeer bis nach Europa, vor allem Rotterdam und Hamburg für relativ große Containerfrachter und andere Schiffstypen.
- Einwerben der Unterstützung aller Regierungen, die von der maritimen Seidenstraße des 21. Jahrhunderts betroffen sind, um sowohl die politische Stabilität für langfristige Investitionen zu haben als auch eine wirtschaftliche Prosperität zum gegenseitigen Vorteil.
- Ausbau der politischen und ökonomischen Macht Chinas gegenüber der ASEAN-Mitgliedsstaaten, obwohl kritisch Eingestellte fürchten, dass sich die schon jetzt bestehende Vormacht Chinas in der Region weiter verstärken könnte.
- Stärkung der Wirtschaftskraft jener ASEAN-Staaten entlang der neuen maritimen Seidenstraße, die noch große infrastrukturelle und ökonomische Rückstände haben und finanziell nicht in der Lage sind, sich an großen Investitionsvorhaben zu beteiligen.
- Abbau der Konflikte im südchinesischen Meer und in anderen Seegebieten, die für einen sicheren Seetransport und den langfristigen Ausbau der Infrastruktur relevant sind.

Die Konturen der maritimen Seidenstraße des 21. Jahrhunderts wurden 18 Monate nach der Verkündung der kontinentalen Route bei dem Boao-Forum 2015 deutlich, das in Asien eine Art Äquivalent zum Davoser Wirtschaftsforum in der Schweiz darstellt.[67] Hier hat Präsident Xi die beiden Hauptrouten umrissen, einmal die nach Europa durch das Südchinesische Meer und den Indischen Ozean und zum anderen von Chinas Küsten durch das Südchinesische Meer und den Südpazifik. Indien wird dabei durch die OBOR-Initiative zweifach berührt, einmal durch den Korridor Bangladesch-China-Indien-Myanmar (BCIM) und andererseits durch den China-Pakistan-Economic Corridor (CPEC).[68]

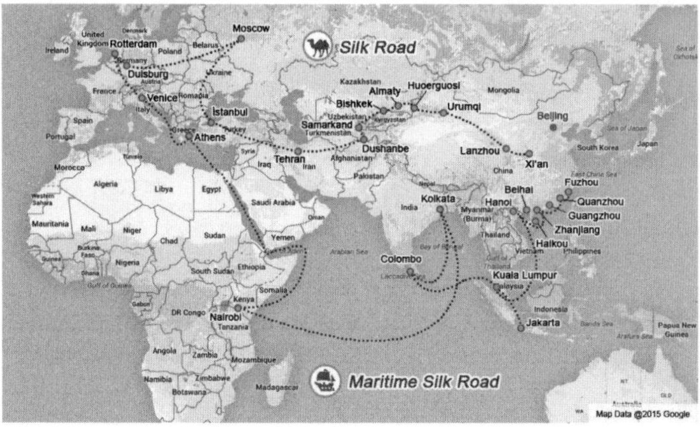


*Abbildung 4: Verlauf des maritimen Teils der Seidenstraße*[69]

Auch für die maritime Seidenstraße gilt der relativ offene Verlauf, da Peking noch nicht viele Details verkündet hat. Es werden jedoch all jene Projekte inkludiert, die China in den letzten Jahren bereits zielstrebig in der maritimen Wirtschaft eingeleitet hat. Als gemeinsamer Schirm aller Aktivitäten wird dabei immer wieder die OBOR-Initiative angesehen. Die Seerouten werden gegenüber den Landrouten als durchaus konkurrenzfähig eingestuft, weil moderne Containerschiffe etwa 18.000 Zwanzig-Fuß-Container transportieren können. Andererseits ist der Seeweg zumeist langwieriger als der kontinentale Transport, und beide Transportarten sind oft nur in Ergänzung produktiv. Abbildung 4 zeigt den groben Verlauf der geplanten Seerouten.

Wie schon bei der landgestützten Route gibt es bisher auch für die maritimen Wege nur eher visionäre Verläufe, wie obige Abbildung verdeutlicht. Daraus ist ersichtlich, dass China auf die Mitwirkung der Nationen entlang der maritimen Seeroute angewiesen ist. Ein entscheidendes Segment sind dabei die Strategic Maritime Distribution Centers (SMDC).

Diese strategischen Distributionszentren sollen als zentrale Umschlagsplätze für die großen Containerschiffe aus Asien fungieren und zugleich als Heimathäfen für Küstenfrachter die Sekundärhäfen bedienen.[70] Die

SMDCs werden nahe an großen Bevölkerungszentren entwickelt, um von dort aus Distributionssysteme für regionale und lokale Märkte auszubauen. Beispielsweise wird der Haupthafen Libreville in Gabun zu einem SMDC ausgebaut, von dem aus Nachbarstaaten wie Kamerun, Kongo oder Nigeria beliefert werden. In der neuen maritimen Planung für die Seidenstraße spielt der Ausbau des Seeweges nach Afrika eine mindestens gleichrangige Rolle wie nach Europa oder Nahost. Statistiken des Außenhandels zeigen, dass der Handel zwischen China und Afrika stärker boomt als der zwischen China und Europa, der eher stagniert.[71]

China allein wird die maritime Seidenstraße ohne Unterstützung durch weitere Staaten, insbesondere aus Südostasien, nicht betreiben können. Es werden vielmehr sowohl Tiefseehäfen als auch weitere Handelsgüter benötigt, welche die neue maritime Route mit Leben erfüllen. Eine nur China nützliche maritime Verbindung hat keine Erfolgschancen. Daher haben sich beispielsweise China und Thailand bereits auf zwölf strategisch bedeutsame Tiefseehäfen geeinigt, die den Handel zum gegenseitigen Vorteil intensivieren sollen. In Richtung Afrika geht es vor allem um Fertigwaren und Nahrungsmittel, umgekehrt in Richtung China um Metalle und andere werthaltige Rohstoffe.

Die sieben für Afrika angedachten SMDC betreffen: Dschibuti im gleichnamigen ostafrikanischen Staat, Daras Salam in Tansania, Maputo in Mosambik, Libreville in Gabun, Tema in Ghana, Dakar in Senegal und Bizerta in Tunesien.[72]

Allein diese Namen zeigen, um welche neue Dimension es bei der maritimen Seidenstraße geht, denn bisher sind diese Hafenstädte längst nicht so bekannt wie die in anderen international viel befahrenen Regionen. China muss vor allem auch deshalb Partner entlang der maritimen Seidenstraße gewinnen, weil schon jetzt aufgrund der Ex- und Importstruktur die Frachter nach Afrika oft halbleer fahren und nur zurück voll beladen. China kann als Nettoimporteur von Lebensmitteln die für Afrika dringlicheren Nahrungsmittel nicht selbst liefern, sondern braucht dazu Staaten wie Thailand, Vietnam oder Indien als große Reis-Exportnationen.

## Die besondere Rolle Griechenlands in der neuen Seidenstraße

Der langfristigen Planung der chinesischen Regierung entspricht es auch, dass die chinesische Großreederei Cosco im April 2016 die Mehrheit am größten Hafen Griechenlands übernommen hat. Die Euro-Geldgeber hatten im Rahmen des Griechenland-Rettungspakets zur Bedingung gemacht, dass die Regierung in Athen für die Sanierung des Landes auch zum Verkauf von Staatseigentum bereit ist. Diese Privatisierung ist zentrale Auflage der internationalen Geldgeber für das dritte Griechenland-Hilfspaket in Höhe von 86 Milliarden Euro. Der Verkauf von Staatseigentum soll 50 Milliarden Euro in die Kassen Athens spülen. Für gerade Mal 280,5 Millionen Euro erwarben die Chinesen einen Anteil von 51 Prozent am Hafen von Piräus. Weitere 16 Prozent gehen für 88 Millionen Euro an den chinesischen Konzern Cosco über, sofern dieser bis 2021 die vereinbarten Investitionen getätigt hat.[73] Der Transport-Konzernriese hat bereits seit 2008 große Teile des Frachthafens von Piräus gepachtet und wickelte bereits vor dem Kauf etwa 70 Prozent des Frachtumschlags dieses Hafens ab.[74] Piräus ist inzwischen Chinas größter Umschlagplatz[75] außerhalb Asiens. Seit Cosco in Piräus aktiv ist, verschiffen viele Computerhersteller, die fast ausnahmslos in China fertigen lassen, ihre Produkte nach Griechenland.

Nicht nur die Chinesen haben Infrastruktur in Griechenland gekauft: Der deutsche Flughafenbetreiber Fraport übernahm im April 2017 nach einigen Anlaufschwierigkeiten für eine Konzessionsgebühr von 1,23 Milliarden Euro den Betrieb von 14 Regionalflughäfen in Griechenland.[76]

Im Juni 2014 beschlossen die Regierungen von China und Griechenland, ihre Wirtschaftsbeziehungen in zahlreichen Bereichen auszubauen. Dazu reiste der chinesische Regierungschef Li Keqiang zu einem zweitägigen Besuch nach Athen. Die Kooperationsabkommen betreffen die Bereiche Energie, Handel, Handelsschifffahrt, Landwirtschaft und Tourismus und umfassen ein Volumen im Wert von umgerechnet mehr als 4,7 Milliarden Euro. Peking zeige zudem Interesse am Bau eines seit Jahren geplanten Großflughafens auf Kreta, berichteten Wirtschaftsexperten beider Seiten. Und China werde künftig griechische Staatsanleihen kaufen, hieß es nach dem Treffen. Denn Peking verfolgt ein großes Ziel: Griechenland solle das Tor Chinas nach Europa werden.[77]

In ganz Europa entsteht systematisch ein Netz von chinesischen Hafenbeteiligungen. Spürbar ist die Präsenz der chinesischen Investoren vor allem im Mittelmeerraum, wo sie sich vor Jahren bereits in Hafenanlagen in Israel, in der Türkei und in Ägypten eingekauft haben. In Nordeuropa erstreckt sich das Netz vor allem auf die Häfen Rotterdam, Antwerpen und Zeebrügge. 2014 übernahm Cosco 35 Prozent der Anteile am Rotterdamer Euromax-Terminal. Ende 2016 gehörte bereits ein Netzwerk von 46 Container-Terminals den Chinesen: „Die Kontrolle über mehrere Hafenanlagen in Europa soll sicherstellen, dass in der Volksrepublik produzierte Waren schnell in die europäischen Großräume gelangen. Gleichzeitig können die Hafengebühren so niedrig bleiben und damit in China produzierte Produkte wettbewerbsfähig halten."[78]

Es gab auch Spekulationen, China wolle als Teilhaber in die griechische Eisenbahn einsteigen.[79] „Überweist China bald Milliarden in die EU?", fragte sich die Presse. Doch politische Beobachter konnten sich nur schwer vorstellen, dass die Volksrepublik direkt Milliardenbeträge an Euro an Griechenland überweisen und damit faktisch Europa finanzieren würde. Yu Nanping vom Europa-Zentrum der East China Normal Universität sagte: „Die griechische Schuldenkrise ist eine interne Angelegenheit der EU. China wird sich in diese nicht direkt einmischen. (...) Es ist möglich, dass China Griechenland über Investitionen helfen wird. Das ist in Einklang mit der Expansionsstrategie der chinesischen Regierung."[80] Griechenland besitzt alle geopolitischen Vorteile, die auch die Hafenstadt Hongkong aufweise – warum also nicht Athen mit Hongkong zusammenbringen?[81]

Chinas Regierung sei Scheckbuchpolitik nicht fremd, schreibt die Frankfurter Allgemeine Zeitung weiter: Mit milliardenschweren Investitionen möchte sich Peking etwa in Lateinamerika Einfluss erkaufen. Bisher flossen aus Peking insgesamt 46 Milliarden Dollar nach Venezuela, das die Schulden mit Öllieferungen begleicht. Und im benachbarten Pakistan will Peking 45 Milliarden Dollar in Infrastruktur investieren. Bereits 2013 übergab die pakistanische Regierung die Kontrolle über den Tiefseehafen Gwadar an China. China investiert an den wichtigsten Seerouten in Tiefseehäfen, insbesondere im Indischen Ozean[82], kauft Liegeplätze auf allen Kontinenten und baut die größten Containerschiffe der Welt.

## China als neue maritime Weltmacht und militärische Implikationen

Nun ist unbestritten, dass ein Ausbau der maritimen Handelswege nicht ohne sicherheitspolitische Implikationen bleibt. Chinesische Militärstrategen sehen die Volksrepublik seit einiger Zeit durch das US-Militär eingekreist. 2005 hatten die Vereinigten Staaten ihr Sicherheitsbündnis mit Japan erneuert und dabei explizit auch Taiwan inkludiert. Grund: „Die taiwanesische Lobby wie auch anti-kommunistische Interessensverbände haben weiterhin einen nicht geringen Einfluss auf die US-amerikanische Politik."[83]

Infolge des Terroranschlags auf das New Yorker World Trade Center vom 11. September 2001 führte das US-Militär Auslandseinsätze im Irak und in Afghanistan durch und verstärkte seine Militärbasen in Zentral- und Ostasien. Offiziell seien diese Anti-Terror-Maßnahmen von der Regierung in Peking zwar akzeptiert worden, schreibt Nele Noesselt, gleichwohl hätten sie zu einer Aufrüstung der Armee und einem Ausbau der Marine Chinas geführt.

Seit Jahrzehnten liegt China mit seinen Nachbarn im Streit um das Südchinesische Meer, wo große Öl- und Gasvorkommen vermutet werden.[84] Um angesichts der chinesischen Inselstreitigkeiten die Freiheit der Seewege zu garantieren, entsandten die USA mehr oder weniger symbolisch Kriegsschiffe in die Region. Die Amerikaner wollen so ein „Access denial", eine Seeblockade durch die chinesische Marine verhindern, ebenso wie sie sich im Streit zwischen China und Japan um die Inseln Diaoyu und Senkaku gegen chinesische Positionen stellten und ihre Präsenz deutlich sichtbar mit Marine und Kampfjets verstärkten.[85] Nach Erkenntnissen der USA hat China auf mehreren künstlichen Inseln im Südchinesischen Meer Gebäude errichtet, in denen offenbar Flugabwehrraketen mit großer Reichweite stationiert werden könnten.[86]

Seit der Sanktionierung der russischen Ukraine-Politik durch die USA und ihre Verbündeten im Jahr 2015 sind die sicherheitspolitischen Fronten „zu alten Konstellationen zurückgekehrt"[87] und China baute seine Sicherheitsallianz mit Russland aus. Besonderes Unbehagen in Peking und Moskau löste im März 2016 ein gemeinsames Militärmanöver der USA und Südkoreas aus, nach Atomtests und dem Abschuss einer Langstreckenrakete durch Nordkorea eine „Landungsoperation in Nordkorea" zu proben.

Machtkonflikte zwischen den USA und der Volksrepublik China seien nicht nur in Handelsfragen, sondern insbesondere mit Blick auf das internationale Finanz- und Währungssystem zu erwarten. Peking vertritt seine Interessen laut Noesselt „durchaus selbstbewusst", wolle die führende Stellung der USA in der Welt jedoch nicht ablösen, sondern durch eine multipolare Weltordnung ersetzen.[88]

Lothar Rühl beleuchtet für die F.A.Z. „Die Sorge vor einem starken China"[89] und zitiert die ehemalige amerikanische Außenministerin Condoleezza Rice, die Mission Amerikas sei „die Verteidigung des Pazifiks". Pekings Rüstungspolitik ist seit zweieinhalb Jahrzehnten ein Thema der Unsicherheit in Asien und im pazifischen Raum. Die maritime Weltmacht Amerika musste schon unter Obama ihre Verbündeten und Klienten in Ozeanien und Ostasien vor einer möglichen chinesischen Bedrohung schützen.

Offensive Operationen zur See über die Randmeere Ostasiens würden jedoch mehr erfordern, als China augenblich aufbieten kann: große Flotteneinheiten, moderne Unterseeboote großer Reichweite mit Flugkörpern, insbesondere Flugzeugträger, Mittelstreckenraketen hoher Präzision und großer Wurflast, landgestützte Langstreckenflugzeuge für Fernaufklärung und Seeraumkontrolle, Aufklärungs-, Ortungs-, und Kommunikationssatelliten, Flugkörperabwehr und Raketen zur Zerstörung fremder Satelliten. Seelandungskräfte müssten in ausreichender Stärke und Ausrüstung mit Hubschraubern, Landesschiffen und amphibischen Panzern hinzukommen. Ein Angriff oder eine Besetzung Taiwans, Indochinas, Indonesiens oder Malaysias ist laut der Analyse Rühls ausgeschlossen. Ohne Flugzeugträgergruppen und Hochsee-U-Boote könnten auch der Seeweg in den Mittleren Osten oder der Zugang zum Pazifik unter internationalen Krisenbedingungen weder erschlossen noch gesichert werden.

„Peking will eine Weltmacht-Marine bauen“[90], schrieb Torsten Krauel in einem Meinungsbeitrag im April 2017 in der Tageszeitung „Die Welt“: Dies sei keine Leerformel – „so wie China binnen zehn Jahren 20.000 Kilometer ICE-Strecken gebaut hat, so will es nun bis 2030 eine Weltmacht-Marine bauen, die es mit jener der USA aufnehmen kann“. Symbolisch habe Peking mit dem ersten Flugzeugträger vom Typ 001A aus eigener Hand die Botschaft um die Welt gesendet: „Wir wollen Weltmacht werden.“ Dies sei der Startschuss zu einer Flotte mit Zerstörern, Tankschiffen und U-Booten, wie sie bisher nur die USA besitzen und wie sie sich sonst nur China leisten kann. Parallel dazu ließ China am Gelben Meer ein großes Piloten-Trainingsflugfeld in Betrieb gehen. Auf seinen Landebahnen sind die Umrisse großer Flugzeugträger markiert.

Vor 150 Jahren konnten die Europäer und Japan China unter sich aufteilen, so Krauel, weil sie eine große Flotte hatten. Dabei habe China im 15. Jahrhundert zu Zeiten des alten Kaiserreichs durchaus große Schiffe besessen: „China hätte eine maritime Weltmacht sein und den Zugriff der Kolonialmächte abwehren können. Aber es entschied sich dafür, die Flotte abzuwracken. Das soll nicht noch einmal vorkommen.“[91] Die Aufrüstung zur Großmacht sei möglicherweise Pekings Ziel. Abkommen auf Gegenseitigkeit im multilateralen Rahmen seien die einzige realistische Option in der Perspektive der Friedenserhaltung.[92]

## OBOR-Projektbeispiele und Chancen für Europa und andere Staaten

China will den heimischen und internationalen Börsenzugang für Unternehmen erlauben, die ambitionierte Seidenstraßen-Projekte realisieren. Wie die Nachrichtenagentur Reuters meldet, solle auf diese Weise Geld für besonders wichtige Vorhaben aufgebracht werden, und bezieht sich auf den stellvertretenden Chef der Börsenaufsicht, Fang Xinghai. Auch die Ausgabe von Anleihen solle gestattet werden, ebenso Panda-Bonds, wie in China ausgegebene Anleihen ausländischer Unternehmen genannt werden.[93]

Die Deutsche Bahn leistete Pionierarbeit bei der Entwicklung von Eisenbahntransporten zwischen China und Europa. 2008 empfing sie den ersten Containertestzug aus Peking in Hamburg. Der erste reguläre Containerzug rollte Ende März 2012 ab Chongqing nach Duisburg. In Richtung China beliefert die Deutsche Bahn seit 2011 im Auftrag der BMW Group das Automobilwerk in Shenyang. Fahrzeugteilen aus den deutschen Werken Leipzig und Regensburg werden über die transsibirische Route nach China versandt. Aktuell bedient die Deutsche Bahn zwei Routen[94] (Abbildung 5), eine weitere über den Kaukasus ist gemeinsam mit der Georgischen Bahn im Aufbau. Züge zwischen China und Deutschland sind 12 bis 16 Tage unterwegs, das ist doppelt so schnell wie per Schiff. Um grenzüberschrei-

2020: DB transportiert 100.000 Container auf der Schiene zwischen China und Deutschland

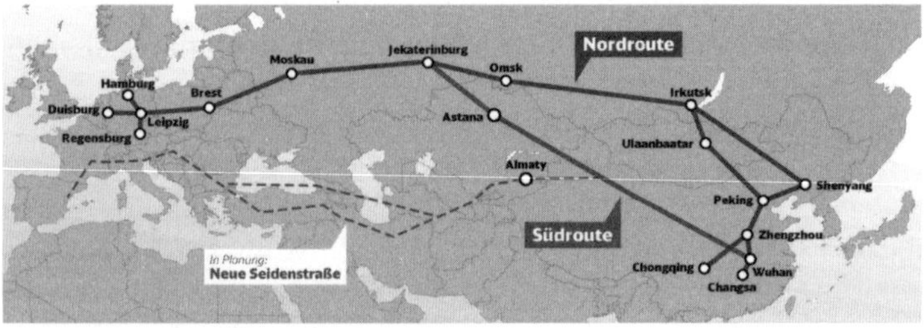


- Seit 2011 **wöchentliche Containerzüge**
- September 2016: **35.000 Container** im DB Verkehr auf Nord- und Südroute
- **12 bis 16 Tage Fahrt** für **10.000** bzw. **13.000 Kilometer**
- **Neue Seidenstraße** soll Zentralasien über Westasien und Mittleren Osten mit Europa verbinden

*Abbildung 5: Transeurasische Landbrücke für Bahnverbindungen der Deutschen Bahn*[95]

tende Transporte zu beschleunigen, soll der digitale Frachtbrief im Bahnverkehr eingeführt werden. Die Deutsche Bahn wird im Rahmen ihrer Zusammenarbeit mit China den Containertransport von Europa nach Asien bis 2020 verdreifachen. Ein wichtiger Bestandteil der Vereinbarung ist die Beratung der chinesischen Bahn in Bezug auf Instandhaltung von Hochgeschwindigkeitszügen und bei Infrastrukturprojekten.

Die euroasiatischen Verkehrswege sollen den Bedingungen der neuen Wirtschaftsentwicklung angepasst werden. Die Deutsche Bahn ist dafür auch in Südeuropa aktiv und hat beispielsweise im November 2016 ein Joint Venture mit der Reederei WWL gegründet, um den norditalienischen Hafen Monfalcone zum Automobilhub an der Adriaküste zu entwickeln. Damit kann die Transportzeit Richtung Asien um bis zu acht Tage verkürzt werden.

Es gibt wie erwähnt keine Aufstellung aller 900 Projekte, exemplarisch sei hier eine Auswahl[96] an Infrastrukturprojekten genannt:

- der Ausbau der Bahnverbindung zwischen Peking und Deutschland,
- neue Transportverbindungen zwischen der Mongolei, Russland und China,
- eine schnelle Eisenbahnverbindung zwischen Ungarn und Serbien,
- eine neue Bahnstrecke von Yunnan nach Singapur,
- eine 3.000 km lange Hochgeschwindigkeitsstrecke von Kunming im Südwesten nach Singapur,
- eine Nord-Süd-Straßenverbindung in Kirgisistan für 300 Millionen US-Dollar,
- ein von Chinesen gebauter Atomreaktor in Pakistan,
- eine Gaspipeline aus dem Golf von Benalen in Myanmar in den Südwesten Chinas,
- der Bau eines Industriegebietes im Westen der indonesischen Insel Java, gemeinsam durch Hafenbetreiber Shenzhen Yantian Port Group und Lippo Cikarang aus Indonesien — Kostenpunkt 15 Milliarden US-Dollar,
- Projekte in Weißrussland im Wert von umgerechnet 13 Milliarden Euro.

Kritiker bemängeln, dass viele dieser Projekte keineswegs neu seien, sondern lediglich neu verpackt.[97] 17 zentrale OBOR-Projekte sind 2017 besonders zu beachten[98]:

- **Internationaler Hafen Baku-Alyat**: Südlich der Hauptstadt von Aserbaidschan entsteht die Erweiterung des Hafens Baku, die als Verbindung zur Türkei, nach Iran, Indien, Russland und in die Europäische Union bezeichnet wird. Der Hafen ist mit drei internationalen Bahnlinien angebunden. 2017 wird der erste von drei Bauabschnitten fertig.

- **Hochgeschwindigkeitszug von Kuala Lumpur nach Singapur**: Diese 350 Kilometer lange Bahnverbindung wird die Hauptstädte von Malaysia und Singapur verbinden, damit die Reisezeit auf 90 Minuten verringern und so die ökonomische Integration befördern. Baubeginn soll 2017 sein.
- **Bahn von Baku über Tbilisi nach Kars**: Die große Regionalinitiative soll die Hauptstädte von Türkei, Aserbaidschan und Georgien miteinander verbinden.
- **Hochgeschwindigkeitszug von China nach Laos:** Dieser 420 Kilometer lange Abschnitt liegt in der Grenzregion China/Laos/Thailand. Geplanter Baubeginn ist 2017.
- **Bahn von Dali nach Ruili:** Das chinesische Teilstück der Bahnverbindung nach Myanmar hat Symbolcharakter für die neue Seidenstraße. Allerdings stockt die Anschlussstrecke durch Myanmar, was die Perspektive der Nachbarregion unsicher macht.
- **Brückenprojekt Amur**: Diese Brückte wird Russland mit China über den Fluss Amur verbinden, ein russischer Vorschlag aus dem Jahr 2007. Obwohl die russische Seite deutlich kürzer ist, hat Peking seinen Teil der Brücke bereits fertiggestellt, während man noch auf den Baubeginn der anderen Seite wartet.
- **Hafen Samarga**: Ende 2016 ist dieses Projekt im Osten Russlands angekündigt worden. An der Flussmündung des Samarga soll bis 2025 ein großer Hafen entstehen, den eine Bahnlinie mit dem Hafen von Kharabovsk verbinden wird. Das würde eine Abkürzung von mehr als 500 Kilometer gegenüber der küstennahen Route bedeuten.
- **Hafenschnellweg Busan II**: Dieser Schnellweg soll 2017 fertiggestellt werden und Südkoreas größten Hafen mit den zwei größten Städten des Landes verbinden, Seoul und Busan. Nicht nur der inländische Verkehr soll sich dadurch beschleunigen, es werden auch signifikante Auswirkungen auf den globalen Schiffsverkehr erwartet.
- **Autobahn M-11 Moskau–St.Petersburg**: Diese Strecke soll rechtzeitig zur Fußball-Weltmeisterschaft 2018 in Russland die Staus auf der M-10 reduzieren. Allerdings gab es bereits einige Verzögerungen, unter anderem wegen Umweltprotesten.
- **Autobahn M-9 Karachi–Hyderabad**: Im Wirtschaftskorridor China/Pakistan spielt diese Schnellstrecke eine Schlüsselrolle und soll bis 2017 um zwei weitere Fahrspuren erweitert werden.
- **Internationaler Seehafen Turkmenbashi**: Im Ostteil des Kaspischen Meers spielte diese Anlage bereits historisch eine Rolle als Hafen der Seidenstraße. Als bedeutender Transit-Hafen für Zentralasien und Europa wird er bis 2017 erweitert.

- **Bahntunnel Beskyd**: Ein Engpass zwischen den beiden ukrainischen Städten Lviv und Chop soll in diesem paneuropäischen Transportkorridor dank eines Bahntunnels aufgehoben werden. Das Projekt gilt als „Benchmark für Transparenz und Effizienz" in der Ukraine.
- **Ukrainische Bahn-Umgehungsstrecke Zhuravka-Millerovo**: Angesichts der Konflikte zwischen separatistischen Rebellen und der ukrainischen Regierung lässt Moskau eine Umgehung der Krisenregion errichten. Eine 122 Kilometer lange Route ersetzt so die 26 Kilometer lange Strecke durch die Ostukraine.
- **Ostküsten-Zugstrecke**: Ab 2017 finanziert und baut China diese Bahnstrecke zugunsten der unterentwickelten Teile Malaysias. Die Linie soll 2022 fertig werden, 18,3 Milliarden US-Dollar kosten und auf einer Strecke von 620 Kilometern sechs größere Städte miteinander verbinden.
- **Hongkong-Zhuhai-Macao-Brücke**: Mit einer Serie von Brücken und Tunneln wird dieses vielfach kommunizierte Hightech-Projekt die Hafenstädte Hongkong, Zhuhai und Macao miteinander verbinden und so eine neue Ära der Konnektivität ins Pearl River Delta bringen. Ursprünglich sollte die Brücke im Herbst 2016 fertig werden, wegen einiger Konstruktionsprobleme wurde als neuer Termin Dezember 2017 genannt.
- **Hafen Chabahar**: Indien finanziert diesen iranischen Meereshafen gewissermaßen als Gegengewicht zum chinesischen Investment am Hafen von Gwadar in Pakistan. Zusammen mit anderen Infrastruktur-Projekten einschließlich einer Bahnstrecke Chabahar–Zahedan, soll der Hafen den Umschlag indischer Güter erlauben, die dann nicht mehr den Landweg durch Pakistan nehmen müssen.
- **Karakoram-Schnellstraße**: In alten Zeiten spielte diese Strecke entlang der Seidenstraße eine wichtige Rolle und wird 2017 als Teil des chinesisch-pakistanischen Wirtschaftskorridors verbreitert.

Transport, Energie und Connectivity – ob Tiefseehäfen, Straßen und Airports, Bahnhöfe und Schienentrassen, Kraftwerke, Pipelines oder Datenleitungen – diese Projekte der Seidenstraße erstrecken sich auf bis zu 65 Länder, in denen mehr als vier Milliarden Menschen leben. Diese Region repräsentiert beinahe ein Drittel der globalen Wirtschaftsleistung,[99] 70 Prozent des Wirtschaftswachstums und sogar 75 Prozent der Energiereserven.[100]

OBOR sei mit Blick von Ost nach West eine wichtige Vision für den eurasischen Kontinent, sagte der Staatssekretär im Auswärtigen Amt Markus Ederer in einer Rede am 2. Februar 2016. Sie spiele mit der West-Ost-Perspektive der European Neighbourhood Policy and Central Asia Strategy zusammen. Bei einer Veranstaltung zur OBOR-Bestandsaufnahme stellte er sinngemäß folgende Fragen: Wie lässt sich sicherstellen, dass die Infrastrukturpläne beider Seiten zusammenpassen? Wie können faire Regeln und Standards für alle Beteiligten aufgesetzt und eingehalten werden? Wie lässt sich ein gleichberechtigter Zugang zu allen Projekten und Entscheidungsprozessen garantieren?[101]

Auch für deutsche Unternehmen des Mittelstands und aus der Beratung bietet die Wiederbelebung der Seidenstraße Chancen, in Gestalt gigantischer Bauprojekte. Auf Spezialbauprojekte spezialisierte Unternehmen wie z.B. Herrenknecht und Bauer Spezialtiefbau findet man heute schon auf vielen Baustellen weltweit. Aber auch auf Projektmanagement spezialisierte Dienstleister, wie zum Beispiel DB Engineering & Consulting, Lahmeyer International oder THOST Projektmanagement, könnten bei der Wiederbelebung der Seidenstraße eine Rolle spielen.[102]

Da die Einsätze vor allem über chinesische Unternehmen gesteuert werden, sind eine Präsenz in China sowie gute Kenntnisse der chinesischen Kultur für die Zusammenarbeit in Projekten nötig. Darüber hinaus sind auch kulturelle Kenntnisse der Länder entlang der Seidenstraße hilfreich, um gegen Überraschungen im Projektverlauf möglichst gefeit zu sein.

„Wir haben das Kapital und die Kapazitäten, macht mit, ohne Bedingungen, auf Augenhöhe“, zitiert Klaus Remme vom Deutschlandfunk den Leiter des Russlandprogramms im Carnegie Center in Moskau, Alexander Gabuev. „Ich glaube an Win-Win-Situationen, doch da stellt sich schnell die Frage, wer gewinnt wieviel? Die Staaten Zentralasiens oder Russland gewinnen vielleicht 10, 15 Prozent, dann bekommt China 85 oder 90 Prozent – eine problematische Bilanz. Die Alternativen sind: Entweder nehme ich daran teil oder nicht, entweder gewinne ich 15 Prozent oder gar nichts.“[103] Allein das selbst gesteckte Ziel Pekings, das Handelsvolumen mit den beteiligten Ländern von derzeit gut einer Billion Dollar binnen zehn Jahren mehr als zu verdoppeln, illustriere die Gefahr kleinerer Nachbarstaaten, in Abhängigkeiten zu geraten. Der Chef der Münchner Sicherheitskonferenz, Wolfgang Ischinger, ist skeptisch: „Am Schluss ... gilt der klassische deutsche Satz: Wer zahlt, hat das Sagen. Und wenn es tatsächlich so ist, dass China bereit ist, große Mengen Kapital zu investieren, dann wird man davon ausgehen dürfen, dass das Ganze nicht wohltätigen Zwecken dient, sondern der Verfolgung chinesischer Interessen.“[104]

Das Online-Börsenmagazin „Der Aktionär“ hat den Chefanalysten der Bremer Landesbank, Folker Hellmeyer, befragt, welche Wachstumsfolgen die

Seidenstraße global hat. Erstens führe der Infrastrukturaufbau zu einem „hohen Rohstoffverzehr", was der Hintergrund für den Anstieg der Rohstoffpreise seit Mitte 2016 sei. „Es ist eine dauerhafte Entwicklung erhöhter Nachfrage, die uns in den nächsten Jahren mit mindestens stabilen Rohstoffpreisen versorgen wird." Der Bedarf an Zement, Maschinen und Anlagen werde enorm steigen. Durch die neue Infrastruktur würden innerhalb des kommenden Jahrzehnts Milliarden von Menschen vom Rand der Weltwirtschaft an deren Mittelpunkt angebunden. „Daraus ergeben sich sogenannte Zweit- und Drittrundeneffekte im Wachstum über die Erschließung des Humankapitals. Das heißt, dieses Projekt ist eine der größten nachhaltigen Wachstumsgeschichten, die von China mithilfe Moskaus und Neu Delhis angestoßen worden ist."[105]

Die OBOR-Projekte sind damit die Wachstumstreiber und Stabilisatoren der Weltkonjunktur. Der Internationale Währungsfonds IWF erwartet nach einem Weltwirtschaftswachstum von 3,1 Prozent im Jahr 2016 für das Jahr 2017 einen Anstieg auf 3,4 Prozent und für 2018 mindestens 3,6 Prozent.[106]

China, Russland, Iran, Indien und Europa werden ein lockeres Bündnis im Sinne eines geo-ökonomischen Blocks bilden, der das Potential hat, das Machtgleichgewicht der Welt zu verändern.[107] Europa entwickelt dabei besonderes Interesse an der neuen Seidenstraße. Jenseits der Weiterentwicklung transeuropäischer Logistik-Hubs an der Grenze von Polen zu Weißrussland und in Griechenland ist davon auszugehen, dass mehr Hightech-Produkte aus Europa über Land nach China und in das übrige Asien transportiert werden. Damit dürften die Kritiker allmählich verstummen, die die neue Seidenstraße lediglich als Pipeline Chinas angesehen haben, um billige Produkte auf die europäischen Märkte zu werfen. Eine entsprechende Aufwärtsbewegung machten die Exporte pharmazeutischer und chemischer Produkte aus Europa sowie die der Automobil-, Lebensmittel- und Luxusgüterindustrie.[108]

Europa hat die Chancen durch die OBOR-Initiative längst erkannt und erhofft sich eine stärkere wirtschaftliche Zusammenarbeit. Als eigene Seidenstraßen-Initiative hat die EU im Juni 2015 auf dem EU-China-Gipfel in Brüssel die sogenannte „Konnektivitätsplattform" beschlossen. Damit werden zwei Flaggschiffprogramme, die im ersten Kapitel vorgestellt wurden, die Investitionsoffensive der EU und die chinesische Seidenstraßen-Initiative, miteinander verbunden. Das Ziel ist eine Zusammenarbeit in den Bereichen Infrastruktur, Energie und Innovation.

Von europäischer Seite gibt es grundsätzlich ein großes Interesse an einem Ausbau der Konnektivität mit Asien, die auch den europäischen Volkswirtschaften, insbesondere Exportnationen wie Deutschland, zugutekommen könnte. Auch wenn aktuell „fünf volle Güterzüge in der Woche aus Chongqing in Deutschland ankommen und nur ein voller in die Gegenrichtung fährt“.[109]

Der deutschen Bundeskanzlerin gefällt der Name der EU-Initiative keineswegs, wie sie 2015 beim Bergdorfer Gesprächskreis in der chinesischen Hauptstadt Peking bekannte. Wörtlich sagte Angela Merkel: „Ich finde es gewöhnungsbedürftig, wie man einem so schönen Wort wie Seidenstraßen-Initiative das Wort Konnektivitätsplattform entgegensetzen kann. Darauf muss man erst einmal kommen. Ich glaube, ich werde das weiterhin Seidenstraße nennen, weil es ja auch etwas mit Geschichte zu tun hat und einen schönen Klang hat.“[110]

Die Kanzlerin bescheinigte China bei diesem Besuch „eine strategische Politik, ... die in langen Zeiträumen denkt“. Die Seidenstraße ermögliche „osteuropäischen Ländern eine bessere Anbindung an den asiatischen Raum und zentralasiatischen Staaten eine bessere Anbindung an den europäischen Raum“. Bei aller Sympathie sehe sie allerdings auch Probleme: Dass einzelne EU-Länder in Abhängigkeit zu China gebracht und die Union auseinanderdividiert werden könnte: „Wir sehen, dass China manchmal innerhalb der Europäischen Union Gruppen bildet, mit denen man dann spezielle Kooperationsformate bildet – mal in mittel- und osteuropäischen Ländern, mal in südeuropäischen Ländern, teils auch in Ländern, die noch nicht Mitglied der EU sind, sondern nur Beitrittskandidaten. Ich will nur sagen: Man kann auch mit der ganzen Europäischen Union reden.“[111]

Die bisherigen OBOR-Projekte in Europa seien bilateraler Natur, heißt es in einer Studie des Europäischen Parlaments, etwa die chinesischen Investitionen im griechischen Hafen Piräus. Die EU müsse eine gemeinsame Position vertreten. Es bestehe sonst die Gefahr, dass China in Europa eine „Teile-und-herrsche-Taktik“ betreibe.[112] Chinas wachsende Bedeutung als Partner für die Europäische Union spiegelt sich in der angekündigten Beteiligung des Landes an der EU-Investitionsoffensive wider. Hierbei könnten Synergien mit der chinesischen Seidenstraßen-Initiative genutzt werden. Margot Schüller analysiert die Rahmenbedingungen auf europäischer Seite:[113]

- Einerseits sind geringe Investitionstätigkeit, Wachstumsschwäche und sinkende Wettbewerbsfähigkeit vieler Mitgliedsländer die Ausgangslage für die Investitionsoffensive der EU.
- Andererseits sind massive Investitionen in die Transportinfrastruktur auf dem Land- und Seeweg von China durch Zentralasien bzw. durch den Indischen Ozean nach Europa Kern der chinesischen Offensive.
- In vielen Ländern Mittel- und Osteuropas bestehen Infrastrukturdefizite, weshalb sie großes Interesse an chinesischen Investitionen haben.
- Die „16+1"-Initiative Chinas verfolgt einen regionalen Kooperationsansatz, der elf EU-Mitgliedsländer und fünf Beitrittskandidaten aus Mittel- und Osteuropa einschließt. Die EU befürchtet dort sinkenden Einfluss.
- Mit der Gründung der Konnektivitätsplattform soll eine Abstimmung zwischen der EU und den chinesischen Interessen erfolgen. Die EU argumentiert dabei, dass die Entwicklung der Infrastruktur im europäischen Raum eine Gesamtplanung und einheitliche Standards erfordere.

Auf der Belt-and-Road-Konferenz Mitte Mai 2017 sprach Xi Jinping von einer „Familie des harmonischen Miteinanders der Nationen". Er versprach, in einer ersten Investitionsrunde 110 Milliarden Euro entlang der neuen Handelskorridore auszugeben. Austausch solle an die Stelle zunehmender Entfremdung treten, versprach er den Vertretern von rund hundert Regierungen.[114]

# 3. Erfolgsbeispiele und Probleme chinesischer Innovationsstrategien

## Strategische Neuausrichtungen aller Branchen

Die chinesische Wirtschaft befindet sich insgesamt inmitten einer entscheidenden Neuausrichtung, in der sich ihre Branchen stärker diversifizieren und so ihr Wachstum nachhaltiger gestalten. Das vollzieht sich relativ unabhängig von der Vorbereitung und Durchsetzung der Belt-and-Road-Initiative.

Nach einem Jahrzehnt zweistelligen Wirtschaftswachstums geschieht dies in einer Phase der dringend nötigen Abkühlung und Normalisierung. Anfang 2016 wuchs die Wirtschaft so langsam wie zuletzt während der Weltfinanzkrise 2009.[1] Viele Branchen – vor allem ausländische Investoren – nutzen dieses Momentum und bewegen sich vom reinen Stückzahlen- und Umsatzgeschäft zu einem durch Kostensenkung angetriebenen Profitabilitätsschub. Unterdessen ändern chinesische Hersteller vermehrt ihre Marktstrategie. Waren sie bislang meist ohne Name und Logo aufgetreten und hatten ihre europäischen und amerikanischen Kunden mit Produkten zu niedrigen Preisen beliefert, so etablieren sie sich als eigenständige OEMs und lassen ihre Waren nicht mehr so gerne von westlichen Marken mit markantem Aufschlag weiterverkaufen.

In der chinesischen Konsumgüterbranche ist ohnehin eine Abwendung mancher lokaler Konsumenten von westlichen Marken zugunsten eigener festzustellen, wie Hans-Joachim Fuchs in seinem Buch „Die China AG" bemerkt. Er beleuchtet die Strategien chinesischer Markenunternehmen und arbeitet einen wesentlichen Unterscheidungsfaktor heraus: „Steht im Westen bei Marken wesentlich die Funktion der Differenzierung und Individualisierung im Vordergrund, haben Marken in China traditionellerweise die Aufgabe, in der Beziehung zwischen Anbieter und Nachfrager Vertrauen zu schaffen."[2] Dies sei dadurch zu erklären, dass China eine Misstrauensgesellschaft sei, in der man als zentralen Erfolgsfaktor für das Wirtschaftsleben erst einmal Vertrauen aufbauen müsse.

Die Neuausrichtung des chinesischen Wirtschaftsmodells ist ein viel beachtetes makroökonomisches Phänomen. Es ist auf zwei Hauptaspekte zurückzuführen:[3]

- In den vergangenen Jahrzehnten haben Investitionen immer einen hohen Anteil am Bruttoinlandsprodukt ausgemacht – mit steigenden inländischen Konsumausgaben reduziert sich dieser Anteil.
- China lässt sich nicht mehr auf die „verlängerte Werkbank", auf das Land mit der billigen Arbeitskraft reduzieren – die Volksrepublik exportiert zunehmend hochwertige Produkte.

Aktienkurse spiegeln veränderte Unternehmensstrategien während dieses strukturellen Wandels wider. In den 2010er Jahren haben die aufstrebenden Sektoren des „neuen" Chinas die etablierten alten überholt:

- Zu den alten gehören Fertigungsindustrie, Energie und Rohstoffbranche,
- zu den neuen der Konsumgüter-, Technologie- und der Dienstleistungssektor.

Auch im globalen Innovationsindex hat sich China verbessert, wenn das Land auch noch nicht zu den Top Ten zählt, sondern (noch) den 22. Rang belegt.[4] Lenovo ist ein gutes Beispiel für die strategische Neuausrichtung vieler Branchen. Als kleiner PC-Hersteller für den lokalen Markt begonnen, stieg die Marke 1996 zum Marktführer in China auf, nahm wenige Jahre später den Spitzenplatz in Asien ein und führte 2013 bereits den Weltmarkt an. Unterdessen wurde aus dem reinen Desktop-Hersteller ein Anbieter von Laptops, Mobiltelefonen und Servern. Lenovo fokussierte hochgradig auf Innovation, nahm dann eine dominante Position am Heimatmarkt ein und stellte sich schließlich durch gezielte ausländische Akquisitionen international auf. Diese drei Faktoren sind typisch für das aktuelle Vorgehen vieler Branchen in China.

Erstens ist Innovation ein zentrales Alleinstellungsmerkmal für die Teilnehmer des chinesischen Binnenmarktes. Lenovo fiel durch eine Vielzahl an Innovationen auf, die als erstes in China auf den Markt kamen, zum Beispiel der erste chinesisch-sprachige PC oder der erste Pentium PC Chinas. Die niedrigen Produktionskosten machten es möglich, dass das Unternehmen über die Grenzen des Landes hinaus zum Marktführer in diesem Wachstumssektor aufsteigen konnte.

Als zweiter Punkt auf der Agenda der meisten chinesischen Marken steht vor einer weiteren Expansion der Erfolg am Heimmarkt. China wird mehr und mehr zur Konsumgesellschaft, was dazu führt, dass der chinesische Binnenmarkt in vielen Branchen so groß ist, dass es für eine Marke reicht, an der Spitze des Heimatmarktes zu stehen, um gleichzeitig einer der weltgrößten Player zu sein. Xiaomi war deshalb der größte Smartphone-

Hersteller weltweit, bevor es überhaupt ein einziges Gerät exportierte, was Xiaomi attraktiv für eine Beteiligung durch Huawei machte. Dieses Muster ist auch in anderen Sektoren zu beobachten. Die TV-Marken Hisense, TCL und Skyworth haben zu Hause je 15 Prozent Marktanteil erreicht. Die Chinesen kaufen rund 160 Millionen Fernseher pro Jahr. Comac hat das erste kommerzielle Kurzstreckenflugzeug Chinas entwickelt (mit 90 Sitzplätzen) und nutzt die Gewinne aus der starken Binnennachfrage (300 Auslieferungen mit einem Gesamtumsatz von elf Milliarden US-Dollar) für ein Ausweiten des Produktangebots. Die Spielregeln des Welthandels haben sich verändert. Früher dominierten die USA und Europa die Flugzeugindustrie als Hochtechnologiebranche. Boeing und Airbus müssen sich auf die neue Konkurrenz einstellen.[5]

Drittens spielen auch Akquisitionen eine strategische Rolle für die Neuausrichtung chinesischer Unternehmen. Immer mehr chinesische Marktführer kaufen ausländische Unternehmen[6]:

- PC-Branche: Lenovo übernahm beispielsweise die PC-Sparte von IBM und sicherte sich so auf einen Schlag wichtige internationale Marktanteile.
- Auto-Branche: Geely übernahm Volvo und äußerte im Sommer 2017 Interesse an FiatChrysler. Dongfeng Motors kaufte sich bei PSA ein. Mit dem Know-how von Volvo konnte Geely einen Wagen ausschließlich für den chinesischen Premium-Markt bauen. Und mit einer Volvo-Fabrik in China erreichte der Konzern günstige Produktionsbedingungen für die Belieferung des US-Markts.
- Halbleiter-Branche: Die Tsinghua Unigroup akquirierte drei große Halbleiterunternehmen auf einen Streich: Spreadtrum, RDA und Powertech. Der Bedarf Chinas nach Speicherchips macht mehr als 25 Prozent der weltweiten Nachfrage aus. Daher konnte man die Expansion als nationale Priorität bezeichnen, die zu einem Ausbau der heimischen Halbleiter-Kapazitäten führte.

Die genannten Beispiele aus den verschiedenen Branchen sind zwar unterschiedlich, doch unter dem Strich ist ein Muster zu erkennen: Alles begann mit einer Neuausrichtung des chinesischen Wirtschaftsmodells. Durch die gestiegene Konsumfreudigkeit der neuen Mittelschicht erreichten die heimischen Anbieter relevante Anteile am Heimatmarkt, um international in neue Bereiche vorzustoßen. In der Folge steigt der Anteil Chinas am Welthandel von Jahr zu Jahr. Die Neuausrichtung wird auch den Arbeitsmarkt verändern. Qualifizierte Fachkräfte im mittleren Management mit Praxiserfahrung sind bei internationalen Unternehmen in China heiß begehrt – und Mangelware. 2005 wurde eine durchschnittliche Fluktuation in ausländischen Unternehmen Chinas von fast 17 Prozent ermittelt, das ist etwa fünf Mal so hoch wie in Deutschland. Ursache für diese hohe Fluktuation ist die Dynamik der chinesischen Wirtschaft. Es fehlen vor allem Fachkräfte für Berufe, die es in der Planwirtschaft in dieser Form nicht gab – Experten für Finanzen, Vertrieb, Marketing, Logistik, Einkauf und Personalentwicklung. Mit mehr als 20 Prozent Fluktuation sind die Sektoren Immobilien, Konsumgüter, Telekommunikation und Tourismus am stärksten betroffen. Darauf folgen Handel, Pharmazeutik, Chemie, Finanzen und Elektronik mit Raten zwischen 15 und 20 Prozent.[7] Daher denken internationale Unternehmen in China verstärkt über Konzepte und Instrumente zur langfristigen Mitarbeiterbindung nach. Für viele Chinesen ist jedoch ein ständiger Wechsel zwischen Arbeitgebern der effektivste Weg zu mehr Einkommen. Außerdem nivellieren sich die Gehaltsunterschiede zwischen ausländischen und einheimischen Unternehmen in China, und chinesische Firmen setzen zunehmend moderne Managementmethoden ein.

Reisach und Tauber beschreiben daher in Ihrem Handbuch „China – Wirtschaftspartner zwischen Wunsch und Wirklichkeit" einen neuen, dreiphasigen Trend für Absolventen, der sich seit einem Jahrzehnt abzeichnet:[8]

(1) Nach dem Studium Erfahrung in einem chinesischen Unternehmen sammeln.
(2) In einem europäischen Unternehmen arbeiten und wertvolle kostenlose Weiterbildung erhalten.
(3) Zu einem amerikanischen Unternehmen wechseln, denn hier werden in der Regel die höchsten Gehälter gezahlt.

Es bleibt abzuwarten, wie sich diese Vorgehensweise durch die neue auf Abschirmung orientierte US-Politik fortsetzen wird.

Seit der Jahrtausendwende will die chinesische Regierung im Zuge des WTO-Beitritts mit der OBOR-Initiative besonders auch den Westen des Riesenreiches entwickeln. Die Ostregion verfügt über eine „deutlich bessere infrastrukturelle Ausstattung und ein besseres Humankapital, vor allem ihre Innovationskraft und das vorhandene Absatzpotential fallen um ein Vielfaches höher aus".[9] Der Westen Chinas macht zwar drei Viertel der chinesischen Landfläche aus, in denen im ersten Jahrzehnt des 21. Jahrhunderts noch 23 Prozent der Bevölkerung lebten. Allerdings ist eine starke Abwanderungsbewegung in den reichen Osten zu verzeichnen, weil im Westen die Wirtschaftsleistung pro Kopf unter der Hälfte des Landesdurchschnitts liegt. Die Ursache dafür ist schnell gefunden: In den ersten Jahrzehnten der Öffnungspolitik flossen nur rund 3 Prozent der Auslandsinvestitionen in den chinesischen Westen. Die Wirtschaft der Regionen Sichuan, Guihou, Yunnan, Shaanxi, Gansu und Qinghai sowie von den autonomen Gebieten Tibet, Nibxia, Xianjiang, Guangxi und der Inneren Mongolei ist dominiert von Staatsunternehmen in traditionellen Branchen. Dazu gehören Landwirtschaft, Textilindustrie und Bergbau sowie die Rüstungsindustrie im weitesten Sinne. Aufgrund der Entfernung zu den Häfen ist der Anteil der westlichen Provinzen an den Exporten sehr gering. Der Regierungsappell „Go West!" scheiterte zunächst vielfach an der unzureichenden Verkehrserschließung, die den Transport von Rohstoffen und Vorprodukten wie auch den von Fertigerzeugnissen erschwert.[10]

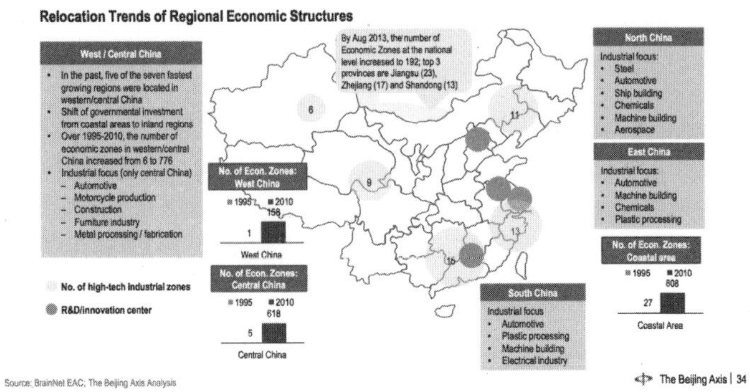


*Abbildung 6: Die Regierungskampagne „Go West" soll die Wirtschaftsstruktur der Regionen gezielt verändern*[11]

Das ist nur ein Beispiel dafür, dass mit der neuen Seidenstraßen-Initiative auch große innenpolitische Ziele verfolgt werden. Erst als „Go West!" mit deren Großprojekten für eine verbesserte Infrastruktur verbunden wurde, zeigte sich der Effekt als Konjunkturprogramm – eine wichtige Vorerfahrung für die chinesische Regierung in punkto neue Seidenstraße. Auch Ausgaben für Landwirtschaft, Umweltschutz, Gesundheit, Erziehung oder Wissenschaft leitete Peking verstärkt in den Westen. Die Mega-City Chongqing mit mehr als 30 Millionen Einwohnern profitierte davon und wird heute bereits als „Shanghai des Westens" bezeichnet.

Parallel zu den Staatsausgaben legt die Regierung in Peking Gewicht auf beschleunigte Genehmigungsverfahren für nationale und internationale Investitionen im Westen des Landes, insbesondere in Umwelttechnik, Stadtentwicklung und Hightech-Branchen. Die Einfuhr fortschrittlicher Technologien und Anlagen wurde von Zoll und Mehrwertsteuer befreit.[12]

Bereits 2008 wurde Xi Jinpeng zum designierten Nachfolger von Staatspräsident Hu Jintao gewählt. So prägte er bereits den Fünfjahresplan, der ab 2011 in Kraft trat, bevor er im März 2013 sein Amt als Präsident antrat. Die Schwerpunkte dabei waren:

- Binnenkonsum stärken,
- sozialen Ausgleich und Absicherung balancieren,
- Industrien konsolidieren und aufwerten,
- nachhaltiges Wirtschaften und Energieeffizienz,
- nachhaltige Urbanisierung und Modernisierung der Landwirtschaft,
- ausgewogene Entwicklung der chinesischen Regionen.[13]

Der 13. Fünfjahresplan, der 2016 in Kraft trat, wird im fünften Kapitel dieses Buchs ausführlicher vorgestellt, weil er massiv die Weichen in die Zukunft stellt und als wirtschaftspolitisches Begleitprogramm der neuen Seidenstraße zu werten ist. Doch bereits der 12. Fünfjahresplan lässt einen Kurswechsel hin zu einer liberaleren Staatsführung erkennen. War die Politik seiner Vorgänger rein auf Wachstum ausgerichtet, schrieb sich Xi Jinping von Anfang an eine mehr marktorientierte und nachhaltige Wirtschaftspolitik auf die Fahnen.[14]

- Während frühere Regierungen beim Umweltschutz eher auf Strafen und Restriktionen setzten, erhöhte Xi die Ausgaben des Staates für aktiven Umweltschutz.
- Während Überkapazitäten der Industrie aufgrund verfehlter Planwirtschaft früher mit Strafen und Standortschließungen begegnet wurde, verfolgt die neue Regierung auch hier einen eher marktwirtschaftlichen Ansatz und ermuntert zum Teil zur regionalen Verlagerung und Konsolidierung von Kapazitäten.
- Während die alte Regierung der Volksrepublik auf Investitionen fokussierte, um den Wachstumsmotor in Gang zu halten, setzt das neue Peking eher auf eine gerechte Einkommensverteilung und soziale Wohlfahrt und kümmert sich besonders um pendelnde Arbeitnehmer in urbanen Zentren.
- Während seine Vorgänger wenig gegen die Verschuldung der Provinzregierungen unternahm, ordnete Xi Jinping strenge Nachforschungen an und leitete ein Anti-Korruptionsprogramm ein.[15]

## Überspringen von Phasen der Industrialisierung und Konsequenzen

In den vergangenen 200 Jahren haben die heutigen Kernländer der modernen warenproduzierenden Wirtschaftssysteme (u.a. Großbritannien, USA,

Frankreich, Deutschland, Italien und Japan) drei industrielle Revolutionen zur Gänze durchlaufen. China musste all dies – Fließband-Massenfertigung nach Ford, dann Elektrotechnik und Chemie und schließlich die Errungenschaften von Mikroelektronik und Automatisierung – seit den 1980er Jahren nachholen.[16] Veraltete Produktionsmethoden der Industrialisierung ließen sich jedoch im Prozess der „nachholenden Modernisierung" nicht mehr einführen, was zur Folge hatte, dass einige Zwischenstufen der Industrialisierung übersprungen werden mussten. Die Industrie 3.0 wurde mit Digitalisierung und Vernetzung, Automatisierung und Künstlicher Intelligenz in Angriff genommen. „Made in China 2025" heißt ein Zehnjahresplan für die Automatisierung und Digitalisierung der Industrie. Das „Internet der Dinge" soll mit modernen Herstellungsverfahren kombiniert werden. Zugleich entdeckten die Staatslenker, dass viele natürlichen Ressourcen zu Ende gehen.

Wachstum um jeden Preis – dieser Irrglaube der Anfänge westlicher Industrialisierung – funktioniert nach wenigen Jahrzehnten industriellen Aufstiegs auch in China nicht mehr. Rohstoffe, Vorprodukte und Transportkapazitäten gehen zur Neige. Zum Beispiel in der Stahlproduktion: Rohstoffknappheit bremst das Wachstum aus. Dass das Thema Energie ein zentrales Problem ist, wird daran deutlich, dass es in der chinesischen Industrie immer wieder zu Engpässen kommt. Neben Rohstoffen und Energie stellt die Umweltverschmutzung eine dritte große Herausforderung dar. Vor dem Hintergrund ökologischer Schäden und ihrer Folgekosten stellen Kritiker die Zukunftsfähigkeit der chinesischen Volkswirtschaft in Frage.[17] Laut Chinas Vizeminister für Umwelt, Zhu Guangyao, verursacht die verschmutzte Umwelt Kosten in Höhe von rund 10 Prozent des Bruttoinlandsprodukts. Die Regierung in Peking hat das Problem erkannt und handelt. Deshalb hat sie 2004 als erstes Land der Erde ein „Green GDP" eingeführt. Dabei handelt es sich um einen Index für nachhaltiges wirtschaftliches Wachstum, bei dem die Umweltfolgen einberechnet werden, einschließlich Klimawandel und Verlust an Biodiversität. Als Kernziel im elften Fünfjahresplan hat die chinesische Staatsregierung eine „Resource-Conserving and Environment-Friendly Society" ausgerufen.

2015 erneuerte China seine Green GDP Initiative[18], die Medienberichten zufolge im ersten Anlauf gescheitert war, weil Provinzregierungen ihre „schönen" Wachstumszahlen nicht durch die Öko-Perspektive kleingerechnet sehen wollten. Chinas Führung spricht von „greenisation" und stellt dieses Ziel neben Industrialisierung, Urbanisierung, Informationalisierung und agrikulturelle Modernisierung. Environment Protection online zitiert den Forscher Xiao Jian der Shenzhener Beratungsgesellschaft

Zero Power Intelligence. Demnach führe China das Green GDP ein, weil das Land von ernsten Smog- und Luftverschmutzungsproblemen geplagt sei. Die Regierung wolle den Übergang des Landes in eine nachhaltige Wirtschaft begleiten.

Wegen der vergleichsweise noch relativ niedrigen Löhne ist das vielzitierte Image Chinas als „verlängerte Werkbank“ für reiche Industrienationen nach wie vor aktuell. Doch auf der anderen Seite betreibt China heute Forschung und Entwicklung auf Weltniveau. In der Biotechnologie gilt China bereits als Vorreiter. Zwischen 1997 und 2005 hat die Volksrepublik ihren Anteil für Forschungsausgaben am Bruttoinlandsprodukt mehr als verdoppelt (von 0,65 auf 1,54 Prozent).[19] Im beinahe identischen Zeitraum von 1995 bis 2002 sind die Forschungsausgaben aller OECD-Länder von 2,09 auf 2,26 Prozent gestiegen. Durch gezielte Investitionslenkung forciert China „den Aufbau einer leistungsfähigen Hightech-Industrie“ und damit „eine Abkehr von einem quantitativen hin zu einem qualitativen Wirtschaftswachstum“.[20]

Industrieländer könnten Ländern wie Indien oder China nicht verweigern, ihr Wohlstandsniveau zu verbessern, sagte der ehemalige Bosch-Chef Franz Fehrenbach in einem „Zeit“-Interview.[21] „Aber man sollte gemeinsam überlegen, wie sich die Industrialisierung dieser Länder, einschließlich individueller Mobilität, so gestalten lässt, dass die Erde am wenigsten Schaden nimmt. Die Entwicklung kann dort nicht so ablaufen wie bei uns.“ Fehrenbach zufolge müssten die Schwellenländer bestimmte Phasen der Industrialisierung überspringen. „Wenn man zu dieser Einsicht käme, wäre das ein großer Schritt vorwärts. Konkrete $CO_2$-Einsparziele festzulegen, käme anschließend ... Die Chinesen wissen ganz genau, dass sie ihre Megastädte nicht nach dem bisher üblichen Muster entwickeln können. Deshalb müssen europäische Unternehmen heute neueste Technologie anbieten, wenn sie in China erfolgreich sein wollen ... Die Chinesen haben erkannt, dass sie Mobilität nicht nach westlichem Vorbild organisieren können.“

„Bockspringen“ nennen Entwicklungsökonomen das System, das weniger weit entwickelten Ländern erlaubt, verpasste Phasen der Industrialisierung auszulassen, um auf Anhieb mit modernen Produkten in eine Führungsposition aufzurücken.[22] Japan unternahm einen solchen Bocksprung in der Autoindustrie, Taiwan in der Computerbranche, China setzte zum Bocksprung im Telekom-Sektor an. Statt Tausender Kilometer Telefonkabel verfügt China heute über eine Netzabdeckung mit modernen Mobilfunksystemen. Statt Kupferkabel für das Internet zu installieren, sind Millionen

Kilometer Glasfaserkabel verlegt worden. Abgelegene Dörfer entschlossen sich für Satellitentelefonie und leiten das Signal in einem rein lokal verkabelten Festtelefonnetz zu den Haushalten weiter. Schon im Jahr 2000 gab es in China trotz hoher Ausgaben für die Endgeräte die weltweit drittgrößte Zahl Mobilfunknutzer. In einem so großen Land wie China, in dem einzelne Regionen schwer erreichbar sind, ermöglicht drahtlose Kommunikation „einen Quantensprung aus der völligen Abgeschiedenheit“[23], so Blume und Yamamoto in ihrem Beitrag für die Zeit.

Vor allem die Informations- und Kommunikationstechnologie versetzen Emerging Markets in die Lage, mehrere Entwicklungsstufen auszulassen und Standortnachteile wettzumachen, sagte der deutsche Soziologe und Politikwissenschaftler Helmut Wiesenthal im Mai 2012 bei einem Vortrag in Dresden. Wegen ihrer schnellen Entwicklung müssten „die neuen Industrieländer nicht die gleiche Entwicklungssequenz durchlaufen wie Europa oder die USA“. Deshalb müssten sie „auch nicht deren frühindustrielle Sozialgeschichte wiederholen…, die von extrem langen Leidensphasen der Arbeiterschaft und heftigen Klassenkonflikten geprägt war“.[24] Im Westen hatte es im 19. Jahrhundert ein halbes Jahrhundert gedauert, das Pro-Kopf-Einkommen zu verdoppeln. China hat dies in weniger als einem Jahrzehnt geschafft, was einem großen Teil der Bevölkerung beträchtliche Wohlstandsgewinne einbrachte. Auch hier zeigt sich, dass der chinesische Weg in den Weltmarkt durchaus erfolgreich war und ist.

China wird 2040 mit 17 Prozent der Weltbevölkerung wohl 40 Prozent der Weltkonjunktur stemmen. Das Land verbrauchte 2007 ca. 40 Prozent der global geförderten Eisenerzmenge und 38 Prozent der jährlichen Menge an Kohle. 2010 überholte China die USA beim Energieverbrauch.[25] Von 1965 bis 2010 hat sich der Primärenergieverbrauch Chinas verzehnfacht. 2030 wird ein Drittel der fossilen Energie in Indien und China verbraucht, was erhebliche Auswirkungen auf das Klima haben dürfte. Diese Erkenntnis markiert vor allem vor dem Hintergrund des erklärten Ausstiegs der Vereinigten Staaten von Amerika aus dem Pariser Klimaschutzabkommen durch US-Präsident Donald Trump einen wichtigen Stellhebel: China hat es in der Hand, die globale Erderwärmung zu stoppen.

Und doch ist China ein Industrieland der unterschiedlichen Geschwindigkeiten geworden. Es gibt einzelne hoch entwickelte industrielle Zentren, die anfangs vor allem auf Export ausgerichtet waren, doch keine flächendeckend industrialisierte Gesellschaft. Im Gegensatz dazu hat Indien die Industrialisierung weitestgehend übersprungen und sich gleich als Dienstleistungsgesellschaft etabliert. Die Vorstellung, direkt in die postindustrielle Phase einzutreten und die Industrialisierung einfach zu überspringen, bezeichnet Ha-Joon Chang in seinem Buch „23 Lügen, die sie uns über den Kapitalismus erzählen“ als ein „Hirngespinst“, da Dienstleistungen nur einen geringen Spielraum für Produktivitätswachstum böten und sich auch schlecht exportieren ließen.[26]

Auf einer österreichischen Entwicklungstagung[27] 2008 in Innsbruck befassten sich die Teilnehmer mit technologischem Fortschritt als „Ausweg aus dem Umwelt-Wachstum-Dilemma“. So hätten Technologien zwar zur Lösung mancher gesellschaftlicher Probleme wie etwa im medizinischen Bereich beigetragen; manche Probleme seien jedoch erst durch technologischen Fortschritt virulent geworden. Green Industry werde als Arbeitsplatzmotor in die ganze Welt exportiert. Allerdings zeichne dies das Bild einer linearen, fortschrittsgetriebenen Geschichte, „von der vorindustriellen Zeit über die (schmutzige) Industrialisierung bis zur (sauber produzierenden) Industrie der Gegenwart. Eine alleinige Wende in den Entwicklungsländern, die nun die zweite Phase der Industrialisierung überspringen sollen, nütze nichts; Veränderungen müssten auch im Norden geschehen.

Aufgrund „eigener politischer, wirtschaftlicher und militärischer Interessen“ betrieben große Nationalstaaten wie China in breitem Ausmaß eigenständige Forschungs- und Technologiepolitik, in der zunehmend auch ökologisches Problembewusstsein eine Rolle spiele. Gleichzeitig stelle sich „die Frage, ob besonders ressourcenintensive Industrialisierungsphasen übersprungen werden können“, so die Veranstalter, weshalb es beim Umwelt- und Klimaschutz keine Hemmnisse für einen Technologietransfer geben dürfe.[28]

## Von „Copycats“ zu den BAT-Firmen Baidu, Alibaba und Tencent

Der neue Mittelstand Chinas lässt sich selbst das Lebensgefühl anderer Nationen kopieren: von britischen Tudor-Häusern aus dem ausgehenden 16. Jahrhundert über einen kleinen Eiffelturm, der dem Pariser Original täuschend ähnlich sieht, bis hin zu einer unechten Alpenidylle. Außerhalb von Hangzhou in der östlichen chinesischen Provinz Zhejiang gibt es seit 2007 die Stadt, die in nur fünf Jahren maßstabsgetreu der französischen Hauptstadt der Liebe nachempfunden wurde. Statt der geplanten 100.000 Bewohner waren jedoch selbst nach acht Jahren erst 2.000 „chinesische Pariser“ in das Stadtviertel eingezogen.[29]

Kopierte Markenartikel aus dem Westen prägen seit Jahren das Image von China: Autos, Smartphones oder Designerkleidung – immer wieder tauchen günstig hergestellte Kopien aus dem Reich der Mitte auf. Praktisch jedes Produkt, so scheint es, wird dort dupliziert. Dabei war China einst als Geburtsstätte von weltbewegenden Entdeckungen bekannt: Papier, Druck, Schießpulver und Kompass entsprangen chinesischem Innovationsgeist. Dann gab es eine Zeit, in der das Reich der Mitte zum Land der „Copycats" verkam – das Image der Eins-zu-Eins-Kopierer, die westliche Produkte zerlegten und originalgetreu nachbauten, die mit Fotoapparaten bewaffnet Automessen und Fabriken in aller Welt besuchten und ausspionierten.

In der nordostchinesischen Stadt Shenyang ist laut „Wirtschaftswoche" im September 2015 eine komplette Filiale des Drogeriemarkts dm in einem Einkaufszentrum nachgebaut worden. Am Eingang des Geschäfts leuchtet das DM-Logo, am Schaufenster steht der deutsche Werbeslogan „Hier bin ich Mensch, hier kauf ich ein". Die Kette ist vielen Chinesen bekannt, seit sich Händler und Touristen bei Reisen in Deutschland in den Drogeriemärkten mit Milchpulver eindeckten, nachdem chinesische Babynahrung wegen eines Lebensmittelskandals in Verruf geraten war.[30]

„China kopiert alles. Das frustriert",[31] schrieben die China-Experten Matthias Schramm und Markus Taube in einem Gastbeitrag für „absatzwirtschaft" und zitierten Schätzungen der Deutschen Vereinigung zur Bekämpfung von Produktpiraterie, wonach bis zu 20 Prozent aller Markenprodukte in China gefälscht sind. Und diese Produkte überschwemmen den Weltmarkt. Die deutschen Zollbehörden gehen davon aus, dass zwischen fünf und neun Prozent des Welthandels aus derartigen Produktkopien bestehen. Nicht nur Konsumgüter, auch Maschinen und Motoren werden nachgebaut – wodurch allein der deutschen Wirtschaft jedes Jahr ein Schaden von knapp einer halben Milliarde Euro entsteht.

Am technologischen Fortschritt anderer teilzuhaben, schien oberstes Ziel der Chinesen. Um schnell aufzuholen, stellten sie Experten ein, kauften Firmen auf, werteten öffentlich verfügbares Material aus – und schreckten nicht davor zurück, geistige Eigentumsrechte auf illegale oder zumindest fragwürdige Weise zu verletzen. Produkte erschienen am Markt, die dem Design großer Marken täuschend ähnlich waren. Das Internet ist dabei zum Komplizen unserer Zeit geworden. Der damalige Direktor der US-Sicherheitsbehörde NSA, Keith Alexander, beschrieb 2012 kommerzielle Cyber-Attacken als „greatest transfer of wealth in history". Hacker-Angriffe kosteten die Industrie der Vereinigten Staaten 300 Milliarden US-Dollar pro Jahr – und China trage in 80 Prozent der Fälle die Verantwortung. 2015 wies Chinas Staatspräsident XI Jinping die Vorwürfe vehement zurück. Seine Regierung sei auf keine Weise in den Diebstahl von Firmengeheimnissen involviert.[32]

Willy Shih, Innovationsexperte an der Harvard Business School, zieht einen Vergleich zu Korea und Japan. Sie hätten sich längst von der Phase der Imitation zur Phase der Innovation bewegt – und China werde es genauso gehen. Bestes Beispiel sind Technologiefirmen wie Xiaomi oder WeChat, die westliche Produkte bereits in den Schatten stellen. So ist zu erwarten, dass mit steigenden „Intellectual Property" im eigenen Land auch die Bereitschaft zunimmt, internationale Vereinbarungen zum Schutz geistigen Eigentums abzuschließen und die Intelligenz des Landes eher darauf zu richten, eigene Innovationen zu schaffen, als fremde zu entschlüsseln.

385 Millionen Chinesen sind 18 bis 25 Jahre alt und gehören der Generation Y an. Diese Generation ist mit dem Internet aufgewachsen und ist voller Ideen, wie sie das moderne „digitale Leben" gestalten können. Mehr als 10.000 Start-ups werden jeden Tag angemeldet.

Auf die Beispiele Xiaomi und WeChat soll im Folgenden genauer eingegangen werden. Xiaomi ist ein chinesischer Senkrechtstarter.[33] Der Konzern verkauft in China mehr Smartphones als Apple und Samsung. 2010 gegründet, war er Ende 2014 drittgrößter Hersteller der Welt. Auch wenn

*Abbildung 7: Ähnelt dem Apple iPhone: das Xiaomi Mi Note 2*[34]

Xiaomi in dieser Weltrangliste Ende 2016 auf Platz sechs abgerutscht war, so sind seine Innovationskraft und sein Marktpotential ungebrochen. Mit rund 8.000 Mitarbeitern erzielt das private Unternehmen einen Umsatz von 8 Milliarden US-Dollar. Xiaomi Tech hat auch MIUI entwickelt, eine alternative Firmware für Smartphones, auf denen ab Werk das Google-Betriebssystem Android ausgeliefert ist. Die Smartphones, die nur geringe Margen abwerfen, sind für die junge Firma nur Mittel zum Zweck, um den Kunden hochprofitable Dienstleistungen zu verkaufen.

WeChat (Chinesisch: Weixin) ist ein weiteres Beispiel für die hohe Dynamik Chinas auf dem IKT-Sektor (Informations- und Kommunikationstechnologie). Was als originalgetreue Kopie des amerikanischen Instant Messenger Dienstes WhatsApp begann, gilt nun bei seinen Usern als „Die eine App für alles“.[35] Das Chat-System hat sich zur Serviceplattform für alles entwickelt. In den vergangenen sieben Jahren hat die Marke mit mehr als 200.000 Partnern ein gewaltiges Ökosystem aufgebaut. Die Vision ist ein „Datenuniversum“, in dem die Kommunikationsströme zwischen Kunden und Unternehmen in die eigenen Messenger-Dienste umgeleitet werden. „Threads are the new apps“, Gesprächsstränge im Messenger-Dienst ersetzen viele andere Apps, damit der User bei WeChat möglichst viele Aktivitäten wie Essensbestellungen, Taxiruf, Hotelreservierungen, Terminvereinbarungen mit Ärzten und vieles mehr ausführt.[36] Im ersten Quartal 2017 organisierten bereits 889 Millionen Chinesen ihren Alltag über WeChat.

Während die in den USA beheimateten Firmen und ihre neuen Serviceleistungen oftmals europaweit bekannt sind, haben sich im asiatischen Raum und speziell China gleichfalls Giganten entwickelt, deren Potential in keinem Fall unterschätzt werden darf. Im Gegenteil ist davon auszugehen, dass sich ähnlich wie im Smartphone oder TV-Bereich nicht nur Produkte, sondern auch Dienstleistungen aus China als Konkurrenz für US-Domänen erweisen.

Onlinezahlungen mit WeChat haben sich inzwischen in den chinesischen Megastädten weit verbreitet. Bargeld- oder Kreditkartenzahlungen sind vielerorts ungewöhnlich geworden. Im Restaurant bezahlt man seine Rechnung wie selbstverständlich mit dem Handy. Und Jungunternehmer richten inzwischen zuerst einen eigenen WeChat Mobile Store ein, bevor sie eine Domain registrieren – so relevant ist die App für die Geschäftswelt geworden.

Der Herausgeber der App, das IT-Unternehmen Tencent, liegt dank der millionenfachen Verbreitung der Super-App WeChat ganz vorne im chinesischen Online-Umsatz. Insbesondere auf mobilen Geräten lassen sich stärkere Umsätze mit Hilfe von Werbung generieren. Man rechnet damit, dass WeChat der werbetreibenden Wirtschaft eine Drittelmilliarde US-

Dollar an Umsatz mehr beschert. Dass Tencent dabei selbst auch sehr gut verdient, zeigt eine Prognose der Deutschen Bank. So soll der Umsatz der Tencent-Marke WeChat von 1,2 Milliarden US-Dollar im Jahr 2015 auf 5,8 Milliarden im Jahr 2020 steigen. Tencent hat außerdem einen intelligenten sprachgesteuerten Assistenten namens DingDang im Programm, mit dem das Unternehmen Siri von Apple und Alexa von Amazon Konkurrenz macht. Um die Künstliche Intelligenz weiter für erweiterte App-Funktionalitäten und perspektivisch auch für Roboter zu nutzen, hat das chinesische Unternehmen im Mai 2017 ein AI-Center (artificial intelligence) in Seattle eröffnet.[37]

Tencent ist einer von drei Internetriesen, deren Akronym um die Welt geht: BAT. Baidu, Alibaba und Tencent profitieren aktuell am stärksten vom wachsenden chinesischen Online-Markt. 2017 soll das Werbevolumen in diesem Markt stolze 51 Milliarden US-Dollar erreicht haben.[38] Alibaba International[39] ist der weltgrößte Handelsplatz, der Verkäufer und Käufer in 240 Ländern der Erde zusammenbringt. Entstanden nach dem Vorbild von eBay, hat Alibaba heute fünf Mal so viel Mitarbeiter und mit rund umgerechnet 23 Milliarden US-Dollar Umsatz (2017) ein dreimal höheres Handelsvolumen als das amerikanische Original. Es gibt eine Business-to-

*Abbildung 8: Alibaba.com ist die größte Online-Handelsplattform sowohl für das Business-to-Consumer-Geschäft als auch für Business-to-Business-Geschäft*[40]

Business und eine Business-to-Consumer-Plattform. Wie eBay hat auch Alibaba eine Online-Bezahlungsplattform geschaffen: AliPay.

Baidu[41] – der dritte im Bunde – ist Chinas Suchmaschinenbetreiber. Baidu profitiert davon, dass die chinesische Regierung seit 2003 das Internet zensiert. Bestimmte Angebote wie Facebook, Twitter, Instagram und seit März 2014 eben auch Google sind nicht von China aus erreichbar. Aufgrund des letzteren Zensurschritts genießt Baidu das Suchmaschinenmonopol in einem Land, in dem jeder zweite Bürger online ist, rund 680 Millionen Menschen. Auch wenn man die Sperrung durch ein VPN-Verbindung (Virtual Private Network) ins Ausland umgehen kann, hat es für Nutzer in China nicht unbedingt viel Sinn, dies zu tun, denn Baidu weiß mehr als andere über chinesische Themen. Die Suchmaschine hat wie ihr amerikanisches Vorbild weitere Features wie Landkarte, Bildersuche und Übersetzung. Neue Projekte wie die Essensauslieferung Waimai und der Gruppeneinkauf Nuomi sind aktuell defizitär und belasten das Ergebnis ebenso wie die Forschung für autonomes Fahren und Künstliche Intelligenz.

Baidu erzielt 93 Prozent seiner Einkünfte mit Suchmaschinenmarketing und Online-Werbung. Alibaba macht 85 Prozent seiner Umsätze mit E-Commerce. Und Tencent erwirtschaftet den größten Teil seines Umsatzes (48 Prozent) mit Gaming. Die chinesischen Internetriesen investieren alle drei umfangreich in neue Dienstleistungen. Sie sind mitunter Chinas größte Investoren in Forschung und Entwicklung und haben sich zu globalen Innovationsführern für elektronische Zahlungssysteme entwickelt. Vorbei die Zeit, in der chinesische Firmen ausländische Ideen für den Heimmarkt kopiert haben. Marken wie Baidu, Alibaba und Tencent sind heute internationale Vorzeigebeispiele.

## Aufholen in der Finanzindustrie und digitale Währung

Die Finanzmärkte Chinas wachsen weltweit mit dem größten Tempo. Das Reich der Mitte befindet sich in einer Transformation seines Finanzsystems – vom Trennbank- zum Universalbanksystem. Das Trennbankensystem[42] unterscheidet zwischen dem Effektengeschäft und dem kommerziellen Kreditgeschäft. Dies ist etwa in den USA, in Frankreich und England der Fall. Kreditinstitute dürfen nicht beide Geschäftsarten abdecken. So will man Interessenkonflikte der Kreditinstitute vermeiden, wenn sie Unternehmen finanzieren: Entweder sie sind an der Kreditvergabe an diese Unternehmen beteiligt oder sie unterstützen sie bei bevorstehenden Emissionen von Aktien. Die Separierung des risikoreicheren Investment Bankings soll zudem die Sicherheit der Spareinlagen erhöhen. Bis 1999 war das Trennbankensystem in den USA per Gesetz vorgeschrieben.

Das Universalbankensystem[43] dagegen erlaubt den Banken eines Landes die beliebige Kombination aller Dienstleistungen – vom Zahlungs- über das Anlage- und Eigen- bis zum Finanzierungs- und Platzierungsgeschäft. Universalbanken bieten Stabilität, weil die Geschäftsbereiche sich gegenseitig ausgleichen können (Prinzip mehrerer Standbeine). Auch ist das Kreditgeschäft der Universalbanken rentabler, weil sich Skalen- und Verbundeffekte einstellen. Das Universalbankensystem deutscher Prägung wird besonders vor dem Hintergrund der Staatsschuldenkrise angezweifelt, weil es Dominoeffekte bewirkt, bei denen Banken „reihenweise in den Abgrund gerissen werden" können. Für den Kunden besteht der Nachteil darin, dass der Bank „zum einen in der Funktion des Gläubigers unter risikopolitischen Gesichtspunkten an einer ausgewogenen Kapitalstruktur des Kundenunternehmens gelegen" ist, sie andererseits „aber auch an einer Effektenemission interessiert (ist), die zum Wachstum der Bank beiträgt".[44] Deshalb können die Banken in ihrer Anlageberatung nicht unabhängig sein und raten ihren Kunden auch zu Geschäften, die ihnen eigene Vorteile bringen.

Horst Löchel, Direktor des German Centre of Banking and Finance an der China Europe International Business School (CEIBS) in Shanghai und Helena Xiang Li, wissenschaftliche Mitarbeiterin an der Frankfurt School of Finance & Management haben sich mit der Transformation Chinas zum Universalbankensystem befasst. Ihr Fazit: Eine Wechselkurs- und Zinsliberalisierung in China könne die Dynamik des Finanzsystems weiter erhöhen. „Parallel dazu entwickeln sich die Geschäftsmodelle der chinesischen Großbanken in Richtung Universalbanken, um neue Einnahmequellen zu erschließen. Auch die Wachstumsdynamik der Kapitalmärkte ist weiterhin hoch, getrieben von Produktinnovationen und dem anvisierten Ausbau Shanghais zu einem internationalen Finanzzentrum. Für ausländische Banken gilt: Nur wer sich auf dem chinesischen Markt positioniert, wird auch langfristig international eine Rolle spielen."[45]

Die deutsche Bundesbank diente als Modell für die Umgestaltung des chinesischen Geld- und Finanzsystems.[46] Die Aufholjagd der chinesischen Finanzwirtschaft begann im April 2009. Damals beschloss die Regierung in Peking, bis zum Jahr 2020 Shanghai zum international renommierten Finanzplatz zu machen. Dies war ein Startschuss für mehr Marktwirtschaft. Dieser Akt der Liberalisierung ist umso bemerkenswerter, als er während der globalen Finanzkrise stattfand, in welcher der Rest der Welt eher über eine höhere Regulierungsdichte nachdachte. Auch an diesem Punkt zeigt sich der neue Führungsanspruch Chinas gegenüber der Wallstreet in den USA. Die Logik dahinter: „Ohne internationale Währung kein internationales Finanzzentrum und ohne marktbestimmte Zinsen keine entwickelten Geld- und Kapitalmärkte."[47] Eine kontrollierte Aufwertung des Yuan soll einen stärkeren Wechselkurs bewirken, um die Inflation während des Aufschwungs in China einzudämmen.

Bis 2009 gab die People's Bank of China (PBC) als Zentralbank sowohl den Einlagen- als auch den Kreditzins weitestgehend vor. Den Banken war es nur erlaubt, die Benchmark-Rate für Kredite um bis zu 10 Prozent zu unterschreiten, die für Hypotheken bis zu 15 Prozent. Der Einlagenzins durfte nicht überboten werden. Das begrenzte den Wettbewerb zwischen den Banken. Die künstlich niedrig gehaltenen Zinsen (einjährige Kredite waren im Jahr 2010 für 5,31 Prozent zu haben, während es für Einlagen mit der gleichen Laufzeit gerade mal 2,25 Prozent gab und damit nicht einmal einen Ausgleich für die Inflation von knapp 3 Prozent) führten zu negativen Realzinsen für die Sparer und zu einer überhitzten Kreditvergabe. 2009 konnte man von einer regelrechten Kreditschwemme sprechen, die ein Drittel über dem Vorjahr lag. 2010 legte die Zentralbank für die kreditgebenden Institute eine Mindestreserve von 17 Prozent fest. „Würde hingegen die Zentralbank statt der Mindestreserve die Zinsen anheben, führte dies zu einer weiteren Verstärkung von ausländischen Kapitalflüssen in den Yuan mit der Folge eines weiter steigenden Aufwertungsdrucks, der nur mit zusätzlichem Aufkauf von Devisen, verbunden mit zusätzlichen Marktrisiken, sowie einer steigenden Geldmenge konterkariert werden könnte."[48]

Folgende Fakten beschreiben kompakt das chinesische Finanzsystem:

- Etwa 80 Prozent des Fremdkapitals, das die chinesische Privatwirtschaft aufnimmt, stammt von Geschäftsbanken.
- Die chinesische Wirtschaft ist in den Jahren 1980 bis 2010 durchschnittlich um 10 Prozent pro Jahr real gewachsen. Diese Wachstumsdynamik will finanziert sein. Um das chinesische Bankensystem keinen weiteren Risiken auszusetzen, soll dies auf die Kapitalmärkte verlagert werden.
- Die Kapitalisierung der Aktienmärkte – gemessen am Bruttoinlandsprodukt – ist weit höher als in Deutschland. Shanghai ist der viertgrößte Börsenplatz der Erde mit einer Marktkapitalisierung von 4.460 Milliarden US-Dollar. Die Industrial and Commercial Bank of China (ICBC) ist der einflussreichste Player. Shenzen liegt auf Platz fünf, Hongkong auf Platz acht der Weltrangliste.

- Fünf große Staatsbanken beherrschen mehr als 50 Prozent des Marktes. Der Anteil der privaten Geschäftsbanken beträgt nur knapp 15 Prozent. Die dritte Gruppe umfasst mit einem Anteil von weniger als 10 Prozent Häuser mit rein regionaler Banklizenz, Stadtbanken, die meist von den Stadtregierungen kontrolliert werden. Ausländische Banken machen nur 2 Prozent des Geschäfts in China aus (in Summe betreiben sie landesweit 350 Filialen). Zwischen den chinesischen und den internationalen Finanzmärkten besteht kaum Verflechtung. Daher blieb China von der Finanzkrise verschont und wurde nur indirekt getroffen, als die Exporte wegen drastisch sinkender globaler Nachfrage stark zurückgingen.
- Nach dem WTO-Beitritt Chinas im Jahr 2001 fand eine Teilprivatisierung der Staatsbanken durch Börsengänge statt. 2010 erlöste der bis dato weltweit größte Börsengang – der Agriculture Bank of China – mehr als 22 Milliarden US-Dollar. Seit der Rekapitalisierung der Staatsbanken und gezielter Investitionen ausländischer Kreditinstitute sind die chinesischen Banken die größten und zugleich profitabelsten der Welt. 2009 haben sich die Aktiva im Vergleich zum Vorjahr um 26 Prozent erhöht, die Eigenkapitalrendite ist um gut 16 Prozent, der Gewinn nach Steuern um 15 Prozent gestiegen.
- Weil sich die Staatsbanken in der Krise auf Kredite an Staatsunternehmen konzentrierten, entstand insbesondere im wirtschaftlich schwachen Westen Chinas ein Schwarzmarkt der illegalen Kreditvergaben.
- Als China noch im Trennbankensystem organisiert war, konzentrierten sich die Banken mit ihrem Geschäftsmodell auf das Einlagen- und Kreditgeschäft. Investment Banking war eher ausländischen Instituten vorbehalten. Seit 2005 dürfen Geschäftsbanken eigene Investmentgesellschaften gründen und damit Publikumsfonds auflegen. Der Übergang zum Universalbankensystem wurde vom Abschmelzen der Zinsspanne und dem Wettbewerb aus dem Ausland befördert. Die zweitgrößte Versicherung Chinas hat im Zuge der Systemwende Banken erworben. Und seit 2009 dürfen Banken auch Versicherungen übernehmen.
- Chinesische Investoren haben sich mit einigen Milliarden Euro bereits an deutschen Bankhäusern beteiligt. Über Kapitalmarktbanken lassen sich leichter Geschäfte in Europa abwickeln. Eine Finanzierung aus China heraus dauert viel länger, weil sie erst von der Regierung genehmigt werden muss. So können die Chinesen künftig bei Übernahmen schneller handeln und in der deutschen Industrie weiter Fuß fassen.[49]
- Die Einkommensentwicklung der chinesischen Bevölkerung hat auch auf das Bankensystem Auswirkungen. Es gibt immer mehr Haushalte mit mittlerem und höherem Einkommen, was indirekt auch die Finanzwirtschaft stärkt.

- Eine strenge Bankenaufsicht und eine ausgeprägte Regulierungsdichte prägen den chinesischen Bankensektor. Eine Banklizenz wird in China nur für einzelne Geschäftsfelder beziehungsweise einzelne Produkte wie etwa Derivate vergeben. Die Kredit-Einlagenquote darf 75 Prozent nicht übersteigen.
- Um den Immobilienmarkt abzukühlen, wurde die Mindest-Eigenkapitalquote für Privatkundenhypotheken von 30 auf 40 Prozent hochgesetzt.
- Dass sich das Risikomanagement durch Reformen verbessert hat, zeigt der gesunkene Anteil notleidender Kredite (2 Prozent im Jahr 2010 nach knapp 20 Prozent wenige Jahre vorher).

Allerdings diskutieren Finanzexperten, dass von Chinas Finanzwelt eine Gefahr für die Weltwirtschaft ausgeht. Denn dem Land droht Experten zufolge eine massive Finanzkrise. Die Bank für Internationalen Zahlungsausgleich (BIZ) warnt, „das Kreditwachstum in China sei von seinem langfristigen Trend abgewichen und liege mittlerweile um das Dreifache über dem Wert, der eine gefährliche Entwicklung anzeigt".[50] Das Kreditgeschäft habe sich im Vergleich zu den Bankenkrisen der vergangenen Jahrzehnte (beispielsweise die Asienkrise 1997 oder die US-Finanzkrise 2007) deutlich nach oben entwickelt, weshalb man in der zweitgrößten Volkswirtschaft der Welt von einer Kreditblase sprechen müsse. Die chinesische Regierung habe die Gefahr erkannt und wolle ihre Wirtschaft von dem schuldenfinanzierten Wachstumskurs abbringen. Im Sommer 2016 forderte der Internationale Währungsfonds (IWF) ein Gegensteuern zu den hohen Schulden. Nicht nur die privaten Gläubiger, auch die Volkswirtschaft selbst sei nicht besonders stark beim Bedienen ihrer Schulden. Der Aufwand für Zins und Tilgung sei gemessen am Bruttoinlandsprodukt so hoch wie nie seit der Jahrtausendwende. Seit 2009 ist er stark gestiegen.

Unterdessen plant die chinesische Regierung den nächsten Coup: Als erstes Land der Erde will China eine digitale Währung einführen. So betreibt Peking Forschung über digitale Währung und will Transaktionen in seinem Land damit effizienter und transparenter machen. 2014 wurden erstmals Pläne für eine gesetzlich verankerte digitale Währung publik. Nun wurden die rein digital vollzogenen und dokumentierten Zahlungsströme mit einigen der größten Geschäftsbanken erprobt und sollen „schrittweise und vorsichtig" eingeführt werden, heißt aus der Zentralbank.[51]

Im Vergleich zu traditionellem Papiergeld ist die Sicherheit erheblich höher: Digitale Währung verwendet anspruchsvolle Verschlüsselungstechniken. Vorbild dafür ist die Online-Währung Bitcoin, die jedoch nicht an eine Bank oder Regierung gebunden ist und die es ihren Nutzern ermöglicht, anonym Geld auszugeben, was erhebliches kriminelles Potential birgt. Peking dagegen will neben der Transaktionseffizienz auch mehr Transparenz über Geldflüsse erzielen. 2017 holte die Devisenverwaltung des Landes sogar zum großen Schlag gegen Bitcoin aus. Die Bitcoin-Handelsplattform BTCChina.com wurde aufgefordert, „Selbstüberprüfungen durchzuführen und jegliche Probleme zu beheben".[52] Die State Administration of Foreign Exchange will offenbar untersuchen, ob die digitale Währung zur Umgehung von Kapitalverkehrskontrollen verwendet wird. Das ließ die Aktie von Bitcoin um rund 10 Prozent abstürzen. Auf chinesischen Internetplattformen werden rund 90 Prozent der weltweiten Bitcoin-Transaktionen abgewickelt. Peking befürchte, dass Anleger „dort nicht nur Geld aus illegalen Geschäften waschen, sondern angesichts der anhaltenden Abwertung der Landeswährung auch versuchen, unter Umgehung der strengen Kapitalverkehrskontrollen ihre Yuan außer Landes zu schaffen".[53]

Die neue Digitalwährung soll in Konkurrenz zur in China besonders populären Digitalwährung Bitcoin treten und den Bargeldverkehr teilweise ablösen. Technische Basis ist die Blockchain-Technologie, bei der die Informationen über sämtliche Zahlungsvorgänge bei den Empfängern und Sendern selbst gespeichert werden. Somit entfallen sowohl ein zentrales Register als auch die Notwendigkeit der Kontenführung durch die Bank.

Die Anonymität der Transaktionen bei Bitcoin ist Peking ein Dorn im Auge. Stattdessen scheint eine Nachverfolgung sämtlicher Geldströme in Echtzeit attraktiv. Das würde der Zentralbank neue Möglichkeiten zur Analyse und exakten Steuerung ihrer Geldpolitik bieten. Würde die digitale chinesische Währung tatsächlich gesetzliches Zahlungsmittel, müssten Händler, Banken, Behörden und andere Institutionen, digitale Zahlungen annehmen. Offenbar beschäftigen sich auch die Notenbanken von Singapur, Schweden, Kanada und Deutschland mit möglichen Anwendungen der Blockchain-Technologie. Konkrete Pläne für die Einführung neuer Währungen haben diese bislang allerdings nicht präsentiert.

## Infrastrukturausbau und Digitalisierungsstrategie

Der Digitalisierungszug hat sich als Wachstumslokomotive der chinesischen Wirtschaft erwiesen und ergänzt die in der Seidenstraßen-Initiative angedachten Infrastrukturmaßnahmen. Eine leistungsstarke digitale Infrastruktur wurde für die weitere Entwicklung der chinesischen Volkswirtschaft als unerlässlich angesehen. Im März 2015 rief die chinesische Regierung das „Internet Plus"-Programm ins Leben. Diese Strategie basiert auf einer Reihe von Digitalisierungsinitiativen[54]:

- Pilotprojekt zur Veröffentlichung von Daten der Regierung und öffentlicher Dienste und der Start landesweiter Innovationsplattformen insbesondere für kleine und mittelständische Unternehmen.
- Hilfe bei der Registrierung von Web-Unternehmen.
- Ausbau von Datenschutz- und Cyber Security Maßnahmen.
- Beschleunigter Ausbau der Informations-Infrastruktur, Entwicklung von Prozessoren und High-End Servern, Einsatz von Cloud Computing und Big Data.
- Produktion modernisieren, E-Commerce weiter entwickeln, Internet Banking fördern und internetbasierte Unternehmen den Weltmarkt erschließen lassen.

Kern von „Internet Plus" ist eine Breitbandoffensive, mit der 98 Prozent des Landes eine schnelle Internetanbindung bekommen sollen. Bis 2018 will die chinesische Regierung für umgerechnet 164 Milliarden US-Dollar[55] selbst abgelegene Regionen ans Breitbandinternet anschließen. Mehr als 30 Millionen Haushalte hätten dann Zugang zu schnellen Verbindungen. Bislang sind noch 50.000 Dörfer völlig vom Internet abgeschnitten.[56] Das Internet-Plus-Programm startete mit einem Förderprogramm in Höhe von umgerechnet 4,4 Milliarden US-Dollar, die in Start-ups und zukunftsweisende Technologien investiert werden.

Die jährliche Global Mobile Internet Conference GMIC in Peking hat sich zum internationalen Kongress der Onlinewelt entwickelt, vergleichbar mit dem europäischen Mobile World Congress in Barcelona. 2015 stand dort alles unter dem Motto „Internet Plus". Das Rezept lautete: „Beschleunige eine gebremste Wirtschaft durch fortgeschrittene Digitalisierung", so ein französischer Beobachter der GMIC.[57] Und er zitiert den Vortrag des Gründers von Alibaba, Jack Ma, es sei wie mit dem Wachstum eines Menschen. Irgendwann sei dieser ausgewachsen, dann würde er das Ziel verfolgen, mehr Weisheit zu erreichen.

Der Gründer und CEO von Tencent, Pony Ma, sagte auf der GMIC, das Internet habe vieles erschaffen, das es vorher gar nicht gab. Jetzt solle es erweitert werden auf traditionelle Branchen wie die herstellende Industrie, den Energiesektor oder die Landwirtschaft. Die Regierung wolle Hunderttausende ermuntern, ihr eigenes Geschäft mit Hilfe des Internets zu gründen. Es solle eine „Uberisierung" der chinesischen Wirtschaft initiiert werden, stellt Martin Pasquier in seinem Beitrag fest und zieht die Analogie zum amerikanischen Taxidienst Uber, der jedem Autofahrer die Möglichkeit gebe, Gelegenheits-Taxifahrer zu werden. Jeder chinesische Bürger könne künftig seine eigenen Produkte oder Dienstleistungen im Netz verkaufen. Die kritische Masse ist vorhanden: Vor dem Start der Offensive gab es Ende Dezember 2014 nicht weniger als 780 Millionen Breitbandnutzer, 555 Millionen mobile Internetnutzer, darunter 162 Millionen in 4G-Netzen. Doch damit ist eben noch nicht ganz China online.

Der Chef der Mobile-Business-Abteilung von Alibaba, Yongfu Yu, illustrierte das Potential des noch schnelleren Internets. Apps, die Mitfahrgelegenheiten organisieren, würden dabei helfen, Energie zu sparen und Emissionen zu reduzieren. Online einen Termin mit dem Doktor zu machen oder sich sogar per Telemedizin untersuchen zu lassen, könnte für vielbeschäftigte Menschen genauso angenehm werden wie Lehrgänge per Video zu besuchen. Internet Plus markiere das „Ende der einfachen Phase", in der eher traditionelle Internetunternehmer Chinas Module aus den USA kopiert hätten. Jetzt gehe es um rund um die Uhr erreichbare Server, eine durchgängige Vernetzung und neue Geschäftsmöglichkeiten für Jedermann. So werde es einen zweiten Frühling für Unternehmertum im Land geben und mehr Möglichkeiten für den Kunden. Der Alibaba-Manager verspricht sich einen Domino-Effekt, wenn Angebot und Nachfrage durch Internet Plus neu strukturiert würden.

Der Vizepräsident von Baidu, Li Mingyuan, betont unterdessen die Lokalisierung der Dienste als neues lohnendes Schlachtfeld für Internetfirmen. Die Brücke „Online to Offline" zu schlagen, werde ein vielversprechendes Feld, das auf die täglichen Bedürfnisse eingeht und den Menschen viel Zeit sparen hilft. Die arbeitende Bevölkerung in größeren Städten Chinas werde Angebote gerne annehmen, die leicht von Zuhause aus für sie zugänglich seien. 2014 startete ein Dienst mit dem Namen „58.com", eine mobile App, die lokale Dienstleistungen zwischen Anbietern und Kunden zusammenbringt – vom Reinemachen bis zur Maniküre als Hausbesuch und einer buchbaren „Nanny".

Doch ganz unproblematisch ist das Internet Plus Programm nicht. Die staatliche Unterstützung bedeutet zentrale, regionale und lokale „Fürsten", die involviert sein wollen. Dies sei nicht gerade eine Garantie für nahtlose „Uberisierung"[58], so Martin Pasquier. Und er weist auf einen regierungskritischen Beitrag der South China Morning Post hin, der aus Hongkong stammt. Darin heißt es, Peking sollte erst einmal das Thema Zensur behandeln, bevor man sich durch irgendein Programm irgendeinen Effekt verspreche. Das Internet stehe für Freiheit. Wenn die Regierung weiter Informationen im Internet zensiere, würden vielleicht mehr Chinesen künftig online shoppen, aber die lang erwartete Transformation der Wirtschaft werde ausbleiben. Eine Google-Suche funktioniert in China nicht, insbesondere chinakritische internationale Tageszeitungen werden ausgeblendet. Wer internationale Dienste von China aus aufrufen will, kommt nicht umhin, eine VPN-Verbindung über einen Auslandsstandort aufzubauen. Das Virtual Private Network (VPN) ist eine getunnelte sichere Internetverbindung, die auf diesem Weg sämtliche Informationen ins Land schleust. Gerade Mitarbeiter ausländischer Firmen schaffen sich sofort nach Ankunft in China eine VPN-Software an. Erst im Januar 2017 ging die chinesische Regierung auch gegen Anbieter von VPN-Software vor.[59]

## Überkapazitäten, Umwelt- und sozialökonomische Probleme

„China produziert Stahl ohne Ende und hat deshalb Ärger mit Amerika und Europa",[60] schreibt Hendrik Ankenbrand, Shanghai-Korrespondent der F.A.Z. Für das Jahr 2017 kündigte China an, seine Kapazitätseinschnitte im Bereich Kohle und Stahl zu verschärfen und gleichzeitig auch etwas gegen Überkapazitäten in den Bereichen Zement, Glas, Aluminium und Transportwesen zu unternehmen.[61] Mit einer Anpassung der Kapazitäten auf tatsächliche Bedarfe soll auch die Ineffizienz in manchen Industriezweigen reduziert werden. Im Zuge der Restrukturierung sollen innerhalb von drei bis fünf Jahren bereits 500 Millionen Tonnen Kohlekapazität und 100 bis 150 Millionen Tonnen Stahlkapazität gestrichen werden. Mit der neuen Ankündigung vom Dezember 2016 soll der Druck auf diese beiden Branchen, Kapazitäten abzubauen, erhöht werden. Die Zementindustrie habe jedoch trotz Überhängen weiter neue Produktionsstätten errichtet – zu Lasten der Profitabilität aller Marktteilnehmer.

Seit Ende der 1990er Jahre ist von hohen Überkapazitäten in China die Rede, häufig wird dabei auch die Automobilbranche erwähnt.[62] Große, zum Teil überzogene Geschäftserwartungen hätten dazu geführt. Die China Association of Automobile Manufacturers CAAM stellte sich jedoch 2010 gegen eine mögliche Drosselung der Automobilproduktion durch den Staat und argumentierte, Überkapazitäten stellten kein ernsthaftes Problem dar, sondern besäßen sogar wettbewerbsfördernde Wirkungen.[63] Experten gehen jedoch davon aus, dass „die volatile Nachfrage auf den Weltmärkten und die schwache Binnenkaufkraft (...) einen Trend zur Überinvestition" stimulierten. „Wenn die chinesischen Blasen platzen, droht das Ausmaß der Überkapazitäten in der Realwirtschaft noch sichtbarer zu werden. Ferner kann dies die Konsumentennachfrage drosseln und schließlich eine Finanzkrise nach sich ziehen." Letztlich sei Überinvestition „Ausdruck der Anarchie in der chinesischen Wirtschaft".[64]

Umweltpolitik ist in China erst seit den 1970er Jahren ansatzweise festzustellen. Größere Anstrengungen sind seit der Jahrtausendwende zu erkennen, seit Peking den Zuschlag für die Olympischen Spiele 2008 erhielt. Das Ministerium für Umweltschutz der Volksrepublik China fungiert als zentrale staatliche Umweltregulierungsbehörde. Durch das rasante Wachstum der chinesischen Wirtschaft ist der Verbrauch natürlicher Ressourcen in einem enormen Tempo gestiegen. Auf seiner Sitzung im März 2006 beschloss der Nationale Volkskongress, den Energieverbrauch gemessen an der Wirtschaftsleistung bis zum Jahr 2010 um ein Fünftel zu verringern. Es soll ein Drittel weniger Wasser verbraucht und 10 Prozent weniger Schadstoffe emittiert werden. Diese – relative – Reduktion der Schadstoffemissionen ist in den vergangenen Jahren zwar erreicht worden (12,45 Prozent weniger chemischer Bedarf an Sauerstoff und 14,29 Prozent weniger Schwefeldioxid-Ausstoß allein im Zeitraum 2005 bis 2010). Die klimaschädlichen $CO_2$-Emissionen hätten sich bei gleichbleibendem Bruttoinlandsprodukt im Zeitraum 1990 bis 2002 halbiert. Allerdings sind Wirtschaftsleistung und Industrieproduktion im gleichen Zeitraum so stark gestiegen – das BIP hat sich fast vervierfacht – dass die absoluten Emissionen enorm zugenommen haben. Die Luftqualität in den Mega-Cities Chinas spricht eine deutliche Sprache.

China sieht sich auch vor einer Reihe sozialökonomischer Probleme. Die Ein-Kind-Politik früherer Regimes führte in China zum „1-2-4"-Phänomen, bei dem ein Kind später zwei Elternteile und vier Großeltern unterstützen muss. Eine kulturelle Präferenz der Chinesen für männliche Nachkommen wird im Jahr 2020 zu 24 Millionen unverheirateten Männern führen. Der demografische Wandel führt auch zu einem Rückgang der arbeitenden Bevölkerung im Land. Die gesunkenen Sterbe- und Geburtenraten verstärken den Effekt einer überalternden Gesellschaft. Gleichzeitig zieht es immer mehr Menschen in die Stadt. Im Jahr 2050 sollen bereits eine Milliarde Chinesen in Städten leben. Ein steigender Konsumtrend, eine verstärkte Internetnutzung und eine bessere Bildung verändern die moderne Gesellschaft Chinas zusätzlich. Hier liegen die Chancen für eine soziale Transformation.[65]

Wurden 2002 noch 90 Prozent der chinesischen Bevölkerung als arm eingestuft (mit einem verfügbaren Haushaltseinkommen von weniger als 9.000 US-Dollar im Jahr), so sank dieser Anteil in nur zehn Jahren auf 29

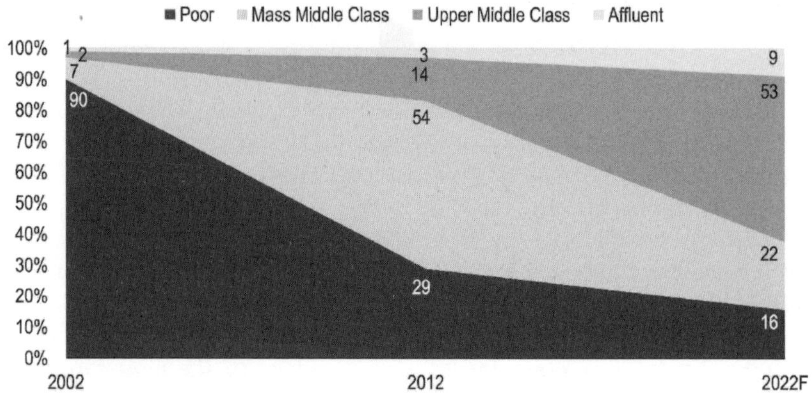


*Abbildung 9: Während die Zahl urbaner Haushalte sich von 165 Millionen im Jahr 2002 auf 357 Millionen im Jahr 2022 mehr als verdoppelt, verändert sich auch der Einkommensdurchschnitt in den Städten merklich*[66]

Prozent und soll bis 2022 auf 16 Prozent reduziert sein. Die Mittelklasse (mit einem jährlichen Haushaltseinkommen von umgerechnet 9.000 bis 16.000 US-Dollar) ist von 7 auf 54 Prozent der Bevölkerung gewachsen. Allerdings soll ihr Anteil bis 2022 wieder auf 22 Prozent zurückgehen, und zwar zugunsten der oberen Mittelklasse (16.000 bis 34.000 US-Dollar), die 2002 bei 2 Prozent und 2012 bei 14 Prozent lag und 2022 bereits 53 Prozent der Chinesen ausmachen soll. Der Anteil der Reichen entwickelt sich von einem Prozent im Jahr 2002 bis 9 Prozent im Jahr 2022, so eine Studie von The Beijing Axis.[67] Die wachsende Mittelschicht beschränkt sich dabei nicht nur auf die Mega-Cities entlang der Küsten. Kleinere Städte – auch im Inland – werden besonders schnelles Wachstum und Wohlstand erleben.[68]

Die Zahl der Universitätsabschlüsse ist von einer auf 6 Millionen im Jahr gestiegen. Die zitierte Studie weist darauf hin, dass dies ein zweischneidiges Schwert ist. Einerseits tragen hohe Qualifikationen zu mehr Wertschöpfung bei, andererseits bedroht eine Knappheit der Arbeitsstellen für die Universitätsabgänger die soziale Stabilität.[69]

Wie in den weiteren Abschnitten noch ausführlicher gezeigt wird, sind solche Probleme keineswegs allein mit der OBOR-Initiative lösbar, sondern verlangen tiefgreifende strukturelle Veränderungen, angefangen vom Innovationssystem Chinas[70] bis zum lebenslangen Lernen, um den gesamtwirtschaftlichen Nutzen zu erhöhen.

# 4. Herausforderungen über das Seidenstraßen-Projekt hinaus

## Notwendigkeit der globalen Dekarbonisierung und des Klimaschutzes

Ähnlich wie beim Erhalt des freien Welthandels schauen die Klimaschützer weltweit inzwischen hoffnungsvoller auf China als auf die USA. Noch im November 2016 wurde in Paris der Durchbruch zu einem globalen Klimavertrag gefeiert.[1] Schon ein halbes Jahr später drohte die neue republikanisch geführte US-Administration mit Übernahme der Regierungsverantwortung 2017 damit, die Pariser Klimavereinbarungen nicht zu erfüllen und davon zurückzutreten. Im Mai des gleichen Jahres appellierten die Vertreter des „Petersberger Klimadialog" in Bonn an die USA, die Entscheidung über den Ausstieg aus dem von der Obama-Administration unterschriebenen umfassenden Vertragswerk zu überdenken.[2] Beim G7-Gipfel Ende Mai 2017 brüskierte der US-Präsident die Verbündeten endgültig und verweigerte ein Bekenntnis zum Pariser Klimaabkommen. Wenige Tage später erklärte der Präsident dann den endgültigen Ausstieg aus den Vereinbarungen. Die Bundeskanzlerin kritisierte danach offen die mangelnde Verlässlichkeit der USA.[3] In der Weltpresse kam es zu einem Aufschrei. Das Nachrichtenmagazin DER SPIEGEL betitelte die Entscheidung zum Ausstieg mit „Triumph der Dummheit" und führte zum Weltklima aus: „Noch nie hat ein US-Präsident mit solch unverhohlenem Nationalismus argumentiert wie Donald Trump. Sein Rückzug aus dem Pariser Klimaabkommen ist eine Kriegserklärung an die Völkergemeinschaft – und an die Vernunft."[4] Aber man darf nicht vergessen, dass viele amerikanische Unternehmen inzwischen die großen Wachstumschancen im Green Business Bereich erkannt haben und ganz unabhängig von Regierungsstatements ihre Firmenstrategie weiterhin auf *Sustainability* (Nachhaltigkeit) ausrichten. Über 900 US-Firmen lassen sich nicht beirren.[5]

Dennoch fühlen sich viele im Bereich des Klimaschutzes wie in einer verkehrten Handelswelt. Während in den USA zum Einhalten von Wahlversprechen wieder intensiver in Kohlekraftwerke investiert werden soll, zeigt die chinesische Regierung neues Engagement gegen die Erderwärmung, wie der Sonderbeauftragte für Klimaschutz Xie Zhenhua im BMUB erklärte.[6] Das ist umso verständlicher, als seit Langem die Notwendigkeit verstärkten Umwelt- und Klimaschutzes vor allem in Chinas Großstädten beim Atmen für jedermann spürbar ist. Nirgendwo auf der Welt sieht man so viele Menschen mit einem Atemschutz wie in China, und die sogenannte „dicke Luft" zählt nur zu einem der vielen Umweltprobleme in der Volksrepublik. Hinzu kommen verseuchte Flüsse und Seen, belastete Küstenregionen, sinkende Grundwasserspiegel und schwindender Lebensraum für Chinas reichhaltige Tier- und Pflanzenwelt. Immer deutlicher zeigt sich, dass Chinas industrielle Entwicklung nicht von der Umwelt- und Klimapolitik getrennt betrachtet werden kann. Das gilt in besonderem Maße auch für das Jahrhundertprojekt der neuen Seidenstraße. Nach wie vor zählt gerade die Zementherstellung, die ja bei Infrastrukturmaßnahmen einen hohen Anteil hat, zu den extremen Umweltverschmutzern. Immer wieder gibt es Berichte gerade zur Zementherstellung in Fernost, dass die $CO_2$-Emissionen weltweit den Klimawandel befeuern, aber vom Emissionshandel ausgeschlossen sind.[7]

Mit Erleichterung wurde daher weltweit von vielen Klimaschützern Chinas Bereitschaft im Vorfeld des Pariser Klimaabkommens zur Kenntnis genommen, seinen Beitrag zum Erreichen der Klimaziele bedeutend zu erhöhen. Mit dem sogenannten Intended Nationally Determined Contribution-Beitrag (INDC) wird China als größter $CO_2$-Emittent einen wesentlichen Anteil gemeinsam mit Europa zum Erreichen der Pariser Klimaziele von Ende 2016 leisten, auch wenn der US-Austritt erfolgt.[8]

„Der chinesische Klimabeitrag unterstreicht die Bereitschaft des Landes, seine Entwicklung nicht länger vor allem auf Kohlekraft, sondern zunehmend auf erneuerbare Energieträger zu stützen. Der angestrebte Scheitelpunkt (Peak) der Emissionen spätestens 2030, wenn möglich aber früher, und der beabsichtigte Anstieg des Anteils nicht-fossiler Energieträger auf 20 Prozent bis 2020 zeigen den politischen Willen zu einer Transformation des Energiesystems. China unternimmt damit signifikante zusätzliche Anstrengungen über das bisher Geplante hinaus."[9]

Schon die Weltausstellung Expo 2010 in Shanghai stand unter einem grünen Motto und widmete sich in vielen Pavillons neuen ökologischen und klimafreundlichen Lösungen.[10] Der Ausstellungsbereich D war erstmals in der Expo-Geschichte der Footprint-Problematik für den $CO_2$-Eintrag gewidmet. Unter den sechs Themenforen spielte die Verantwortung der Städte zur Bewältigung der Umweltveränderungen unter dem Motto „Urban Responsibility during Environmental Changes" eine bedeutende Rolle.[11] Das Motto der Weltausstellung „Better City, Better Life" verwies auf die zentrale Rolle der Städte für den Klima- und Umweltschutz, für verbesserte Energieeffizienz und Emissionsreduktion.

Insgesamt hat sich China vor allem in den letzten Jahren in klimapolitischer Hinsicht stark verändert. Noch bis zum UN-Klimagipfel in Kopenhagen vom 7. bis 19. Dezember 2009 konnten sich die teilnehmenden Staaten inklusive China nicht auf ein Abkommen zum Senken des Treibhausgasausstoßes einigen. Vielfach war von einer Blamage die Rede. China lehnte bis dahin bindende Emissionsreduktionen bei den internationalen Klimaschutzverhandlungen ab. Als Hauptgrund dafür wurde das Recht auf wirtschaftliche Entwicklung Chinas angeführt.[12] Ähnlich argumentieren die Entwicklungsländer bis heute, weil die hochindustrialisierten Länder früher gleichfalls den Umwelt- und Klimaschutz ignorierten. Drei internationale Instrumentarien sollen dazu dienen[13], das Ziel einer Begrenzung des globalen Temperaturanstiegs auf zwei Grad Celsius zu erreichen:

1. Der Emissionshandel als ein marktwirtschaftliches Instrument der Klimaschutzpolitik. „Das Prinzip ist denkbar einfach: Die Treibhausgas-Emissionen emissionshandelspflichtiger Anlagen werden auf eine Gesamtmenge – das sogenannte ‚Cap' – begrenzt und in Form handelbarer Rechte (Berechtigungen) ausgegeben. Wer die Luft mit Treibhausgasen belastet, benötigt hierzu Rechte. Je weniger Emissionen, desto wirtschaftlicher also für ein Unternehmen. Wer seine Treibhausgas-Emissionen reduziert, kann die entsprechend weniger benötigten Rechte verkaufen. Emissionshandel ist also der Handel mit Rechten zum Ausstoß von Treibhausgasen."[14] Der Emissionshandel geht auf die Kyoto-Vereinbarungen zurück und wurde 2005 in der Europäischen Union eingeführt. Laut Kyoto-Protokoll wurde der Emissionshandel international möglich. Er dient dazu, die Reduktion der Treibhausgasemissionen dort zu erbringen, wo das am kostengünstigsten möglich ist.

2. Als weiteres klimapolitisches Element wurde der Clean Development Mechanism (CDM) eingeführt (Mechanismus für umweltverträgliche Entwicklung).[15] Hierbei besteht für Industriestaaten die Möglichkeit, ihre nationalen Verpflichtungen zur Minderung von Emissionen zu einem gewissen Anteil dadurch zu erbringen, dass Klimaprojekte in Entwicklungsländern durchgeführt werden. Dahinter steht die einfache Logik, dass es für die Begrenzung der Erderwärmung aus globaler klimapolitischer Sicht weitgehend gleichgültig ist, wo die Treibhausgasemissionen vermindert werden. Nach den Zusagen schon aus dem Jahr 2009 wollen 18 Industriestaaten den Entwicklungsländern ab 2020 jährlich 100 Milliarden US-Dollar finanzielle Hilfe für den Klimaschutz gewähren.[16]

3. Das dritte flexible Instrument im internationalen Klimaschutz heißt *joint implementation,* im Deutschen als Gemeinschaftsreduktion übersetzt.

Es ist ebenfalls seit dem Kyoto-Protokoll in Kraft.[17] Dieser Mechanismus zielt darauf, dass die Industrieländer Treibhausgasemissionen in anderen Industriestaaten senken können, ohne Maßnahmen im eigenen Land umzusetzen. Ähnlich wie bei CDM werden reduzierte Treibhausemissionen grenzübergreifend gewertet.

Weitere Methoden sind der „Technology-Mechanism"[18] zum Technologietransfer von umwelt- und klimafreundlichen Technologien sowie der REDD – Mechanismus (Reducing Emissions from Deforstration and Degradation).

Gegenüber früheren Positionen hat sich die Position Chinas wie schon erwähnt unter dem spürbaren Druck der Luftverschmutzungen in chinesischen Großstädten verändert. Es wird vermutet, dass China inzwischen weltweit größter Produzent von Treibhausgasen vor den USA und Europa ist, obwohl es seit 1994 keine genauen Daten gibt.[19] China verweist wie die Entwicklungsstaaten darauf, dass die historische Verantwortung für die vorhandenen Einträge von Klimaschadgasen in der Atmosphäre vor allem den Industriestaaten aus den frühen Perioden der Industrialisierung zukommt. Daher sollten diese Länder auch die Hauptlast für die Reduktion in Zukunft tragen, vor allem gemessen an der historischen Verantwortung aus den Frühstadien der Industrialisierung des Manchester-Kapitalismus, in dem Umweltschutz praktisch keine Rolle spielte. Aus dieser Position und verglichen mit dem geringen Pro-Kopf-Ausstoß definiert sich China noch 2010 gern als Entwicklungsland und tut sich bis heute mit der häufiger genutzten Charakteristik als Schwellenland schwer.

Ein wichtiges Mittel Chinas ist die Dekarbonisierung der Energie- aber auch der gesamten Wirtschaft, insbesondere der Stoffwirtschaft.[20] Das schnelle Beenden der Verwendung von Kohle und Erdöl zählt vor allem in der Energiewirtschaft zu den größten Herausforderungen. Gemessen am internationalen energetischen Durchschnittsverbrauch pro Einwohner wird in China noch von einer erheblichen Steigerung des Energiebedarfs ausgegangen. Laut National Energy Administration (NEA) Chinas liegt der aktuelle Pro-Kopf-Verbrauch an elektrischer Energie in China nach einem Ranking des „Index Mundi" derzeit bei 3.926 kWh, womit das Land den weltweit 69. Rang belegt. Das ist lediglich rund ein Drittel der 12.186 kWh, die jedem US-Bürger zur Verfügung stehen und weniger als die 4.500 kWh in Deutschland.[21]

China plant eine kontinuierliche Steigerung des Energieangebots. Bis zum Jahr 2030 will die Staatsführung 5.500 kWh pro Kopf und Jahr erreichen und diesen Wert bis 2050 auf 8.500 erhöhen. Damit befände man sich dann an der Schwelle zu den 25 bestversorgten Ländern der Erde.[22] Obwohl China rund ein Drittel der weltweiten Investitionen in erneuerbare Energien investiert, wird ein Energiemix angestrebt, in dem auch die Kernkraft nach wie vor eine bedeutende Rolle spielt. Derzeit sind in China 37 Kernkraftwerke im Betrieb,[23] und es werden weitere Reaktoren bis 2030 gebaut bzw. geplant. „Für den Zeitraum nach 2040 soll in China dann die Stunde der „Schnelle-Neutronen-Reaktoren" („schnelle Brüter") schlagen, die nuklearen Abfall, Plutonium sowie angereichertes Uran verwerten können. Ihre Kapazität soll bis 2100 auf 1.400 Gigawatt anwachsen.[24] Wenn man davon ausgeht, dass leistungsstarke Reaktoren heute bis zu 1.500 Megawatt Leistung erreichen können, entspräche das über 1.000 weiteren Kernkraftwerken.[25]

Es bleibt festzuhalten, dass China durchaus das globale Problem der Klimawandels akzeptiert und bereit ist, an der Bewältigung des Problems mitzuwirken, aber eigene technologisch basierte Wege unter Einschluss der Kernkraft geht. Schon im Juni 2007 wurde ein nationales Klimaschutzprogramm (China's National Climate Change Programme – CNCCP) von der nationalen Entwicklungs- und Reformkommission verfasst, das die Ziele der Klimaschutzpolitik umreißt.[26] Auch wenn manche Länder einen schnelleren und größeren Beitrag Chinas bevorzugen würden, ist nicht zu übersehen, dass die Ziele im Kampf gegen den Klimawandel kontinuierlich fortgeschrieben und – keineswegs sporadisch – wieder hinterfragt werden. China gehört auch nicht zu den Ländern, in denen Diskussionen um die Ursachen und Folgen des Klimawandels geführt werden.[27] In historischen Klimaerklärungen fehlte der Bezug zu den Auswirkungen der durch den Menschen verursachten Schäden übrigens lange Zeit, bis der Zwischenstaatliche Ausschuss zum Klimawandel (IPCC – Intergovernmental Panel on Climate Change) 1988 durch die Vereinten Nationen und die Weltorganisation für Meteorologie versuchte, die Zusammenhänge aufzudecken.[28, 29]

Erklärungen von Klimaschwankungen aus früheren Zeiten mögen unter Umständen die Auswirkungen menschlicher Aktivitäten vernachlässigen. Sie konzentrieren sich vor allem auf folgende Veränderungsfaktoren:[30]

- die drei- bis vierjährige Periode der Druckschwankungen,
- die elfjährige Sonnenfleckenperiode,
- die 16-jährige Klimaschwankung der mittleren Sommer-Winterdifferenz,
- die 35-jährige Periode von Klimaschwankungen auf der Erde.

Darüber hinaus wurden Perioden längerer Klimaschwankungen beobachtet, die aber weniger exakt messbar sind.

Auch ohne die weit zurückgreifenden historischen Vergleiche ist Handlungsbedarf für Klimapolitik gegeben, was vor allem im urbanen Bereich spürbar ist. In den letzten Jahren wurden auch in Deutschland kaum nennenswerte Fortschritte im Sinne der Dekarbonisierung oder einer gerechteren Klimafinanzierung erreicht. Da inzwischen in Europa und speziell Deutschland die Klimabelastungen durch Logistik und Verkehr Hauptsorgenkind neben der Energie- und Wohnungswirtschaft sind, wird nicht nur auf EU-Ebene, sondern längst auch in Deutschland über unpopuläre Maßnahmen zum energischeren Klimaschutz nachgedacht.[31] Europaweit wäre eine fahrleistungsabhängige Maut für alle klimabelastenden Straßenfahrzeuge möglich. Es ist klar, dass solche Maßnahmen vor großen Wahlen in keinem Land offen diskutiert werden.

Über die Schadwirkungen durch Klimagase hinaus geht es hier vor allem auch um die Auswirkungen von Flächenversiegelungen und ökologischen Rucksäcken der Baumaßnahmen.[32] In den Kommentaren und wissenschaftlichen Beiträgen zu den Potentialen der neuen Seidenstraße fehlen bisher Aussagen zum ökologischen Fußabdruck. Sie sind allerdings bisher auch schwer berechenbar, weil bei den meisten Projekten zwar grobe Kostenschätzungen vorliegen, aber keine konkreten Planungen, die Rückschlüsse auf die zu bewegenden Tonnen, Kubikmeter und andere notwendige Massenbewegungen zulassen.

Das dahintersteckende Konzept des ökologischen „footprints" oder „Rucksacks" wurde durch Friedrich Schmidt-Bleek am von Ernst U. Von Weizsäcker damals geleiteten Wuppertal Institut entwickelt.[33] Es wird in den aktuellen klimapolitischen Diskussionen zu wenig berücksichtigt, die sich meistens auf die Schadstoffeinträge in die Atmosphäre konzentrieren. Das führte Schmidt-Bleek dazu, ein kritisches Buch zum insgesamt viel zu hohen Ressourcenverbrauch der Wirtschaft in Europa und weltweit zu schreiben.[34]

## Herausforderungen erhöhter Ressourcen- und Energieeffizienz

Weltweit gilt es große Anstrengungen zu unternehmen, um den Verbrauch natürlicher Ressourcen mit der global steigenden Bevölkerung und wachsenden Wirtschaftsleistung aller Staaten in Einklang zu bringen. Das

Umweltbundesamt stellt im Bericht für Deutschland 2016 zum Bevölkerungs- und Wirtschaftswachstum fest: „Das hat bedeutende ökologische Folgen, wie die Zerstörung von Ökosystemen und Lebensräumen oder die Verschmutzung von Luft, Wasser und Böden. Außerdem steigt die Abhängigkeit vieler Industrieländer von Ressourcen aus anderen Weltregionen, und die internationale Konkurrenz um knapper werdende Ressourcen nimmt zu."[35]

Das gilt uneingeschränkt besonders für China, das durch seinen Rohstoffhunger schon seit Langem weltweit aktiv ist. Mit der geplanten Belt-and-Road-Initiative sollen zweifelsfrei auch und in besonderem Maße Rohstoffquellen neu erschlossen werden. Daraus resultierende Sicherheitsfragen stehen neben vielen anderen auch im Zentrum der Argumentation von Richard Ghiasy und Jiayi Zhou.[36]

Es ist bemerkenswert, dass bei Informationsveranstaltungen zur chinesischen Seidenstraßen-Initiative, wie z.B. bei der am 1.6.2017 in Berlin von der Friedrich Ebert Stiftung durchgeführten Paneldiskussion mit dem Direktor des Shanghai Institutes for International Studies Chen Dongxiao und anderen hochrangigen Gästen die neuen Möglichkeiten zur strategischen Zusammenarbeit oft eher als ein Weg Chinas gesehen wird, seine nationalen Interessen in den Vordergrund zu rücken und seine wirtschaftspolitische Macht dadurch auszuweiten, ja Vorherrschaft zu erreichen. Diese Wertungen decken sich eindeutig nicht mit den von China auch auf dem Belt-and-Road-Forum Mitte Mai 2017 noch einmal dargestellten fünf Hauptzielen: „The five major goals of the Belt-and-Road-Initiative are: policy co-ordination, facilities connectivity, unimpeded trade, financial integration, and people-to-people bonds."[37]

Die reflexartige Reduktion der OBOR-Initiative auf eine raffinierte geopolitische Eroberungsstrategie von Chinas Parteien-Staat wird aus Sicht der Autoren den tatsächlich gegebenen Möglichkeiten nicht gerecht. Bei aller kritischen Sicht auf die zentralgeleitete staatliche wie lokale Entwicklungspolitik muss anerkannt werden, dass China eine sehr stabile und in wachsendem Maße auch auf Nachhaltigkeit ausgelegte Wirtschaftspolitik gelungen ist. Der gesellschaftliche Transformationsprozess ist freilich nicht abgeschlossen.[38] „Der chinesische Staat fungiert heute nicht einfach als ‚Entwicklungsagentur', sondern zugleich als politischer Unternehmer und politischer Architekt, der funktionierende Strukturen schaffen und das Land entwickeln will. Von daher ist der Partei-Staat im gegenwärtigen China eine Entwicklungsagentur mit ‚infrastruktureller Macht'. Auch der chinesische Staat ist auf die Einbindung gesellschaftlicher Gruppen angewiesen, verfügt aber gleichzeitig über ein hohes Maß an Kontroll- und Repressionspotenzial."[39]

Das spiegelt sich im Umweltbereich sowohl auf der normativen gesetzgeberischen Seite als auch in gesellschaftlichen Bewegungen und Protesten gegen Umweltverschmutzungen wider. Das Umweltbewusstsein hat besonders in den Städten zugenommen, wie nicht zuletzt der Aufbau von Eco-Cities zeigt, aber auch auf dem Land spielen ökologische Gemeinschaften und Respekt vor der Natur eine wachsende Rolle.[40] Über die schon angesprochenen Probleme sauberer Luft hinaus rücken die Ressourceninanspruchnahme und Energieeffizienz stärker in den Fokus der staatlichen und privaten Unternehmen. Flankierend dazu wurden die staatlichen Vorgaben mit dem Fünfjahresplan von 2016 bis 2020 erhöht: „Im Rahmen des 13. Fünfjahresplans will die chinesische Regierung erneuerbare Energien und eine bessere Ressourcennutzung verstärkt fördern. Striktere Auflagen zur weiteren Reduzierung der $CO_2$-Emissionen pro BIP-Einheit um 18 Prozent, der Energieintensität pro BIP-Einheit um 15 Prozent und des Wasserverbrauchs pro BIP-Einheit um 23 Prozent sollen in den nächsten fünf Jahren greifen. Hinzu kommen neue Schwerpunkte zur Bekämpfung der Boden- und insbesondere der Luftverschmutzung. So soll die Luftqualität in Städten von 2020 an 80 Prozent aller Tage gute bis sehr gute Werte erreichen."[41]

Aber es sind auch handfeste wirtschaftliche Interessen, die eine zunehmende Rolle spielen. Ausländische Investoren werden von der extremen Luftverschmutzung in vielen Großstädten abgeschreckt und verzichten eher auf Investitionen, als sich bei Überschreiten von Grenzwerten zum Abschalten der Produktion oder Einstellen von umweltbelastendem Verkehr gezwungen zu sehen, ganz abgesehen von den gesundheitlichen Konsequenzen. Wie bekannt, hat die chinesische Regierung solche Maßnahmen schon bei den olympischen Spielen durchgesetzt oder auch bei internationalen Konferenzen wie zum G20-Gipfel in Hangzhou, einer neun Millionen Einwohner großen Stadt, die anlässlich der Konferenz wie eine Geistermetropole gewirkt haben soll.[42]

Es zeigt sich weltweit, dass Green Business-Strategien in vielen Unternehmen Wurzeln geschlagen haben. Dem kann und will sich China offensichtlich nicht mehr entziehen. Nicht allein wissenschaftlich basiert stehen Ressourceneinsparungen, Begrenzungen der klimaschädlichen Abgase und Wasserverschmutzung im Mittelpunkt, sondern auch bevölkerungspolitisch. Bis 2030 wird es drei Milliarden Bürger der Mittelschicht weltweit mit hohen Konsumansprüchen mehr geben. Sie sind mit den klassischen ressourcen- und energieintensiven Geschäftsmodellen kaum zu befriedigen. Notwendig sind neben den eigentumsbasierten Modellen des Konsums viel mehr Sharing-Lösungen und auch Instandhaltungsmodelle.

Die bis 2015 vorausgesagte Verdreifachung des Ressourcenverbrauchs ist praktisch nicht durchsetzbar. Beim European Resources Forum 2016 wurden europäische Ziele fixiert[43], die in zunehmendem Maße auch weltweit gelten, da für viele Produkte in den Importbestimmungen auch Umweltauflagen inklusive Ressourcen- und Energieverbrauch enthalten sind. Jährlich werden ca. eine Milliarde Tonnen Güter allein nach Deutschland eingeführt bzw. in andere Länder exportiert.[44] Hinzu kommen die indirekten Handelsflüsse. Dabei geht es um jene Rohstoffe, die außerhalb Deutschlands notwendig werden, um die gehandelten Güter zu produzieren.

Schon 2011 fand ein deutsch-chinesisches Forum unter Leitung des Bundesumweltministeriums statt, bei dem es um gemeinsame Perspektiven im Bereich Green Economy“[45] ging. Im Mittelpunkt standen dabei:

1. eine kohlenstoffarme Stadt- und Provinzentwicklung in Deutschland und China,
2. Clean-Production-Ziele in beiden Ländern sowie
3. den notwendigen Transformationsprozessen zu einer Green Economy.

China ist sich bewusst, dass schneller als in den ersten Phasen der Industrialisierung neue Wirtschaftsmodelle erforderlich sind. Dazu gehören verstärkte zirkulare Wirtschaftsabläufe mit einem hohem Maße an Recycling bzw. biologisch basierten nachwachsenden Rohstoffen – besonders auch in der Kunststoffindustrie und Energiewirtschaft. Erforderlich sind aber auch neue Konsummuster, denn die ökologische Produktionsweise verlang vor allem auch ein gesellschaftlich neues Bewusstsein.

Hier muss in den chinesischen Haushalten noch einiges geschehen. Daher wird auch in wachsendem Maße auf eine umfassendere Aus- und Weiterbildung in Klima- und Umweltschutzthemen, beginnend von der Schule bis hin zu den Universitäten, gesetzt. Breite Kreise in China haben noch ein unzureichend entwickeltes Umweltbewusstsein. Ohne zivilgesellschaftliches Engagement ist jedoch in einem Land mit 1,36 Milliarden Bevölkerung kein Durchbruch möglich. Neben Aufklärung und staatlichen Regelungen sind innovative Lösungen für saubere Technologien und Einsparungen unerlässlich. Deutsche und europäische Bildungssysteme und vielfach über Jahrzehnte entwickeltes Know-how gelten hierbei als Vorbild.

In der China-Strategie des Bundesministeriums für Bildung und Forschung (BMBF) nehmen Ökoinnovationen und Clean-Technologien einen entsprechend großen Raum ein.[46] Der chinesische Parteistaat hat erkannt, dass sich ökonomische und ökologische Gewinne gegenseitig befruchten und dass ein Wachstum auf Kosten der natürlichen Lebensbedingungen im wahrsten Sinne des Wortes ansonsten ersticken kann. Der Staatseinfluss im Durchsetzen höherer Ressourcen- und Energieintensität ist wie in vielen anderen Ländern auch in China besonders groß. Heberer und Müller stellen das in ihrer Analyse des gesellschaftlichen Transformationsprozesses in China besonders heraus und sprechen vom „Entwicklungsstaat 3.0".[47] Nach ihren Studien zielte der „Entwicklungsstaat 1.0" während der Mao-Ära von 1946 bis 1976 auf die Industrialisierung ohne Modernisierung des Staatsapparates ab. Viele Menschen haben noch heute mit Blick auf China vor allem dieses Staatsbild vor Augen. Der „Entwicklungsstaat 2.0" konzentrierte sich auf quantitatives Wirtschaftswachstum. Der jetzige „Entwicklungsstaat 3.0" nimmt neben der Änderung des Wirtschaftsmodells in Richtung Gestaltungs- und Dienstleistungsstaat das Schaffen höherwertiger Wirtschaftssektoren (upgrading), die Innovationsförderung im technisch-wissenschaftlichen, aber auch politischen, administrativen und sozialen Bereich mit Betonung der Nachhaltigkeit in den Fokus. Die Staatskapazität wird zugleich auf lokaler Ebene bei der Umsetzung wirksam, d.h. lokale Entwicklungsschwerpunkte haben hohe Priorität.

## Auf der Überholspur mit Elektroautos und im autonomen Fahren

Während in China strategisch vor allem auf eine Verstärkung der Elektromobilität und des öffentlichen Verkehrsbereiches gesetzt wird, rückt die deutsche Regierung von ehemals stolz verkündeten Zielen schon wieder ab. Im Mai 2017 sagte Bundeskanzlerin Angela Merkel auf einem Arbeitnehmerkongress der Unionsfraktion: „So wie es im Augenblick aussieht, werden wir dieses Ziel nicht erreichen." Gemeint war das jahrelang propagierte Ziel, bis 2020 – auch über Kaufanreize – eine Million Elektroautos auf deutsche Straßen zu bringen. 2017 waren es gerade mal 100.000 Autos mit elektrischem Antrieb. „Wenn wir nicht noch die Fahrräder dazuzählen, werden wir nicht mal auf die Hälfte kommen", hatte der ehemalige Wirtschaftsminister Sigmar Gabriel (SPD) im Vorfeld mit ironischem Unterton festgestellt.

Zur gleichen Zeit kämpfte die Bundeskanzlerin an anderer Front, um Quoten zu vermeiden. So schien sie im Juni 2017 die Regierung in Peking zu überzeugen, die Einführung einer Elektroauto-Mindestquote für Automobilhersteller zu verschieben. Diese sollte nun erst ab 2019 gelten und damit ein Jahr später als geplant. Autos mit alternativen Antrieben sollen dann acht Prozent des Absatzes in China ausmachen. Die Verschiebung wäre aus Sicht der deutschen Hersteller eine wichtige Nachricht gewesen. Fast ein Fünftel der 23,6 Millionen pro Jahr in China zugelassenen Autos kommt von einer deutschen Marke. Wenige Wochen nach der vermeintlichen Einigung kam das chinesische Gesetz heraus – ohne Änderung. Mit Zwang will Peking mit der Elektrifizierung des Straßenverkehrs die Luftverschmutzung in den Großstädten bekämpfen. Verfehlt ein Hersteller das neue Ziel, kann er von einem anderen Hersteller Kreditpunkte abkaufen oder voraussichtlich auch im Folgejahr kompensieren, um Strafzahlungen zu entgehen. Reine Elektroautos sollen mehr Kreditpunkte als Hybridautos mit kombiniertem Elektro- und Verbrennerantrieb erhalten.[48] Doch nun heißt es zum überarbeiteten Verordnungsentwurf im Handelsblatt: „Ganz im Gegenteil sieht der alte wie der neue Plan vor, dass Elektroautos nach acht Prozent im kommenden Jahr, in den beiden Folgejahren zehn und zwölf Prozent vom Absatz mit Pkw mit Verbrennungsmotor ausmachen sollen.“[49] Das wird gerade für deutsche Autobauer eine große Herausforderung.

Subventionen und Privilegien sollen den Absatz von Personenwagen mit alternativem Antrieb in China verzehnfachen – von 2,1 Prozent im Jahr 2016 (bereits jetzt ein dreimal größerer Marktanteil als in Deutschland) auf rund 20 Prozent im Jahr 2025. Von den weltweit im Jahr 2016 ausgelieferten Autos waren 873.000 Elektroautos und Plug-in-Hybride. Mit 507.000 Einheiten machte China den Löwenanteil aus, wie das Center Automotive Research CAR meldet. 2017 sollen es bereits 800.000 Einheiten sein, 2020 rund vier Millionen. Der potentielle Einfluss dieses Förderprogramms für New Energy Vehicles (NEV) auf die Weltklimaziele ist groß. Immerhin gehen die Prognosen davon aus, dass Mitte des kommenden Jahrzehnts jedes dritte neu verkaufte Auto in China fahren wird. Der Sinologe Sebastian Heilmann stellt fest: „Die Elektromobilität kommt in Deutschland trotz aller gegenteiligen Bekundungen aus Politik und Wirtschaft nicht in Schwung. Ganz anders in China. Beflügelt von einer staatlich gesteuerten Automobilpolitik, schnellte der Absatz von Elektroautos auch 2016 weiter nach oben. China ist ... mit Abstand der weltgrößte Markt für Elektrofahrzeuge. Deutschlands Autobauer müssen aufpassen, den Anschluss auf dem für sie unersetzlichen chinesischen Markt nicht zu verlieren.“[50] Ähnlich wie bei der Belt-and-Road-Initiative verfolgt China eine sehr weitgehende, neue Strategie der Elektromobilität. Sie geht weit über die früheren Formen der Planwirtschaft mit Ressourcenzuweisung hinaus. Es handelt sich um ein dynamisches System von Vorgaben, Marktanreizen, technologischen Standards und Normen sowie durchaus auch protektionistische Maßnahmen.[51] Heilmann betont, dass es weltweit keine analoge Automobilpolitik gäbe. Das chinesische System „umfasst staatliche Eingriffe und Anreize entlang der gesamten Wertschöpfungskette: von Batterie und Fahrzeugelektronik über die Lade- und Netz-Infrastruktur bis hin zu Finanzierung und Nutzung durch den Endabnehmer. Das Augenmerk der Automobilvordenker richtet sich auf die Vernetzung des Elektroautos unter Einschluss autonomen Fahrens und intelligenter Verkehrssysteme."

Neben dem Umwelt- und Klimaschutz gibt es eine weitere Motivation für diese Industriepolitik. Wie im dritten Kapitel bereits ausgeführt, schickt sich China an, in seiner Aufholjagd frühere Phasen der Industrialisierung zu überspringen. Konzentriert sich die chinesische Autoindustrie früh auf emissionsfreie Mobilität, so spart sie sich Milliarden an Entwicklungskosten, etwa die hochkomplexe Abgas-Reinigungstechnik für den Dieselmotor, der in China keinen Markt hat. Beim Aufbau der automobilen Infrastruktur stehen Ladesäulen im Fokus. 2017 sollen weitere 800.000 Ladesäulen aufgestellt werden, damit es bis 2020 fünf Millionen sein werden. Wer ein neues Gebäude errichtet, muss es mit Ladegeräten für E-Mobile, den Chargern, ausrüsten. Ein Drittel der Parkplätze müssen für Elektroautos tauglich sein.

Nach dem Vorbild des kalifornischen Elektroauto-Anbieters Tesla gründeten chinesische Milliardäre in den vergangenen Jahren einige Elektroauto-Start-ups. Mit ausreichend Finanzen ausgestattet, legen sie ein hohes Entwicklungstempo vor.[52]

- Der chinesische Autobauer Changan und das Start-up NextEV haben im April 2017 ein Milliarden-Joint-Venture geschlossen. Es geht um die Fertigung der ersten Modelle der neuen Elektroauto-Marke NIO.
- Die chinesische Marke Qoros zeigt eine neue spektakuläre Elektrostudie in Shanghai.

Die Firmen sind international orientiert, haben meist nicht nur Entwicklungsstandorte im Ausland, sondern wollen ihre Autos dort zumindest mittel- oder langfristig auch verkaufen. Eine Reihe von Vorhaben unterstreichen die Ambitionen, global auf dem Gebiet der Elektromobilität der Technologie- und Marktführer zu werden.

## NextEV/NIO

Der Name ist Programm: NextEV – „Das nächste Elektroauto". 2014 gründete der Internet-Milliardär William Li (Gründer der Autoverkaufsplattform bitauto) dieses Start-up. Inzwischen hat es bereits mehr als 2.000 Angestellte. Finanziert wird der junge Autohersteller vom IT-Konzern Tencent und dem US-Risikokapitalgeber Sequoia. Suchmaschinenbetreiber Baidu hat Anfang 2017 bekanntgegeben, 100 Millionen US-Dollar in das Start-up zu stecken. Außerdem hat NextEV eine Joint-Venture-Vereinbarung mit dem chinesischen Autohersteller JAC. Mit diesem viertgrößten Autohersteller Changan will NextEV 1,45 Milliarden US-Dollar in ein neues Werk investieren. Das NextEV Designbüro sitzt in München und wird von einem ehemaligen BMW-Designer geführt. Das Tuning entsteht in London und die Software lässt NextEV im Silicon Valley programmieren. In der Formel E erreichten die Chinesen bereits einen Weltmeistertitel.[53]

Die Automarke von NextEV heißt Nio. „The future is in smart, electric and autonomous vehicles, and we aim to lead the way", heißt es zuversichtlich auf der Nio-Webseite. Für das Jahr 2020 bewirbt man den Beginn des autonomen Fahrens mit dem Motto „Transform your commute from driving to being".[54] In seiner Pipeline hat Nio zwei Kernmodelle:

- Nio EP9, einen millionenschweren Elektro-Supersportwagen mit 1.360 PS, der im Mai 2017 die schnellste mit einem Elektroauto gefahrene Runde am Nürburgring erzielte.[55]
- Nio ES8, einen für die Großserie geplanten Elektro-SUV mit einer Reichweite von über 500 Kilometern je Akkuladung. Die Fahrzeuge sollen gegen Audi, BMW und Tesla positioniert werden, aber mit einem „Toyota-Preis". Gestartet wird in China, ab 2019 sollen die Nio-Autos auch in den USA verkauft werden. In Europa geht die Marke frühestens 2025 an den Start.

## Faraday Future

Das Start-up Faraday Future hat ebenfalls einen chinesischen Milliardär hinter sich: Jia Yueting, Gründer des Medienunternehmens LeEco. Er kündigte eine milliardenteure Fabrik vor den Toren von Las Vegas an und engagierte vorübergehend den ehemaligen Tesla-Manager Nick Sampson.

Auf der IT-Messe CES zeigte Faraday Future Anfang 2017 in Las Vegas das spektakuläre Modell FF91, eine Mischung aus SUV und Limousine mit 1.000 PS, einer Beschleunigung von weniger als 3 Sekunden auf 100 km/h und 320 km/h Spitzengeschwindigkeit. Die Reichweite soll mehr als 600

Kilometer betragen. Auch 3D-Lidar-Systeme für autonomes Fahren hat das Konzeptauto an Bord. Der Preis soll zwischen 200.- und 300.000 US-Dollar liegen.

Ob das Auto jemals in Serie geht, ist offen, denn der Werksneubau in Las Vegas wurde im Herbst 2016 gestoppt.[56] Schon im Frühjahr 2016 titelte DER SPIEGEL „Der große Bluff von Las Vegas". Das Unternehmen hat seit seiner Gründung 2014 einen Mitarbeiterstab von mehr als 1.000 Leuten aufgebaut. Der ehemalige Tesla-Fahrzeugentwickler Nick Sampson ist Forschungs- und Entwicklungschef. 2017 wechselte Stefan Krause, einst Finanzvorstand von BMW und Deutscher Bank, zu Faraday Future. Im Führungsteam sind neben einigen Ex-Tesla-Mitarbeitern auch die frühere General-Motors-Managerin Silva Hiti vertreten.[57]

## LeSee

Jia Yueting hat neben Faraday Future in China noch ein zweites Start-up ins Rennen geschickt: LeSee. Bislang präsentierte der LeEco-Gründer stets selbst das geplante Modell. Ob er auch hochrangige Ingenieure großer Automobilkonzerne in den USA oder Europa im Führungsteam hat, ist bislang nicht öffentlich bekannt.

LeSee Pro soll ein viertüriges Elektroauto werden, das vollautonom fahren und auch einparken kann. Bei der Bühnenpräsentation auf der Consumer Electronics Show in Las Vegas klappte letzteres jedoch nicht. Der Pro soll 211 km/h Spitzengeschwindigkeit erreichen und preislich günstiger sein als das Model S von Tesla. Im sprachgesteuerten Selbstfahrmodus sollen Mitfahrer die Inhalte des Medienkonzerns LeEco konsumieren, die per Highspeed-Funkverbindung als Stream übertragen werden.

Das Manager Magazin nennt das erste Modell von LeSee kritisch das „chinesische Selbstfahr-Wunder mit vielen Fragezeichen"[58]. Es sei still um LeSee geworden; es fehle eine solide Basis bei Technikdetails und Finanzierung.

## Lucid Motors

Schon 2018 will Lucid Motors in den USA antreten. Die Firma sitzt in Kalifornien, das Geld kommt unter anderem vom chinesischen Autohersteller BAIC (Beijing Automotive Industry Holding) und vom chinesischen Investmentfonds Tsing Capital. Wichtigster Angestellter von Lucid Motors ist Peter Rawlinson, der nach Stationen bei Jaguar und Lotus *für Tesla das Model S entwickelt und einige weitere Ingenieure von dort mitgebracht hat.* Designer ist Derek Jenkins, vormals Mazda. Lucid Motors geht aus Atieva hervor und hat damit bereits zehn Jahre Unternehmensgeschichte vorzuweisen. Zunächst arbeitete das kalifornische Start-up an einer Batterie, seit 2014 an einem eigenen Auto. In Arizona hat Lucid ein Werk errichtet, das ab 2018 die Produktion aufnehmen soll, allerdings musste dafür eine eigene Finanzierungsrunde für 240 Millionen US-Dollar gestartet werden.[59]

- Der erste Prototyp von Lucid Motors nennt sich „Air". Mit 1.000 PS soll dieses Elektroauto unterwegs sein und eine Reichweite von mehr als 640 Kilometern garantieren.
- Das erste Serienauto wird ab 2018 Limousine der gehobenen Mittelklasse, das 400 Kilometer Reichweite bieten und rund 60.000 Dollar kosten wird.
- Eine spezielle „Launch Edition" mit 1.000 PS und großem 130 kWh-Akku soll oberhalb 150.000 Dollar erhältlich sein.

## Future Mobility Company

Als Carsten Breitfeld, Entwickler des Elektroautos BMW i8 im Jahr 2016 mit der frisch gegründeten Future Mobility Company (FMC) eigene Wege ging, machte dies Schlagzeilen. Auch Wolfram Luchner, einst Spitzenkraft in Googles Roboter-Autoprojekt, wechselte zu FMC. Weitere Experten von BMW, Toyota, Tesla und Google sind den beiden gefolgt.[60] Wie bei NextEV beteiligt sich auch hier der Internetriese Tencent. Der taiwanesische Elektronikgigant Foxconn (mit einer beeindruckenden Belegschaft von 1,3 Millionen Mitarbeitern, bekannt als Auftragsfertiger für die Hardware von Apple) ist ebenfalls an der Future Mobility Company beteiligt. Dem Gründerteam rund um Breitfeld gehört ein Großteil der Aktienanteile an FMC.

Der Markenname ist noch nicht bekannt. Die Fabrik soll in Nanjing entstehen, der zweitgrößten Stadt Ostchinas nach Shanghai, und für 300.000 Autos pro Jahr Kapazität bieten.

- Statt eines spektakulären Showcars konzentriert sich FMC von Anfang an auf ihr erstes Großserienauto in Massenproduktion, wofür seine Mitarbeiter die Kompetenz mitbringen.
- FMC will ein hochgradig vernetztes Modell – möglicherweise ein Crossover aus verschiedenen Karosseriekonzepten – mit 500 Kilometern Reichweite zu einem Einstiegspreis zwischen 40.- und 50.000 US-Dollar anbieten, das 2020 in Europa und Amerika auf den Markt kommen soll.

## Weltmeister

2015 kam das Start-up mit dem deutschen Namen „Weltmeister“ hinzu. Freeman Shen, vormals Automobil-Manager bei Fiat, BorgWarner und Geely, will bei Shanghai ein Autowerk für 200.000 Einheiten pro Jahr errichten und beruft sich auf amerikanische und arabische Investoren. Anders als etwa die Future Mobility Company setzt Weltmeister auf spektakuläre Showcars und ist gerne kommunikativ mit Superlativen unterwegs, wohl auch um weitere Investoren anzuziehen, die den Weltmeister-Anspruch erst möglich machen können.[61] Ab 2018 will Freeman Shen ein Weltmeister-SUV in der Größenordnung eines Audi Q5 oder BMW X3 bauen.

## Techrules

Techrules ist ein neues Forschungs- und Entwicklungsunternehmen mit Fokus auf die Automobilindustrie und Sitz in Peking. Ziel von Techrules ist es, automobile Antriebstechnologien zu entwickeln, die effizienter und umweltverträglicher sind. Techrules ist eine Tochter der TXR-S, einem Forschungs- und Entwicklungsunternehmen, das in Materialentwicklung, Biogas-Produktion und Luftfahrt aktiv ist.

Deshalb basiert auch Supersportwagen von Techrules auf einem Prinzip der Luftfahrt. Der Techrules Ren soll sechs E-Motoren bekommen. Eine Gasturbine aus der Luftfahrt dient als Reichweitenverlängerer. Sie treibt den Generator an, der Strom für den Akku liefert, wenn dieser leer ist. Betankt werden kann die Turbine mit Benzin, Diesel, Flüssigerdgas und sogar Wasserstoff. Der Techrules Ren wird eine rein elektrische Reichweite von 200 Kilometern ermöglichen, die Gesamtreichweite soll bis zu 2.000 Kilometer betragen.[62]

## Thunder Power

Im Sinne der „Ein-China-Politik“ gehört Taiwan zu China. Auch dort gibt es ein Elektroauto-Projekt. Ende 2018 soll die Serienfertigung in China starten. Die Fabrik in China wird eine jährliche Kapazität von 100.000 Fahrzeugen besitzen, und ab 2022 will Thunder Power bereits die Produktion verdoppeln. Entwicklungskompetenz hat sich Thunder Power von Volkswagen und Ferrari geholt. Bloomberg schätzt die aktuelle Marktkapitalisierung von Thunder Power auf rund 410 Millionen Dollar.

Die geplante viertürige Elektrolimousine trägt die Handschrift des italienischen Designbüros Zagato. Sie soll umgerechnet rund 63.000 Dollar kosten, eine Reichweite von 650 Kilometern haben und 250 km/h Spitzengeschwindigkeit erlauben. Das Aufladen soll kabellos per Induktion funktionieren. Ab 2025 soll die Limousine dann autonomes Fahren beherrschen. Dabei setzt Thunder Power nicht auf Bilderkennung, sondern auf eine Art neuronales Netzwerk, das die Denkweise des menschlichen Hirns imitiert.

## Qoros

Die chinesische Automarke Qoros will zusammen mit dem Supersportwagen-Hersteller Koenigsegg ein Elektroauto auf den Markt bringen.[63] Das Auto soll 1.300 PS stark sein und 2019 in Serie gehen – mit dieser Auslegung sicherlich nur in eine Kleinserie.

## Zinhoro

Auf Drängen der chinesischen Regierung haben europäische Hersteller Elektroautos in lokalen Joint-Ventures entwickelt. BMW hat zusammen mit Brilliance ein E-Auto auf Basis eines BMW 1er gebaut, das unter der Marke Zinhoro auf den Markt kam. Der Markenname heißt übersetzt „Versprechen". Doch im August 2016 beendete BMW das Projekt. Im März 2017 folgte ein elektrifizierter Geländewagen auf Basis des BMW X1 als Zinhoro 60H – allerdings nur als Plug-in-Hybrid, bei dem Verbrennungsmotor und Elektromotor kombiniert sind.[64]

## Denza

Mercedes arbeitet mit Build your dreams (BYD), dem weltweit größten Hersteller von Elektroautos und Plug-in-Hybriden. Das gemeinsame Elektroauto basiert auf der B-Klasse. Allerdings fehlt der neuen Marke die Strahlkraft, die der Mercedes-Stern durchaus besitzen würde. So hat Denza im Jahr 2016 nur 2.300 Elektroautos in ganz China ausgeliefert.[65]

## VW/JAC

Der Volkswagen-Konzern will 2025 rund 1,5 Millionen New Energy Vehicles in China verkaufen. Die Wolfsburger betreiben mit FAW und SAIC seit vielen Jahren ein Joint-Venture und erhielten im Mai 2017 von Peking die Genehmigung für eine Kooperation mit JAC. Ziel: 2018 ein Elektroauto unter einer neuen Marke anzubieten. Die Kooperationen der deutschen Hersteller mit chinesischen Partnern sind auf den Markt China ausgelegt.

Sie wollen sich in anderen Märkten nicht selbst Konkurrenz machen. Auch erfüllen die Autos die internationalen Normen nur teilweise.

## Rein chinesische Marken

Zwar werden in China 500.000 New Energy Vehicles pro Jahr zugelassen, die meisten jedoch sind herkömmliche Serienautos, die nachträglich umgerüstet werden. Hier sind heimische Marken wie BYD (Build your dreams), Cherry oder Great Wall zu nennen. Das meistverkaufte Elektroauto Chinas ist eine kompakte Stufenheck-Limousine von Geely (20.000 Zulassungen pro Jahr) mit 250 Kilometern Reichweite. Da der Preis durch starke staatliche Subventionen unter 20.000 Euro gehalten wird, erscheint ein Export in andere Länder unrealistisch.[66]

Speerspitze der Elektrifizierung bei den Heimatmarken ist BYD, der Autobauer aus Shenzhen. Mitte der 1990er Jahre begann das Unternehmen als Hersteller von Handybatterien und beliefert heute Gerätehersteller wie Nokia oder Samsung. 2003 übernahm BYD einen Autohersteller samt Produktionslizenz und brachte 2005 den Kleinwagen F3 mit konventionellem Antrieb auf den Markt. Inzwischen fokussiert die Forschungsabteilung mit mehr als 10.000 Mitarbeitern auf die Entwicklung neuer Batterien für Elektroautos. Eine Innovation daraus ist die Lithium-Eisen-Phosphat-Batterie, die sicherer und billiger als die herkömmliche Lithium-Ionen-Batterie ist. Das ist entscheidend für den Erfolg der Elektromobilität, weil die aufladbaren Batterien den größten Kostenfaktor bei den Einzelkosten darstellen.

Weitere chinesische Batterietechnik-Unternehmen sind Phylion, Lishen, BAK oder Wanxiang. Man geht davon aus, dass durch Fortschritt und steigende Produktionskapazitäten die Preise für Elektroauto-Batterien extrem fallen werden. 2008 investierte der US-Milliardär Warren Buffett 230 Millionen US-Dollar in BYD. Ihr Chef Wang Chuanfu ist heute der reichste Mann Chinas.[67]

Die Elektrifizierung der Automobilität ist ein Paradebeispiel, wie China auf seiner Aufholjagd Phasen der Industrialisierung überspringt und damit den Vorsprung der europäischen, amerikanischen, japanischen und koreanischen Anbieter wettmacht – nicht bei den konventionellen Verbrennungsmotoren, sondern gleich mit alternativen Antrieben. Dabei sind sie jedoch in der Anfangsphase noch stark auf Kooperationen angewiesen. Industrie und Politik verfolgen perspektivisch zweifelsohne das Ziel, China zum Leitmarkt für Elektromobilität zu machen und das selbstverständlich auch im Güterverkehr umzusetzen, etwa durch Oberleitungssysteme wie in Deutschland aus dem O-Busverkehr bekannt.

## Autonomes Fahren

„In China könnte die nächste Auto-Revolution starten“[68], beschreibt die Süddeutsche Zeitung das Szenario. Ähnliches gilt für die Zukunftstechnologie des hochautomatisierten beziehungsweise autonomen Fahrens, die in den 20er Jahren des 21. Jahrhunderts weltweit auf unseren Straßen Einzug halten wird. Eine derart disruptive Technologie stellt eine ganze Branche auf den Kopf und gibt neuen Playern mindestens genauso große Erfolgschancen. Neue Player können in jeder Branche ohne Rücksicht auf bestehende Produkte, bestehende Arbeitsweisen und bestehende Mitarbeiter agieren, weshalb von ihnen immer die revolutionären Ansätze zu erwarten sind, während die etablierten Marktteilnehmer erst noch ihre Transformation vorbereiten müssen.

Die chinesische Bevölkerung begeistert sich in besonderem Maße für neue Technik. Deshalb wird China selbstfahrende Autos schneller annehmen als beispielsweise Deutschland. Eine Umfrage der Beratungsgesellschaft Deloitte ergab: „Während in Deutschland eine Mehrheit selbstfahrende Autos auch dann ablehnt, wenn Experten sie als sicher einstufen würden, könnten sich in China unter den gleichen Umständen 81 Prozent der Befragten dafür begeistern.“[69] In einer Umfrage des World Economic Forum gaben 46 Prozent der befragten Chinesen an, sie würden ihre Kinder in ein sich selbststeuerndes Taxis setzen – mehr als überall sonst auf der Welt. In Deutschland waren es nur 24 Prozent.[70]

IHS Automotive prognostiziert für das autonome Fahren hohe Zuwachsraten. Einer Studie zufolge ist für das Jahr 2035 weltweit mit 21 Millionen autonomen Autos zu rechnen. Die Vereinigung der chinesischen Personenwagenhersteller rechnet im eigenen Land mit großem Interesse für selbstfahrende Autos. China ist der weltweit größte Automarkt, der größte Markt für Elektroautos und bald auch „ein riesiger Markt“[71] für selbstfahrende Autos, so Verbandsvorsitzender Cui Dongshu.

Auch die Preisbereitschaft der Chinesen, für die Funktion des autonomen Fahrens in einem Auto mehr zu bezahlen, ist hoch. Während die Deutschen im Schnitt nur 22 Prozent und die Amerikaner 29 Prozent mehr ausgeben wollen, damit ihr Auto diese Funktion beherrscht, würden die Chinesen nach einer Umfrage von 2015 sogar 70 Prozent Aufpreis für ein selbstfahrendes Auto zahlen.[72]

Die Regierung in Peking will ab 2021 die Markteinführung autonomer Autos ermöglichen, die komplett ohne Eingriff von Menschen fahren können. In der zweiten Hälfte der 2020er Jahre soll das selbstfahrende Auto bereits das Bild des chinesischen Straßenverkehrs prägen. Um das zu ermöglichen, sollen schnell technologische Standards für die Kommunikation der Fahrzeuge untereinander festgelegt werden.

- Bei der Automesse in Shanghai 2017 stellte der Volkswagen-Konzern „Sedric“ vor, ein Konzept-Auto ohne Lenkrad. Neben diesem Robotertaxi soll es weitere Modelle von Volkswagen geben, die autonom fahren können.
- BMW hat sich mit dem US-Chiphersteller Intel und dem israelischen Kameratechnik-Spezialisten Mobileye zusammengetan, lässt sich jedoch mit der Technologie noch Zeit.
- Daimler forscht gemeinsam mit Bosch und kündigte an, vor 2020 autonome Testflotten auf die Straße zu bringen.
- Die chinesische Internet-Suchmaschine Baidu und der größte Pekinger Autobauer BAIC haben eine diesbezügliche Kooperation ins Leben gerufen.
- Die Automarke Nio des Anbieters NextEV will wie Tesla nicht nur elektrisch, sondern auch hochgradig automatisiert fahren.
- LeSee und Future Mobility Company haben, wie im Abschnitt Elektromobilität ausgeführt, ebenfalls hochautomatisiertes Fahren auf ihrer Agenda.

Doch ist China zwar der Markt mit dem größten Interesse. Allerdings stellt der dichte, teilweise chaotische Verkehr in den Großstädten eine große technische Herausforderung für die selbstfahrenden Systeme dar. Zunächst war die chinesische Regierung recht großzügig und ließ autonome Fahrzeuge auf öffentlichen Straßen testen. Aus Sicherheitsgründen sollen die Praxistests künftig jedoch nur noch in speziell ausgewiesenen Zonen stattfinden dürfen.[73]

Von besonderer Bedeutung für die Seidenstraße-Initiative wird das autonome Fahren von LKW sein. Der chinesische Hersteller FAW Jiefang Automotive Co. will bereits 2018 erste autonom fahrende LKW auf die Straße bringen. Sie sollen nicht nur fahrerlos agieren, sondern auch ferngesteuerte Befehle ausführen können. Dieses Tempo der Automatisierung der Logistikkette halten viele für überambitioniert, aber es zeigt, was die Zukunft vermutlich bringen wird.[74] Auch in Europa wird erwartet, dass durch fahrerlose Trucks viele Jobs in Gefahr sind.

### Teststrecke in Wuhan

Der französische Autohersteller Renault hat mit zwei chinesischen Partnern einen Vertrag zur Entwicklung einer Erprobungszone für das autonome Fahren unterzeichnet. Mit der Wuhan Development Group und dem Renault Joint-Venture Dongfeng Renault Automotive Group soll eine zwei Kilometer lange Uferstrecke als Testzone gemeinsam entwickelt und betrieben werden.

### Testzone in Zhangzhou

In der Provinz Fujian planen die chinesischen Behörden die weltgrößte Testzone für autonomes Fahren. Im Dezember 2016 ist das Projekt gestartet. Es soll bereits ab 2018 den Test der komplexesten aller Verkehrssituationen ermöglichen: das autonome Fahren im Stadtbereich, inklusive komplett eingerichteter Ampelsysteme. Diese Testzone ist die Voraussetzung für den nächsten Schritt nach dem Staupiloten auf der Autobahn, damit die Vision des fahrerlosen Fahrens in der Stadt in den 2020er Jahren Wirklichkeit wird.

### Technische Plattform von Baidu

Der Suchmaschinenanbieter Baidu, eines der größten chinesischen Tech-Unternehmen, hat eine Plattform für autonomes Fahren entwickelt. „Apollo" beinhaltet sowohl Fahrzeugtechnik für selbstfahrende Autos als auch auf der IT-Seite die Hard- und Software. Baidu bringt damit seine Stärken im Bereich der Künstlichen Intelligenz in die Technologie-Entwicklung ein. Seit 2015 hat sich das Unternehmen mit maschinellem Lernen beschäftigt. Baidu hat bereits Straßentests mit vollständig autonomen Fahrzeugen in Peking durchgeführt.

Exaktes und aktuelles Kartenmaterial ist ebenso für das pilotierte Fahren von Bedeutung. In Konkurrenz zu Google hat Baidu eigene Maps im Angebot. Auch cloudbasierte Services gehören zu dem Paket, das Baidu seit Juli 2017 Partnern aus der Automobilindustrie zur Verfügung stellt. Da vor allem kleinere Autohersteller in China nicht die Ressourcen haben, selbst die Technologie für autonomes Fahren zu entwickeln, könnte sich Baidu über Kooperationen als Zulieferer etablieren. Nebenbei könnte das Unternehmen so auch Verkehrsdaten dieser Hersteller nutzen.[75] Das autonome Fahren ist eine der Schlüsseltechnologie für die Stadt der Zukunft und natürlich auch Infrastrukturprojekte wie die Belt-and-Road-Initiative.

## Von Mega- und Giga-Cities zu Smart Cities

Mit fortschreitender Urbanisierung entstehen immer größere Siedlungskonglomerate. Aus Städten werden Großstädte. Aus Großstädten werden Metropolen, aus Metropolen werden Mega-Cities. Und aus Mega-Cities werden perspektivisch sogar Giga-Cities. Letztere existieren heute zwar noch nicht, sind jedoch bereits Bestandteil der Zukunftsplanung. Per definitionem ist eine Giga-City eine Stadt mit mehr als 100 Millionen Menschen.[76] China will eine solche erste Giga-City der Welt rund um Peking entwickeln und dabei die Mega-City Tianjin und acht weitere Städte integrieren. Die geplante Superstadt wird Jing-Jin-Ji heißen und eine Gesamtbevölkerung von 130 Millionen Menschen beheimaten.

Dies wird keine zusammenhängende Stadt, wie wir sie heute kennen. Vielmehr entsteht ein großer Arbeitsmarkt, den neue Autobahnen und Transrapidstrecken miteinander verbinden. Vergleichbare Metropolregionen kennen wir in den USA mit Boswash, dem Konglomerat von Boston und Washington, das sich über 750 Kilometer von Boston über New York City, Philadelphia und Baltimore bis Washington erstreckt. Dort sind 45 Millionen Menschen und ein Viertel der US-amerikanischen Industrie zu Hause. Peking bzw. Jing-Jin-Ji soll eine siebte Ringstraße erhalten, die in Summe 2.200 Kilometer lang ist. Zum Vergleich: Der Berliner Ring, die A 10, ist 196 Kilometer lang, die M-25 rund um London 188 Kilometer und der MKAD-Gürtel um Moskau 109 Kilometer.

Zum Zeitpunkt der Drucklegung dieses Buches lagen weltweite Daten über knapp 30 Mega-Cities mit jeweils mindestens 10 Millionen Einwohnern vor. Darunter befinden sich sechs chinesische Mammutstädte:

- Chongqing mit 36,7 Millionen Menschen (Platz 3),
- Shanghai mit 23,4 Millionen Menschen (Platz 9),
- Peking mit 21,0 Millionen Menschen (Platz 13),
- Guangzhou mit 20,8 Millionen Menschen (Platz 14),
- Tianjin mit 12,8 Millionen Menschen (Platz 26),
- Shenzhen mit 12,1 Millionen Menschen (Platz 27).

Urbanisierung und Migration kennzeichnen China im 21. Jahrhundert. Im Gegensatz zu anderen Nationen läuft die Verstädterung vergleichsweise planvoll ab. Ein besonderes soziales Phänomen sind dabei die Wanderarbeiter. Ihre Beschäftigung in der Stadt ist meist instabil, ihre Löhne sind niedrig, und sie werden von der Stadtbevölkerung nicht als gleichberechtigt angesehen. Sie genießen nicht das gleiche Maß an Bildungsangeboten oder Sozialhilfe wie die übrigen Bewohner der Stadt. Wegen ihres sozialen Status in der Mega-City sehen die meisten Wanderarbeiter ihre Heimatregion als Lebensmittelpunkt an und kehren dorthin auch regelmäßig zurück. Ein oder zwei arbeitsfähige Haushaltsmitglieder von Familien auf dem Land arbeiten im Ballungsraum, was oft den Zusammenhalt der Familie stört. Um den Binnenkonsum zu stärken und das Land zu modernisieren, verfolgt die Regierung Xi Jinping das Ziel eines „massiven Urbanisierungsschub(s)".[77]

Das Einwohnermeldesystem Chinas unterscheidet seit Ende der 1970er Jahre strikt zwischen landwirtschaftlich und städtisch geprägten Haushalten. Dies hat bis heute noch weitreichende Konsequenzen für die soziale Schichtung des Landes. Städter genießen viele soziale Privilegien. Mehr als eine Viertelmilliarde Menschen migrieren zum Arbeiten in die Stadt, jeder zweite Chinese verlässt dazu sogar seine Heimatprovinz. Durch die Transformation Chinas von der Planwirtschaft zur Marktwirtschaft wurden viele Arbeitskräfte freigesetzt. Deshalb begannen Städte wie Shanghai, auf Basis der Melderegister freie Stellen vorrangig denen anzubieten, die lokal gemeldet sind. Nur wenn kein Einheimischer für eine Stelle zu finden ist, kommen Wanderarbeiter dafür in Frage. Dieses Zwei-Klassen-System führte zu einer weitgehenden Entrechtung der Wanderarbeiter, weil diese aufgrund der Verknappung der Arbeitsmöglichkeiten auch Stellen mit langen Arbeitszeiten und niedriger Bezahlung annehmen müssen. Die Behörden schreiten selten ein, weil dies auch der Wettbewerbsfähigkeit der heimischen Wirtschaft dient.[78] In der Folge können sich diese Wanderarbeiter reguläre Wohnungen in der Stadt kaum leisten. So übernachten Bauarbeiter auf Baustellen, Hausangestellte in den Häusern ihrer Arbeitgeber, Fabrikarbeiter in Wohnheimen auf dem Fabrikgelände. In Randzonen expandierender urbaner Räume haben sich spezielle Wohnformen etabliert, etwa in Shanghai oder Guangzhou, wo Wanderarbeiter verdichtet in minderwertigen Unterkünften untergebracht sind. Diese Viertel heißen übersetzt städtische Dörfer, von ihrer Vermietung leben die Einheimischen.[79] Die meisten Wanderarbeiter senden Geld an ihre Familien aufs Land, was ihnen in ihrer Heimat zu einem höheren sozialen Status verhilft. Unterdessen wachsen ihre Kinder oft in der Obhut der Großeltern auf dem Land auf. Die Urbanisierungswelle soll Wanderarbeiter zu städtischen Bürgern machen und ihnen gerade in kleineren und mittleren Städten neue Chancen eröffnen.

Die Menschen in großen Ballungszentren profitieren nicht nur von der geballten Wirtschaftskraft, sondern leiden auch zumeist unter dem exorbitanten Ressourcenverbrauch. Sie sehnen sich nach sauberer Luft, nach

Raum – und nach Ruhe. So stoßen Smart-City-Initiativen in China allseits auf offene Ohren, die diese grundlegenden Probleme lösen sollen.

Weltweit gibt es Initiativen, den urbanen Raum vielfältiger, vernetzter, lebenswerter und in jeder Hinsicht „grüner" denn je zu gestalten. Die Amerikaner haben dafür das Wort *smart* gefunden – es vereint die Begriffe Digitalisierung bzw. Intelligenz und Nachhaltigkeit. Smart ist in dieser Lesart nicht nur als *clever* zu verstehen, sondern auch als umweltbewusst und lösungsorientiert zugleich. In der Folge gibt es eine Smart-Bewegung, die von Kalifornien ausgehend weite Teile der westlichen Welt erfasst und längst auch China erreicht hat. Smart Cities, Smart Cars, Smart Homes, Smart Factories – und vieles mehr, was unseren Alltag leichter macht und in Einklang mit Klima und Umwelt bringt.

Das Smartphone wird der Schlüssel zu den Lösungen der Digital Economy und der öffentlichen Hand. Mit dem Übergang vom Mobiltelefon zum Smartphone war eine bedeutende Funktionserweiterung verbunden, die weit über das eigentliche Telefonieren hinausgeht. Das Smartphone gewährleistet für breite Teile der Bevölkerung den täglichen Zugang zur digital vernetzten Welt. Mit seinen Bewegungssensoren und der inkludierten Geopositionierung ist das Mobile Device ein leistungsstarker und für viele längst unabkömmlicher Begleiter, Navigator, Manager, Ratgeber und Unterhalter, Wissensvermittler und Kontaktverwalter in früher kaum vorstellbarer Vielfältigkeit.

Die Beschäftigung mit dem Smartphone ist inzwischen so wichtig geworden, dass sich weite Teile unserer Gesellschaft das Leben, Arbeiten, Kommunizieren und selbst Bewegen im öffentlichen Raum ohne ihr mobiles Endgerät nicht mehr vorstellen können. Der „Smartphone-Bürger" (international „smartphone pedestrian" genannt) muss bei der zukünftigen Gestaltung der digitalen Stadt und des Umlandes mehr denn je berücksichtigt werden. Die chinesische Stadt Chongqing hat einen eigenen abgetrennten Fußweg für Handynutzer eingerichtet, die während des Gehens Textnachrichten eintippen – offensichtlich nach dem Vorbild der 18th Street in der US-Hauptstadt Washington. Die „Cellphone lane" ist nur 30 Meter lang, weshalb sie eher als Denkanstoß gewertet werden kann, im öffentlichen Straßenverkehr vorsichtiger unterwegs zu sein.[80]

Die Integration moderner Technologien in den digitalen Wandel wird künftig untrennbar mit der Existenz des Smartphones verbunden sein und muss noch besser erforscht werden. Ein einziger Endpunkt steht unserer mobilen dynamischen Gesellschaft entgegen, die Abschaffung des Smartphones durch eine weitere disruptive Entwicklung. Wenn nämlich alle Objekte um uns herum intelligent und vernetzt werden – von der Uhr über die Brille bis zur Kleidung, kann das Smartphone seine Berechtigung verlieren und wird ersten Prognosen zufolge so schnell aus unserem Alltag verschwinden, wie es ihn einst erobert hat. Fest steht dennoch: Es gibt kein zurück. Die digitale Vernetzung ist irreversibel.

Obwohl „smart" recht inflationär verwendet wird, gibt es derzeit noch keine feststehende Definition für den Begriff „Smart City".[81] Doch es ist mehr oder weniger immer das Ergebnis eines Prozesses, durch den urbane Regionen effizienter, lebenswerter und umweltfreundlicher werden. Durch den Einsatz von IT und damit verbundenen neuen Technologien und Dienstleistungen soll eine nachhaltige Wirtschaftsentwicklung und ein hoher Lebensstandard gefördert und dabei eine schonende Nutzung natürlicher Ressourcen angestrebt werden.

Die Vision einer Smart City zeichnet auch in China das Zukunftsbild einer digital voll vernetzten Stadt, die alle Bedürfnisse ihrer Einwohner kennt und die Infrastruktur flexibel darauf ausrichtet. In der Folge sollen Verkehrsströme so gelenkt werden, dass keine Staus entstehen, Fahrbahnen wechselweise für Richtungen freigegeben werden, in denen sie gerade benötigt werden, freier Parkraum identifiziert und vermittelt werden, so dass der hohe Anteil des Parksuchverkehrs am innerstädtischen Gesamtverkehr reduziert werden kann und vieles mehr.

Möglich wird all dies durch das Internet der Dinge, in dem sich Objekte mit ihren Sensoren untereinander vernetzen und durch Big Data, in dem unzählige Daten der Stadt anonymisiert zur Verfügung stehen und anonymisiert für Echtzeit-Analysten und zu Prognosezwecke ausgewertet werden. Der einzelne betätigt sich als „data donor" und spendet seine Daten, gleichzeitig profitiert er von den Ergebnissen der Algorithmen, die ihm konkrete Vorteile verschaffen: mehr Zeit, weniger Stress, mehr Platz und insgesamt verbesserte Umweltbedingungen. Der Individualverkehr in der Smart City ist mit dem öffentlichen Verkehr nahtlos verknüpft, damit jeder Bürger das Beste aus beiden Welten nutzen kann. Die Hürde zum Umsteigen an zentralen Hubs wird systematisch gesenkt, Apps mit intelligenten Assistenten arbeiten mit den Echtzeitdaten und geben den Menschen in der Stadt der Zukunft die Kontrolle über ihr Leben wieder ein Stück zurück.

Die Europäische Kommission und die Regierung Chinas haben 2013 eine Zusammenarbeit bei Smart-City-Projekten vereinbart und ein Jahr später eine Vergleichsstudie[82] veröffentlicht. Drei Ziele sollen in dieser Kooperation verfolgt werden:

- „grüne" Smart Cities zu entwickeln,
- ein Expertennetzwerk beider Regionen aufzusetzen,
- Pilotstädte auf beiden Seiten auszuwählen.

Im September 2017 zeigte der Kongress „Smart City China" in Shenzhen Wege zur nachhaltigen, menschenfreundlichen und intelligenten Stadtgestaltung: Ausstellung und Vorträge behandelten die Einführung vernetzter, smarter Technologien in vielen Lebensbereichen – von Wohnen über Verkehr und Gesundheitswesen bis zur Hotellerie.

- Smart Community
  Immobilienverwaltung, E-Business, Pflege zu Hause
- Smart Home
  Haushaltsgeräte, Automatisierung, Security, Zutrittssysteme, Beleuchtung
- Smart Wearables
  Uhren, Brillen, Armbänder, tragbare medizinische Geräte
- Smart Education
  Bibliothek, Campus, Online-Buchhandel, Ausstattung für Bildungssysteme
- Smart Institute
  Cloud Computing, Big Data, Internet der Dinge, vernetzter Verkehr, Smart City Forschungsinstitut
- Smart Traffic und Beidou-Navigation:
  öffentlicher Nahverkehr, elektronische Polizei, Verkehrszeichensteuerung, Verkehrsüberwachung, Taxi-Informationssystem, Umsteige-Hub, chinesisches Beidou Satelliten-Navigationssystem BDS.

Yinchuan, die Hauptstadt der Provinz Ningxia und knapp 900 Kilometer westlich von Peking gelegen, hat sich zur Smart-City-Vorzeigestadt entwickelt. Statt einer Kreditkarte verwendet man dort Gesichtserkennung. Und Mülltonnen komprimieren den Abfall gleich vor Ort mit Hilfe von Solarenergie, so dass die fünffache Menge hineinpasst. Sind sie schließlich voll, senden sie ein Funksignal an die Müllabfuhr. Und der Lebensmitteleinkauf scheint der Vergangenheit anzugehören. Die Bürger Yinchuans bestellen ihr Essen per App – und statt zu Hause auf den Lieferanten zu warten, entnehmen sie es später einem gekühlten Schließfach. Im Rathaus begrüßen Hologramme statt Angestellte die Bürger und weisen ihnen den Weg. Und die Wände sind voller QR-Codes, um Wartezeiten zu vermeiden und wichtige Informationen vorab elektronisch zu bieten. Die meisten Prozesse der städtischen Verwaltung lassen sich in Yinchuan bereits digital erledigen. Nach dem gleichen Prinzip funktioniert die städtische Gesundheitsversorgung. Haodaifu Online nennt sich das Portal, das Ärzte und Patienten zusammenbringt. Und nicht selten gibt es Rezepte oder garFerntherapie online.[83]

Projekte wie Yinchuan gibt es nach dem zitierten Bericht von CNN bereits in 200 chinesischen Städten. Auf diese Weise soll die Viertelmilliarde Menschen, die die Regierung bis zum Jahr 2050 vom Land in die Städte bewegen will, eine effiziente und nachhaltige Infrastruktur vorfinden. Die China-Development-Bank stellt dafür umgerechnet 16 Milliarden US-Dollar bereit.

Um seine Führungsrolle unter den Smart Cities der Welt zu verdeutlichen, lädt Yinchuan seit 2014 zu einer jährlichen „Smart City in Focus"-Konferenz ein, zu der bereits mehr als 1.000 Experten aus knapp 70 Ländern anreisen.[84] Hinter den Smart-City-Projekten steckt ein geschätztes Marktpotential, das 2020 weltweit 750 Milliarden US-Dollar erreichen kann.[85] Der Erfolg der Urbanisierungsvorhaben wird ganz maßgeblich den mittelfristigen Wohlstand des Landes prägen und ist mit Blick auf die neue Seidenstraße auch Vorbild für viele andere zu urbanisierenden Regionen.

Auf eine Formel gebracht, verbindet Yinchuan Big Data, Technologien und geschickte Stadtplanung miteinander. Auf Basis dieser Formel und der Blaupause aus Yinchuan soll ein „Smart China" entstehen. Denn Ideen, die in einer Stadt mit 1,5 Millionen Einwohnern funktionieren, lassen sich auch auf Mega- und Giga-Cities übertragen. Nur ist Yinchuan deutlich flexibler als die großen Ballungszentren, um neue Konzepte schnell einzuführen und auszuprobieren. Yinchuan ist eine gewachsene Stadt, mit einer überraschenden Mischung aus historischen Bauten und modernen Bürogebäuden. Die Bevölkerung scheint dabei keine Vorbehalte gegen die Verwendung ihrer Daten für dieses Projekt zu haben.[86] Bekanntlich sind Vorbehalte wegen des Datenschutzes in Deutschland und der EU viel größer.

Ein anderes Beispiel ist die Stadt Zhenjiang am Yangtze-Fluss. Touristen werden aufgefordert, vorher den App Store zu besuchen, damit sie sich besser in Zhenjiang zurechtfinden. Denn Zhenjiang ist ebenfalls eine echte Smart City. Alles lässt sich mit dem Smartphone erfahren und erledigen: Wann kommt der nächste Bus? Welchen Termin hat das städtische Krankenhaus für mich? Wo steht das nächste freie Fahrrad? Und wo kann ich im Augenblick am besten mein Auto parken? Allein die bedarfsgerechte

Steuerung des Busnetzes spart der Stadt Zhenjiang jährlich 6.700 Tonnen Kohlendioxid.[87]

Technologische Voraussetzungen[88] für eine Smart City sind

- Breitbandanschlüsse,
- smarte Infrastruktur und mobile Objekte im Internet der Dinge,
- smarte Personal Devices,
- Datenhaltung über eine gemeinsame Cloud
- und die Big-Data-Analyse der Daten einer Stadt.

Längst hat ein weltweites Wettrennen um die beste Smart-City-Plattform begonnen, die Sensoren, Messgeräte, Videokameras und Steuergeräte unterschiedlichster Hersteller mit Hilfe von Standards miteinander kommunizieren lässt. Denn bislang laufen viele technische Welten der Digitalisierung und Automatisierung völlig separat voneinander: Smart-City-Systeme steuern den Verkehr, stabilisieren die Stromnetze, koordinieren Rettungsdienste und geben den Menschen mehr Informationen über die Stadt als jemals bevor.

Dass auch in umgekehrter Richtung Informationen im großen Stil wandern, ist kaum ein Thema in China. Und doch erlauben eine automatische Gesichtserkennung im Bus und auf öffentlichen Plätzen, Mobilitätsprofile, lückenlos nachvollziehbare elektronische Geld- und Warenströme und Daten aus sozialen Netzwerken den nahezu absolut transparenten Bürger. Yinchuan hat eine halbe Million Autos mit RFID-Signalen ausgestattet und ist so theoretisch in der Lage, die Bewegung jedes seiner Bürger nahtlos zu überwachen. Eine „Open Data by default"-Strategie wird bereits diskutiert.[89] Wie so oft, liegen möglicher Nutzen und möglicher Schaden einer neuen technologischen Entwicklung nahe beieinander.

Die Anstrengungen der Chinesen zur Urbanisierung ihres Landes werden zunehmend mit modernsten Technologien und insbesondere Digitalisierungskonzepten verbunden. Die deutsche und europäische Industrie ist gut beraten, wenn sie den Entwicklungen und der Entstehung neuer Standards und Normen in zentralen Märkten hohe Aufmerksamkeit schenkt und nicht automatisch davon ausgeht, dass sich unsere Standards automatisch weltweit durchsetzen. Gerade das Entstehen der Solarindustrie ist dafür ein Lehrbeispiel.

## Neue Anstrengungen zu Clean-Tech-Führerschaft: Beispiel Solarindustrie

Statt sich mit den europäischen und amerikanischen Wettbewerbern in deren etablierten Technologiefeldern messen zu wollen, zielen die Chinesen erkennbar vor allem auf Neuland ab, das sie mit aller Entschlossenheit, mit großer Manpower und mit starker Finanzkraft bearbeiten. Aufgrund zahlreicher Standortfaktoren (Rohstoffe, Arbeitslöhne, Subventionen) gelingt es ihnen in der Folge, die chinesischen Wettbewerbsprodukte am internationalen Markt günstiger zu positionieren – ja oft durch Überkapazitäten die Märkte so zu überschwemmen, dass der Wettbewerb chancenlos ist und in die Knie gezwungen wird. Ein gutes Beispiel dafür ist die Solarindustrie.

China ist weltgrößter Nachfrager für Photovoltaik-Anlagen. Bereits 2003 definierte die Regierung die Solarindustrie als wichtige Schlüsselbranche und reservierte Staatsbankkredite dafür. 2010 machte der Bedarf dieses Landes noch 10 Prozent des Weltbedarfs aus, 2013 war es schon doppelt so viel. In den Jahren 2014 und 2015 förderte die Regierung einen weiteren Ausbau der Photovoltaik-Anlagen in Höhe von 12 Gigawatt.[90] Zum Vergleich: Zur gleichen Zeit plante die deutsche Bundesregierung ein Wachstum von rund 2,5 Gigawatt pro Jahr, tatsächlich sank der Ausbau jedoch von Jahr zu Jahr und lag in Deutschland im Jahr 2016 bei nur noch 1,5 Gigawatt.

Die sinkende Einspeisevergütung und die wenig attraktiven Preise für Solaranlagen sind zwei Gründe für diese Entwicklung in Deutschland. Unterdessen förderte das chinesische Energiebüro die Errichtung von PV-Anlagen massiv und legte einen Schwerpunkt auf den Ausbau dezentraler Solarstrom-Anlagen, um eine Überlastung der Stromnetze zu verhindern. Das nationale Entwicklungs- und Reformkomitee führt dazu gemeinsam mit der nationalen Energiebehörde eine neue und recht attraktive Solarstrom-Einspeisevergütung ein. Die Tarife orientieren sich an der Sonneneinstrahlung der Gebiete und den jeweiligen Baukosten. Die neue Einspeisevergütung wird 20 Jahre lang gewährt. Photovoltaik-Kraftwerke für den Direktverbrauch sollen mit bis zu 6 MW sogar von Netzentgelten befreit werden.

Das neue Förderprogramm stand im Zeichen eines großen Solar-Handelsstreits zwischen China und der EU-Kommission. Der Grund dafür ist nicht die große Nachfrage Chinas, sondern die starke Angebotsseite. „Anfang August 2013 gab der chinesische Staatsrat umfangreiche Maßnahmen bekannt, um die heimische „grüne" Wirtschaft zu fördern. Demnach soll Ende 2015 der Umsatz der Umwelttechnik-Unternehmen rund 54 Milliarden Euro betragen."[91] Ein Teil dieses ökologischen Konjunkturprogramms betraf auch die Solarindustrie. So sollten rund 60 Millionen Quadratmeter in öffentlichen Gebäuden energetisch saniert werden, als einzige Technologie für Erneuerbare Energie nennt das Regierungspapier explizit die Photovoltaik. Binnen drei Jahren wurde eine Verfünffachung der installierten Leistung angestrebt.

Das Ministerium für Industrie und Informationstechnologie (MIIT) verabschiedete im September 2013 neue Regeln und Standards für eine nachhaltigere und gesündere Entwicklung der Photovoltaik-Industrie in China:

- strenge Kontrolle der Produktionskapazitäten,
- mindestens 20 Prozent Eigenkapital bei einer Kapazitätserweiterung,
- jährlich 3 Prozent Forschungs- und Entwicklungsquote des Umsatzes,
- Abdeckung der gesamten Photovoltaik-Wertschöpfungskette,
- Umweltvorgaben für die Produktion,
- Mindest-Wirkungsgrade für Solarzellen.

Mit diesen Maßnahmen will die Regierung einerseits eine Überhitzung des Marktes verhindern und andererseits den technologischen Fortschritt in Richtung hocheffiziente Photovoltaik vorantreiben. Dabei zieht Peking auch eine Marktbereinigung im eigenen Land ins Kalkül. Nur die besten Unternehmen sollen im Wettbewerb bestehen. Die im dritten Kapitel dargestellte Problematik der Überkapazitäten in anderen Branchen (z.B. Stahl, Zement, Zellstoff und Papier, Textil, Automobil) macht deutlich, dass diese staatliche Steuerung nur mäßige Erfolge zeitigte. So ist mit einer Konsolidierung der Photovoltaik-Industrie allenfalls bis 2020 zu rechnen, zumal es von anderen Ministerien gegenläufige Signale gibt. So hat das Finanzministerium Betreibern von Photovoltaik-Kraftwerken für die Jahre 2014 und 2015 eine 50-prozentige Steuervergünstigung eingeräumt. Davon dürften Vertriebs- und Installationsfirmen im eigenen Land profitiert haben. Der Boom der chinesischen Solarindustrie hält an. Zur gleichen Zeit sah es im Heimatland des früheren Weltmarktführers Deutschland traurig aus: In der ersten Hälfte der 2010er Jahre gingen zwei Drittel der deutschen Arbeitsplätze in der Photovoltaik-Industrie verloren. Die Zahl der Jobs sank von 107.000 auf 31.000. Die seit 2010 sinkende Einspeisevergütung nach dem Erneuerbare Energien Gesetz (EEG) wurde in anderem Zusammenhang bereits erwähnt. Lag sie im Jahr 2010 noch bei 19,5 Cent pro Kilowattstunde, so betrug sie 2015 nur noch 1,62 Cent. Somit ist das stetige Absinken der Investitionen seit 2004 von einem Spitzenwert von 57,4 Milliarden auf 12,8 Milliarden Euro[92] im Jahr 2015 auch dem fehlenden

Gegensteuern durch die deutsche Wirtschaftspolitik zuzuschreiben – mit fataler Auswirkung auf eine ganze Industrie.

2016 kam es zu einer überraschenden Kehrtwende Chinas: Von einer „Vollbremsung“ sprachen die deutschen Medien, als Peking den atemberaubend schnellen Ausbau der Sonnenenergie in China stoppte. Doch was war die Konsequenz? Die Nachfrage in China ging drastisch zurück, doch die unverändert hohen Kapazitäten im eigenen Land (sie liegen 30 bis 40 Prozent über der Nachfrage und wurden mit Hilfe staatlicher Subventionen in die Höhe getrieben) führten dazu, dass chinesische Photovoltaik-Konzerne wie Yingli, JinkoSolar oder Canadian Solar den Weltmarkt mit Billigmodulen fluteten, um ihre Produkte loszuwerden und die Fabriken auszulasten. Den Anbieter in Europa drohte das Aus.[93]

Die Regierung in China hatte sich für 2016 einen PV-Ausbau um 18 Gigawatt vorgenommen, was dem gesamten Weltmarkt für Photovoltaik-Anlagen des Jahres 2014 entsprochen hätte. Doch Mitte des Jahres betrug die neu installierte Solar-Stromleistung bereits 22 Gigawatt. Das ist die Hälfte dessen, was Deutschland nach 15 Jahren Energiewende erreicht hat. China hatte dafür nur sechs Monate gebraucht. Deshalb drosselte die Regierung für das zweite Halbjahr den Neubau um 72 Prozent auf sechs Gigawatt.

Firmenpleiten, Übernahmen und Fusionen waren die Folge. Der letzte deutsche Photovoltaik-Konzern Solarworld (einst mit mehr als 4,6 Milliarden Euro Börsenwert) musste im Mai 2017 Insolvenz anmelden. Zu diesem Zeitpunkt beschäftigte das Unternehmen noch 3.300 Mitarbeiter, davon 2.600 in Deutschland. Bereits zwei Wochen nach dem Insolvenzantrag meldete eine Delegation des indischen Energieministers bei einem Besuch Interesse an der deutschen Solartechnik an.

Dabei hatte Solarworld zuletzt noch bei der EU-Kommission erfolgreich ein Dumping-Verfahren gegen chinesische Solarimporte angestrengt. In der Folge wurden ab 2013 die Importe aus China mit einem Strafzoll belegt, um in Europa einen Mindestpreis von 56 Cent pro Watt zu erreichen. Peking bezeichnet dies als Protektionismus. In der Tat liegt dieser Preis deutlich über denen anderer Weltregionen. Die europäische Anti-Dumping-Politik kann jedoch nicht verhindern, dass der chinesische Produktionsüberschuss den Umweg über andere Länder wie Indien, Vietnam oder Thailand nimmt, so dass die dort ansässigen Solarmodul-Hersteller neue Abnehmer in Europa und den USA suchen, was die europäischen Preise erneut unter Druck bringt. Solar-Projektbetreiber in Europa beklagen ohnehin, dass die seit Jahren fallenden Solartechnik-Preise wegen der

Zollschranke bei europäischen Investoren und Verbrauchern nicht mehr ankommen[94] – eine Bremse für die Energiewende. Und doch verlängerte die EU-Kommission – selbst gegen den Widerstand mancher europäischer Marktteilnehmer – im März 2017 die Zölle auf chinesische Solarmodule noch einmal um 18 Monate.[95]

Schon 2013 titelte die Wirtschaftswoche enttäuscht „Solarbranche boomt, Deutschland verliert" und zitierte Wolfgang Hummel, den Chef des Instituts für Solarmarktforschung in Berlin: „Für deutsche Unternehmen bleibt der chinesische Markt völlig, der japanische weitgehend verschlossen."[96] Lediglich für den Anlagenbau im Auftrag von Modul- und Zellproduzenten steht die deutsche Kompetenz weiterhin noch sehr hoch im Kurs, etwa um neue Fabriken in aufstrebenden Märkten wie Nahost, Südafrika, Türkei und Lateinamerika für die Chinesen aufzubauen. Perspektivisch ist dies jedoch ein schwacher Trost für Deutschland, verkümmert das einst führende Solarland damit zum temporären Steigbügelhalter.

Am Beispiel der Solarindustrie ist davon auszugehen, dass die Erfahrungen in der dezentralen Energiegewinnung und Versorgung mit erneuerbaren Quellen gerade auch für die neue Seidenstraße-Initiative genutzt werden, deren Ausbau vor allem auch den wachsenden Energiehunger stillen soll. So gesehen flankieren zahlreiche Innovationsprojekte Chinas die größte und bedeutendste Initiative der Belt-and-Road-Entwicklung und ist Europa als bedeutendster Handelspartner Chinas gut beraten, proaktiv auf diese Agenda einzugehen.

# 5. Möglichkeiten und Grenzen der neuen Seidenstraße

## Chancen und Probleme der Erfüllung des 13. Fünfjahresplans Chinas

Der 13. Fünfjahresplan Chinas besitzt nach Lesart des Einparteienstaates das Potential, das Land in ein goldenes Zeitalter zu führen. Er ist der Auftakt zu einem umfassenden und ehrgeizigen Reformprogramm, das Anreize für eine verstärkte Investitionstätigkeit chinesischer Firmen im In- und Ausland sowie ausländischer Firmen in China schaffen soll. Somit stellt der Fünfjahresplan auch das Fundament für die neue Seidenstraße dar. Dabei zielt die Regierung auf zwei Etappenziele bei der Entwicklung zur Weltmacht ab, die sie mit dem Begriff „doppelte Hundert"[1] beschreibt: 100 Jahre Kommunistische Partei im Jahr 2021, 100 Jahre Volksrepublik China im Jahr 2049.

Der wirtschaftliche Erfolg Chinas ist heute, wie schon mehrfach betont, wichtig für Unternehmen und Regierungen in aller Welt. Das Reich der Mitte ist trotz aller aktuellen Herausforderungen und Spannungen im Systemwettbewerb mit den USA und anderen westlichen Staaten die globale Wachstumslokomotive. Mit dem neuen Fünfjahresplan will das Land auch Kapital, Technologien und Erfahrung aus dem Ausland anziehen. Es ist daher wichtig, die Logik des Fünfjahresplans zu verstehen, um leichteren Zugang zu China zu finden und die eigenen Geschäftsstrategien darauf abzustimmen.

Das internationale Wirtschaftsprüfungs- und Beratungs-Unternehmen KMPG, das inzwischen in China an 16 Standorten mit rund 10.000 Mitarbeitern präsent ist, hat den Bericht „China's transformation and integration with the world economy: Opportunities for Chinese and foreign businesses" veröffentlicht. Dieser zeigt sieben Ziele des Regierungsplans auf:[2]

- eine innovative Wirtschaftsstruktur entwickeln und den Aufschwung der Industrie beschleunigen,
- die industrielle Transformation vorantreiben,
- ein neues Modell für eine koordinierte Entwicklung der Regionen etablieren,
- nachhaltiges Wirtschaften fördern und den Anspruch „Ecology first" verfolgen,

- eine inkludierende Gesellschaft aufbauen und die Lebensqualität verbessern,
- die Offenheit und globale Integration erhöhen,
- und marktorientierte Reformen vertiefen, indem China seine Institutionen progressiv reformiert.

Wie bereits aufgezeigt wurde, ist Chinas Wirtschaft bei allen marktorientierten Entwicklungsmaßnahmen relativ weit fortgeschritten. Viele Wirtschaftszweige sind hochprofitabel, und strukturelle Anpassungen erfolgen kontinuierlich, um das Land von der unteren und Mitte in obere Bereiche der globalen Wertschöpfungskette zu führen. Benny Liu, Joint Chairman bei KPMG China, beschreibt das wechselseitige Interesse, an der Zukunft Chinas mitzuwirken so: „Partnerschaften zwischen ausländischen und heimischen Unternehmen können Chinas Entwicklung befördern und von ihr zugleich profitieren."[3]

Er prognostiziert an gleicher Stelle ein „New Normal" für die chinesische Wirtschaftsentwicklung der kommenden Jahre und mittleren gesellschaftlichen Wohlstand. „Um die sozialen und wirtschaftlichen Ziele des 13. Fünfjahresplans zu erreichen, stellen Partnerschaften zwischen chinesischen und ausländischen Unternehmen auf neuen Gebieten und in neuen Branchen einen entscheidenden Schritt dar." So könnten chinesische Firmen Technologien und Geschäftsmodelle für ihren Heimatmarkt adaptieren, während ausländische Investoren ihre Produktionsweisen, Geschäftsmodelle und Umsetzungserfahrung nutzen, um die Geschwindigkeit der Transformation Chinas und besonders auch Großprojekte der Belt-and-Road-Initiative zu beschleunigen.

Die chinesische Regierung öffnet das Land zunehmend für eine Privatisierung. So übergibt sie traditionelle Monopole wie den staatlich betriebenen Versorgungssektor oder öffentliche Dienste Schritt für Schritt in private Hände, zum Teil sogar in die ausländischer Investoren. Das erlaubt neue, wertvolle Synergien. Offenbar sucht der chinesische Staat auch nach neuen Mechanismen, um Unternehmer auf beiden Seiten (im In- und Ausland) zu mehr Offenheit und Kooperationen zu bewegen, und orientiert sich dabei an den Regeln internationaler Handelsbeziehungen und Investments, auch wenn längst noch nicht überall die gleichen Maßstäbe wie etwa in der EU gelten. Global operierende Marken, Nischenplayer und Disruptoren gleichermaßen werden von Chinas Wachstum auch in Zukunft profitieren und zur Transformation der chinesischen Wirtschaft und Entwicklung entlang der neuen Seidenstraße beitragen.

So handelt es sich wohl um eine Win-Win-Situation, in der sich nationale Ziele mit ökonomischen Einzelinteressen überschneiden. China will ein mittleres Wirtschaftswachstum beibehalten, anspruchsvolle nachhaltige Wertschöpfung leisten und ein Land werden, in dem die Menschen gut verdienen und in sozialem Wohlstand leben. Dabei sollen sich die Regionen Chinas koordiniert und synergetisch entwickeln. In den 1990er Jahren waren einige Regionen vernachlässigt worden, was zu erheblichen Ungleichheiten geführt hatte. Der Industrialisierungsschub verschärfte bestehende Gegensätze und Ungleichgewichte im Land – zwischen den prosperierenden Küstenregionen und dem unterentwickelten westlichen Hinterland. Auf der einen Seite blühten Hongkong und Taiwan auf und eröffneten sich den Zugang zum Weltmarkt. Ihr Erfolg basierte auf marktwirtschaftlichen Grundsätzen. Auf der anderen Seite blieb insbesondere der Westen Chinas, wo es auch keine Sonderwirtschaftszonen gab, vom Wachstum weitgehend ausgeschlossen.

Neben der Staatsinitiative „One Belt, One Road" zielt der Fünfjahresplan auf die Entwicklung der Küsten- und Flussregionen von Peking über Tianjin bis Hebei sowie den Aufbau der Jangtse-Wirtschaftsregion ab. Dazu ging 2015 eine Intercity-Bahnstrecke zwischen Beijing und Jixian in Betrieb. International verkehrten über den neuen Eisenbahnkorridor zwischen Chongqing im Westen Chinas und dem europäischen Logistikzentrum Duisburg 200 Züge innerhalb dieses Jahres – doppelt so viele wie im Vorjahr. Die Regionalstrategie des 13. Fünfjahresplans will die Wirtschaft in den vier Regionen im Osten, im Zentrum, im Westen und im Nordosten aufeinander abstimmen. Das Grundprinzip dabei ist: Was punktuell Erfolg hat, soll über die gesamte Fläche Chinas ausgedehnt werden. Regionale Unterschiede in den Steuersystemen will die Zentralregierung beseitigen.[4]

Der entscheidende Schritt vollzog sich am 14. Oktober 2007. Zum Auftakt des 17. Parteitages der Kommunistischen Partei Chinas kündigte Staatsoberhaupt Hu Jintao eine „gerechtere Verteilung des Wohlstands" an. Und er fügte selbstkritisch hinzu: „Unser Wirtschaftswachstum wird mit unmäßig hohen Kosten bei unseren Rohstoffen und unserer Umwelt erzielt... Wir werden ein System errichten, das zum Energiesparen und zur Reduzierung von Abgasen verpflichtet."[5] Damit läutete der chinesische Staatspräsident Reformen für ein weniger verschwenderisches, ausgewogeneres und sozial gerechteres Wachstum ein. Das Ziel sei eine „harmonische Gesellschaft". Zwar ist unbestritten: „In nur 15 Jahren hat sich die Volksrepublik vom traditionellen Bauernland zur Industrie- und Stadtgesellschaft verwandelt." Doch nicht nur internationale Beobachter stellen fest: „Die Folgen von Migration und Modernisierung brachte einschneidende Änderungen für die Lebensweise der Bürger und die Umwelt. Aber die 1,4 Milliarden Chinesen haben die sozialen und ökologischen Verwerfungen sowie das Veränderungstempo noch nicht verdaut."[6]

Der 2016 verabschiedete 13. Fünfjahresplan führt diesen Gedanken ein Jahrzehnt später fort und gibt dem Land politische, wirtschaftliche und soziale Leitlinien für die nächsten fünf Jahre vor – und damit bis zum Beginn der 2020er Jahre. Beim Umweltschutz will China in diesen Jahren erneuerbare Energien und eine bessere Nutzung der Ressourcen fördern, um die hohe Umweltverschmutzung zu verringern. Striktere Umweltauflagen sollen greifen, damit die $CO_2$-Emissionen im Verhältnis zum Bruttoinlandsprodukt um 18 Prozent, die Energieintensität um 15 Prozent und der Wasserverbrauch um 23 Prozent zurückgehen.

Deshalb stehen erneuerbare Energieerzeugung, Wasseraufbereitung, umsichtige Entsorgung und Elektromobilität auf der Agenda, die nach Informationen der Außenhandelskammer „auch deutschen Unternehmen aus den Bereichen Energie- und Ressourceneffizienz sowie Umwelttechnologien neue Geschäftsmöglichkeiten (eröffnen)".[7] Einige dieser Handlungsfelder – in Solar- und Autoindustrie etwa – sind im vorangegangenen Kapitel genauer beleuchtet worden.

Nach Phasen des galoppierenden Wachstums Mitte der 1990er Jahre und zu Beginn des 21. Jahrhunderts strebt China ein gemäßigteres, vergleichsweise jedoch immer noch hohes Wirtschaftswachstum an. So sollen sich das Bruttoinlandsprodukt und das Pro-Kopf-Einkommen 2020 im Vergleich zu 2010 verdoppelt haben. Dabei ist China in vielen Bereichen bereits gut vorangekommen und hat sich zur zweitgrößten Volkswirtschaft entwickelt. Das deutliche höhere Einkommen kurbelt den Binnenkonsum an. Der Einzelhandelsumsatz mit Konsumgütern stieg im Verlauf des 12. Fünfjahresplans um mehr als 90 Prozent. „China wird zum größten Supermarkt der Welt"[8], schrieb das Handelsblatt schon 2010. Das Image der verlängerten Werkbank der Welt, eines Billig-Fabrikationsstandorts, will das Land schnellstmöglich ablegen.

Deshalb betonen die Wirtschaftsberater von PricewaterhouseCoopers, dass China nicht nur ein hoch interessanter Produktionsstandort, sondern auch ein wichtiges Absatzland ist.[9] Gerade die Handels- und Konsumgüterindustrie könne im Reich der Mitte auf wichtige Wachstumsimpulse hoffen. So sei ein stark wachsender Mittelstand vor allem in den prosperierenden Wirtschaftszentren zu finden, wobei die Menschen dieser Bevölkerungsschicht auf gesunde und gute Ernährung achten. 2009 gehörten nach

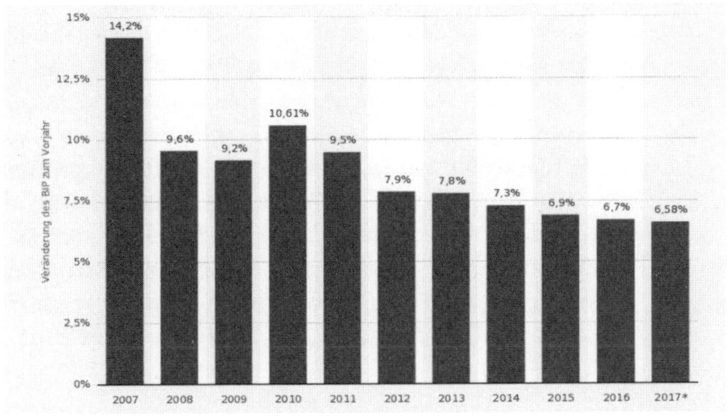


*Abbildung 10: Jährliche Wachstumsrate des realen Bruttoinlandsprodukts (BIP) in China*[10]

Angaben der Chinesischen Akademie der Sozialwissenschaften bereits 230 Millionen Menschen der Mittelschicht an, in den Städten waren es 37 Prozent. Diese stark wachsende Bevölkerungsgruppe verlangt nach qualitativ hochwertigen Erzeugnissen aus nahezu allen Konsumgüterbereichen und oft auch westliche Marken. Deshalb sei das Land auf Importe angewiesen. Jedoch nehmen die nicht-tarifären Handelshemmnisse zu, so dass zahlreiche ausländische Lebensmittelhersteller beispielsweise Produktionsstätten in China auf- oder ausbauen. Große Nachfrage besteht auch bei Kosmetik und Körperpflegeprodukten.

Nachdem die chinesische Regierung 2016 bekannt gegeben hat, dass sie insbesondere die Einkommen der unteren Schichten massiv stärken will, haben internationale Handelsketten ihre Expansionspläne für das Reich der Mitte bekräftigt. Mit rund 1,4 Milliarden Menschen trifft die Weltwirtschaft im bevölkerungsreichsten Staat der Erde auf die meisten Konsumenten in einem Wirtschaftsraum.

Man muss jedoch betonen, dass ein konjunkturelles Wachstumsziel von mindestens 6,5 Prozent pro Jahr außerordentlich ambitioniert ist. Es fällt in eine Zeit der schwächelnden Weltkonjunktur und nachlassender Auslandsnachfrage. Doch bislang hat China seine Wachstumsziele immer erfüllt. Das Land setzt auf eine Modernisierung der Industrie und der Landwirtschaft sowie auf einen höheren Anteil des Dienstleistungssektors am Bruttoinlandsprodukt.

Zur Modernisierung gehört auch die Drosselung der Produktionskapazitäten in manchen Sektoren, wie im dritten Kapitel als Kehrseite der Medaille beschrieben. Deshalb begrüßen deutsche Beobachter[11] konkrete Maßnahmen zum Abbau dieser Überkapazitäten in der Stahl- und Kohleindustrie und die Reform von Staatsunternehmen. Der Hoffnung, mit weiteren Exporten die Überkapazitäten auszulasten, nehmen Beobachter den Wind aus den Segeln. Weder für Zement noch für alle Stahlarten sei es wirtschaftlich, diese Rohstoffe über lange Distanzen hinweg zu weit entfernten Kunden zu transportieren[12] – auch nicht mit der neuen Seidenstraße. Hingegen stößt der leichtere Marktzugang für Privatunternehmen zu bislang von Staatsmonopolen geführten Wirtschaftsbereichen Chinas in der westlichen Welt auf Anklang.

Im Dezember 2016 fiel Artikel 15 Absatz (a) (ii) des Beitrittsprotokolls Chinas zur Welthandelsorganisation WTO vertragsgemäß weg. Bis dato stuften viele Mitgliedstaaten China nach wie vor als Nicht-Marktwirtschaft ein, darunter auch die Europäische Union sowie die USA. Bis Ende 2016 konnten diese Staaten auf der Grundlage eigener nationaler Gesetzgebung entscheiden, ob China einen sogenannten Marktwirtschaftsstatus gewährt bekommt. Dies spielte bei Anti-Dumping-Verfahren eine Rolle und definierte die Berechnungsgrundlage der Dumpingspanne „und damit der Höhe von Strafzöllen bei Vorliegen von Marktverzerrungen und bei unfairen Handelspraktiken durch staatliche Eingriffe, wie wir sie beispielsweise in bestimmten Sektoren in China vorfinden."[13] Mitgliedstaaten der WTO brauchten dazu nicht auf Preise und Kosten auf dem chinesischen Markt zurückzugreifen, sondern konnten stattdessen Daten von Drittländern verwenden, um die angemessenen Produktionskosten zu ermitteln.[14]

So sehr die Kommunistische Partei auch hinter verschlossenen Türen Planwirtschaft zur Steuerung der nationalen Wirtschaftsentwicklung betreibt, so sehr liegt den Machthabern an einer Öffnung ihres Landes. China stärkt ganz offensichtlich die Mechanismen einer Marktwirtschaft und fördert verstärkt auch Start-ups. Die Motivation ist klar: China will zu den führenden Industrienationen aufschließen, wie bereits in der Initiative „Made in China 2025" geäußert. Deshalb erhöht der Staat die Ausgaben für Forschung und Entwicklung (von 2,1 Prozent des Bruttoinlandsprodukts im Jahr 2015 auf 2,5 Prozent im Jahr 2020) und gewährt auch ausländischen Unternehmen Steuererleichterungen, die ihre Forschung und Entwicklung in China intensivieren.

Auch die Kooperation mit Hongkong wird weiter ausgebaut. Hongkong soll erste Anlaufstelle für Unternehmen vom Festland sein, um finanzielle, rechtliche und andere Dienstleistungen in Anspruch nehmen zu können. Durch die Zusammenarbeit von Festland China und Hongkong soll dessen Position als Finanz-, Transport- und Handelszentrum weiter gestärkt werden. Die Metropole spielt somit eine entscheidende Rolle bei der Öffnung Chinas und beim Aufbau der neuen Seidenstraße.[15]

Als Branchen der Zukunft stuft China gemäß des Fünfjahresplans die Bereiche Robotik und neue Informationstechnologien, Hightech-Maschinen- und Anlagenbau inklusive für die Landwirtschaft, Bio- und Medizintechnik, Elektromobilität, hochwertige Eisenbahntechnik und Spezialschiffbau sowie Luft- und Raumfahrt ein. In diesen aus chinesischer Sicht strategisch wichtigen Branchen soll der viel zitierte bessere Marktzugang für Ausländer vor allem greifen. Um jedoch eine offene Zusammenarbeit im Hochtechnologiebereich zu erreichen, müssen noch einige Kernfragen geklärt werden, besonders der Schutz geistigen Eigentums oder das ausnahmslos unzensierte, frei zugängliche Internet und Fragen von Privacy und IT-Sicherheit sowie insbesondere die oft bemängelten Ausschreibungsbedingungen und restriktiven Vorschriften für Joint Ventures mit Dominanz chinesischer Partner.

Noch ist die Abhängigkeit Chinas vom Außenhandel sehr groß. Nicht ohne Grund intensiviert das Land seine Bemühungen, die Binnennachfrage im eigenen Land anzukurbeln, um den Dienstleistungssektor zu stärken. Die Branchen Finanzen, Logistik und Bildung sollen deshalb in Zukunft auch für ausländisches Kapital geöffnet werden. Unternehmen der Konsumgüterbranche und Dienstleister sowie solche, die vor Ort an die Bedürfnisse der chinesischen Bevölkerung angepasste Produkte produzieren, erhalten so neue Möglichkeiten.

Der chinesische Markt ist mit mehr als 650 Millionen Internetnutzern sehr online-affin. Die geschilderte Internet-Plus-Offensive der Regierung, die Offenheit der Chinesen für Big Data und Cloud Computing sowie die gängige Praxis der Bezahlung mit WeChat im ganzen Land machen China für Online-Händler, Software-Anbieter und IT-Plattformen sehr attraktiv. Bemerkenswert ist, dass sich 96 Prozent des chinesischen Online-Traffics auf chinesischen Servern abspielt, nur 4 Prozent der Verbindungen gehen außer Landes, meldet das China Internet Network Information Center.[16]

Wie im vorangegangenen Kapitel dargestellt, gehört die global fortschreitende Urbanisierung auch in China zu den größten Herausforderungen, die sich weiter über das OBOR-Projekt massiv auf das Leben in China auswirkt. Bis zum Jahr 2020 rechnet man damit, dass knapp zwei Drittel der chinesischen Bevölkerung in Städten leben. Deshalb sieht der 13. Fünfjahresplan vor, dass mehr als 50 Millionen neue Jobs in den Städten geschaffen werden. Auch die Infrastruktur soll weiter ausgebaut werden. Dieser öffentliche Konsum, verbunden mit einem höheren Einkommen, kurbelt den Binnenkonsum in den kommenden Jahren an.

Ein wesentlicher Punkt der Fünfjahresplanung ist eine stärkere Teilhabe der Bevölkerung am wirtschaftlichen Aufschwung des Landes. Bis 2020 sollen dazu zehn spürbare Verbesserungen[17] greifen:

- Mit der Erlaubnis eines zweiten Kindes für alle Ehepaare ohne Einschränkung soll aktiv gegen die Alterung der Bevölkerung vorgegangen werden.
- Notleidende Familien sollen flächendeckend von den Schulkosten befreit werden, damit auch Kinder aus ärmlichen Verhältnissen allgemeine Oberschulen besuchen können.
- Facharbeiter sollen künftig mehr verdienen, damit die Einkommensentwicklung mit der Leistungssteigerung und dem Wirtschaftswachstum einhergeht.
- China will ein Sozialsystem errichten, das gerecht und nachhaltig ist. Die Grundrente für alle Bürger soll landesweit vereinheitlicht werden. Der Staat subventioniert die Sozialversicherungskasse.
- Im Fall schwerer Krankheiten sollen die Bürger in Stadt und Land flächendeckend besser abgesichert sein. Dazu soll ein neues Versicherungssystem aufgebaut werden.
- China reformiert sein Gesundheitssystem und will die Preise der Arzneimittel kontrollieren, landesweit die medizinische Grundversorgung sicherstellen und die Krankenhäuser modernisieren.
- Die Bürger sollen von der öffentlichen Verwaltung künftig mehr Dienstleistung erwarten können. Das Serviceniveau der Verwaltung soll steigen – beginnend mit denjenigen Anliegen, die am wichtigsten und dringlichsten für die Bürger sind.
- Mit Maßnahmen zur Lebensmittelsicherheit will China seinen Bürgern gute Ernährung sicherstellen.
- Die Volksrepublik will die Armut in ihrem Land überwinden.
- Mit dem Ziel „blauer Himmel und weiße Wolken" tritt die Regierung an, strengste Umweltschutzregeln durchzusetzen. Der Verschmutzung von Luft, Wasser und Erde soll durch Kontrolle, Überwachung und Strafverfolgung in allen Regionen des Landes vorgebeugt werden.

Insgesamt soll die chinesische Bevölkerung durch Teilen mehr Teilhabe an der Entwicklung und am Wohlstand des Landes erleben, hat das Zentralkomitee der KP zwischen dem 26. und 29. Oktober 2015 beschlossen.

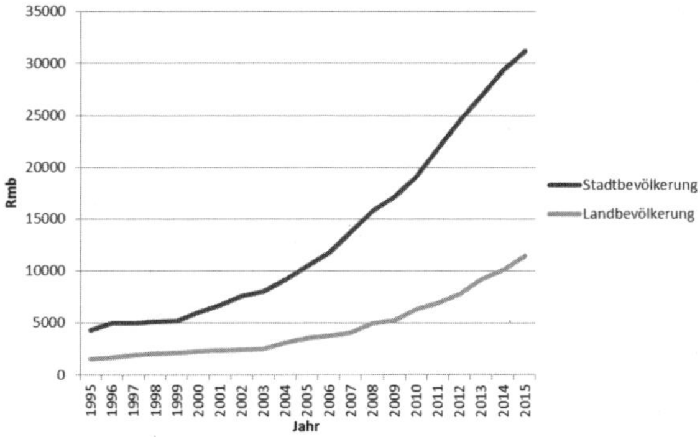


*Abbildung 11: Einkommensentwicklung in China, differenziert nach Stadt- und Landbevölkerung*[18]

Die Mischung aus Planwirtschaft und Marktwirtschaft, mit der China seine Zukunft gestaltet, macht auch vor dem Menschen selbst nicht halt. Nach dem Ende der restriktiven Ein-Kind-Politik (die in den 2020er Jahren einen Rückgang der Arbeitskräfte im Alter zwischen 15 und 25 Jahren um circa 30 Prozent zur Folge haben wird) hat der Staat das konkrete Ziel formuliert, die generelle Lebenserwartung der Bevölkerung um ein Jahr zu erhöhen. Deshalb werden das Sozial- und Gesundheitssystem umgebaut und die medizinische Versorgung verbessert. Die Delegierten der Deutschen Industrie gehen davon aus: „Deutsche Anbieter von Versorgungsleistungen sowie Medizintechnik könnten …profitieren.“[19]

Doch China ist alles andere als ein Land ohne soziale Probleme. Trotz einer nach wie vor positiven Wirtschaftsentwicklung sowie wachsenden industriellen und gewerblichen Tätigkeiten steigen die Kosten sowie die sozialen Probleme, was in der Bevölkerung genauso diskutiert wird wie in der Regierung und Parteiführung. Der Ressourcenverbrauch und die Umweltfolgen des Wirtschaftswachstums beeinträchtigen in vielen Regionen die Existenzgrundlage der Menschen. Die Urbanisierung hat zu einem Mangel an Raum geführt, den man deutlich an den Grundstückspreisen ablesen kann. Darüber hinaus besteht ein Arbeitskräftemangel in den Küstengebieten. Steigende Produktions- und Geschäftskosten sind in den letzten Jahren daher keine Seltenheit.[20]

Fünf-Jahres-Pläne sind in China nie sonderlich konkret gewesen. Sie verstehen sich eher als Leitlinie der Regierungspolitik. Auffällig oft verwendet der jüngste Fünfjahresplan die Formulierung „sollte“ statt „muss“. Häufig fehlt auch eine klare Definition einer beschriebenen Maßnahme oder gar die Benennung von konkreten Verantwortlichkeiten für die Umsetzung. Während die Zentralregierung mehr auf Umweltschutz achtet, sieht dies bei den Provinzregierungen noch ganz anders aus. Ökonomische Prioritäten gehen vielfach vor. Insgesamt arbeiten in den USA fünfzig Mal mehr Mitarbeiter bei den Umweltbehörden als in China.[21]

Zweifelsohne ist China in der Produktion von vielen Konsum- und Industriegütern führend. So machen im Reich der Mitte gefertigte Kleidung, Spielzeug, Haushaltsgeräte und Unterhaltungselektronik einen großen Teil der globalen Produktion aus. Steigende Kosten und träge Märkte in Übersee führen dazu, dass chinesische Unternehmen ihre Wettbewerbsfähigkeit durch Modernisierungen zu erhöhen versuchen. Dies kann jedoch nicht darüber hinwegtäuschen, dass die meisten industriellen Tätigkeiten durch arbeitsintensive Produktionsprozesse von Lowtech-Produkten mit relativ geringen Gewinnmargen gekennzeichnet sind.[22] Hightech-Produkte machen zur Zeit nur 11,8 Prozent der gesamten industriellen Wertschöpfung der Volksrepublik aus. Genau hier setzt der Fünfjahresplan an. Er soll die Modernisierung beschleunigen, ineffiziente, veraltete Produktionsprozesse ablösen und die Wertschöpfung hin zu einer High-End-Fertigung verlagern. Schließlich sollen über die neue Seidenstraße und auf maritimem Wege attraktive, hoch rentable Produkte aus China in alle Welt gelangen.

Der neue Fünfjahresplan ist kein bis ins letzte Detail ausgearbeitetes politisches Strategiepapier. Im Wesentlichen ist er als Blaupause mit Arbeitsschwerpunkten für die kommenden Jahre zu verstehen. Viele Details werden erst später folgen. Dennoch lässt sich eine generelle Ausrichtung für Chinas weiteren Entwicklungskurs daraus ablesen, die für die europäische und insbesondere deutsch-chinesische Zusammenarbeit von Interesse ist. Auch wenn es nicht danach aussieht, warnt die deutsche Wirtschaft davor, „dass Reformen, die im Namen einer Erhöhung der nationalen Sicherheit z.B. beim Rechtssystem und der Cybersicherheit durchgeführt werden, nicht zu einem erhöhten Protektionismus Chinas führen."[23] Zu hoffen bleibt außerdem, dass die chinesische Führung der Durchführung von Strukturreformen die erforderliche politische Priorität verleiht und diese zeitnah umsetzt.

Der Fünfjahresplan hat jedoch auch seinen Preis.[24] Die massiven Ausgaben für Innovation, „grünes" Wachstum und eine Liberalisierung des Landes und eine Reihe von Steuerentlastungen und Subventionen auch und gerade im Zusammenhang mit der neuen Seidenstraße bringen für den Staat eine deutlich höhere Neuverschuldung. 2016 wurde sie um umgerechnet mehr als 86 Milliarden US-Dollar auf eine Gesamthöhe von rund 336 Milliarden US-Dollar gesteigert. Damit beträgt die Gesamtverschuldung Chinas fast die Hälfte seines jährlichen Bruttoinlandsprodukts – die deutsche Staatsverschuldung liegt aber noch über dieser Quote.

Laut dem Mercator Institute for Chinese Studies (Merics) gefährden ehrgeizige Ziele die Reformagenda Chinas. Wenn China bis zum Jahr 2020 eine „Gesellschaft bescheidenen Wohlstands“ werden wolle, müssten die Einkommen in Stadt und Land bis 2020 im Vergleich zu 2010 verdoppelt werden. Dies ist nach den Worten von Sandra Heep, Expertin für Wirtschaft und Finanzen am Merics, „jedoch nur auf dem Land ein realistisches Ziel, in der Stadt dürfte sich diese Vorgabe angesichts des wirtschaftlichen Abwärtsdrucks kaum umsetzen lassen.“[25]

Strenge Wachstumsvorgaben seien „zu ehrgeizig“ in Zeiten, in denen sich die Wirtschaftsentwicklung schwer vorhersagen lasse. Um ihre Wachstumsziele zu erreichen, werde die Regierung in Peking möglicherweise von ihren Reformvorhaben abweichen und auf Infrastrukturinvestitionen im großen Stil setzen. „Die Verschuldung würde damit weiter steigen, und die Umsetzung von Strukturreformen würde immer schwieriger. China liefe Gefahr, ähnlich wie Japan in den 1990er Jahren in eine lange Phase der wirtschaftlichen Stagnation abzurutschen.“[26]

Den Binnenkonsum und die Innovationsfähigkeit Chinas zu stärken, ist ein wichtiges Ziel, das allerdings auch bereits Bestandteil des 12. Fünfjahresplans gewesen sei – ohne große Erfolge. Ganz offensichtlich stößt das System der Fünfjahrespläne hier an seine Grenzen.

## Strategien zur Befriedigung des enormen Ressourcenbedarfs für die neue Seidenstraße

Ein weiterer Punkt, bei dem der Fünfjahresplan an seine Grenzen stößt, sind der erhebliche Ressourcenbedarf und aufkommende soziale Spannungen. Die sechs wichtigsten Probleme des Landes sind laut wissenschaftlichen Studien und verallgemeinernder Darstellung[27]:

- Rohstoffknappheit und Umweltverschmutzung,
- Wassermangel,
- Korruption und die wachsende Kluft zwischen Arm und Reich,
- demografische Fehlentwicklung,
- Missachtung der Menschenrechte,
- Konflikte in der Region mit den Nachbarn.

Für die Produktion von Exportgütern, die über die Seidenstraße gehandelt werden sollen, benötigt China immer mehr Rohstoffe aller Art – Energieträger, Seltene Erden, aber auch Nahrungsmittel. Schon 2012 verbrauchte China Schätzungen zufolge[28] gemessen an der weltweiten Produktion:

- ein Zehntel des geförderten Erdöls,
- ein Viertel des hergestellten Stahls und Eisenerzes,
- ein Viertel des gewonnenen Kupfers,
- ein Drittel des Bleis,
- mehr als ein Drittel des Aluminiums,
- 40 Prozent des Zements,
- 45 Prozent von Kohle und Koks.

Dieser Rohstoffhunger nimmt weiter zu. Um die Verfügbarkeit all dieser Rohstoffe zu erhalten, wird sich China mit Investitionen, Joint-Ventures und Landkäufen überall auf der Welt den Zugang zu Agrarland, Bodenschätzen und fossilen Energieträgern sichern. Die Belt-and-Road-Initiative dient auch dazu. China dürfte vor allem Investitionen in den rohstoffreichen Ländern Afrikas tätigen und hat bereits damit begonnen. Um den Import von Erdöl zu reduzieren, wird die Volksrepublik ihre gestiegene Nachfrage nach Energie mit einem zunehmenden Anteil erneuerbarer Energien decken.

Zwar ist das Reich der Mitte gewohnt, wirtschaftlich von Rekord zu Rekord zu eilen. Doch nun blickt das Ausland ängstlich auf den Giganten, schreibt der World Wildlife Fund (WWF) und konstatiert, in einem „gewaltigen Entwicklungssprung" habe China die Industrialisierung der westlichen Welt perfekt nachgeahmt – mit all ihren Fehlern. Dabei sei es eigentlich eines der artenreichsten Länder der Erde mit einer faszinierenden Natur und einer immer aktiveren Umweltschutzbewegung. Doch die aktuellen Umweltfakten[29] hören sich alarmierend an:

- Der Tierschutzorganisation WWF zufolge löst China die USA sehr bald als größten Kohlendioxid-Verursacher ab.
- 16 der 20 Städte mit der schlechtesten Luft weltweit liegen in China. Die Luft in Peking ist lebensgefährlich belastet, chinesische Statistiken weisen rund 400.000 vorzeitige Todesfälle aus, für die städtische Luftverschmutzung verantwortlich gemacht wird.
- 67 Prozent des Süßwassers sind stark belastet. Die chinesische Akademie der Wissenschaften hat errechnet, dass allein im Fluss Jangtse jährlich 14 Milliarden Tonnen Abfall entsorgt werden.
- Pro Jahr gelangen acht Millionen Tonnen Plastikmüll in die Meere, der größte Anteil davon aus China.

- Große Mengen Holz werden aus Ländern mit illegaler Abholzung importiert, allein 25 Millionen Bäume werden pro Jahr für Einweg-Essstäbchen abgeholzt.
- Große Teile der Böden, auf denen Bäume und Pflanzen wachsen, sind nach Angaben des Umweltministeriums mit Schadstoffen wie Kadmium, Nickel und Arsen verseucht.
- 750.000 Menschen sterben frühzeitig an den Folgen der Umweltverschmutzung.
- Durchschnittlich alle zwei Tage ereignet sich ein Umweltunfall.

Die Regierung Chinas erkennt die Umweltauswirkungen des Wachstumskurses und verzeichnet erste Erfolge, jedoch stehen dagegen: „Sinkende Grundwasserspiegel, ein schier unbändiger Rohstoffhunger, rücksichtslose Expansion – Chinas ökologischer Fußabdruck ist gewaltig. China hat 22 Prozent der Weltbevölkerung zu ernähren – und seine eigenen Ressourcen sind nicht üppig."[30] Der ökologische Fußabdruck hat sich seit den 1960er Jahren verdoppelt. Inzwischen verbraucht die Volksrepublik zweimal mehr Ressourcen als nachhaltig wäre.[31] China verbrauche mehr Stahl, Kohle, Zement, Dünger oder Getreide als jede andere Nation der Erde und genauso viel Öl wie die USA. Als der Dokumentarfilm „Unter der Glocke" über die dramatischen Gesundheitsfolgen der Luftverschmutzung innerhalb kürzester Zeit 200 Millionen Zuschauer im Web erzielte und eine landesweite Debatte über die Ursachen für den gefährlichen Feinstaub in der Luft anstieß, blockierte die Regierung den Zugang.

Ein weiteres großes Problem in China ist der Zugang zu sauberem Wasser. 60 Prozent des Grundwassers gelten als verschmutzt. Industrialisierung, Überdüngung, saurer Regen und die Kontaminierung der Böden seien die Hauptursachen für die Trinkwasserknappheit. „Zwar verfügt China über umfangreiche Wasservorräte, doch die stehen nicht jedem zur Verfügung. Die Pro-Kopf-Zuteilung sauberen Wassers beträgt nur ein Viertel des Weltdurchschnitts."[32] Der Frischwasser-Nachschub durch die Gletscher geht unterdessen zurück. So habe China in den vergangenen 50 Jahren 18 Prozent seiner Gletschermasse verloren. Dramatisch verschmutzt sind auch die Küstengewässer, vor allem in den Flussmündungen, Buchten und entlang der Hafenstädte, worunter die Fischfangindustrie leidet. Aus diesem Grund, heißt es, wolle Peking die Kontrolle über das Südchinesische Meer erlangen, das neben Öl und Gas auch fischreiche Gewässer beherbergt.

„Das Wirtschaftswunder ist bald zu Ende, denn die Umwelt hält nicht mehr mit: Auf ein Drittel des chinesischen Territoriums geht saurer Regen nieder, ein Viertel der Bürger hat keinen Zugang zu sauberem Trinkwasser. Ein Drittel der Städter muss stark verdreckte Luft einatmen, weniger als 20 Prozent des städtischen Mülls werden umweltverträglich entsorgt." In ungewohnt direkten Worten schilderte der chinesische Vize-Umweltminister Pan Yue im Jahre 2005 die zunehmende Umweltkrise seines Landes. Seither ist zu spüren: Chinas Führung ändert ihre Haltung zum Umweltschutz. Bereits auf dem 17. Parteitag der Kommunistischen Partei Chinas im Oktober 2007 war umweltverträgliches Wirtschaftswachstum eines der fünf Schwerpunktthemen. Explizit bekannte sich die Parteiführung zu Umweltschutz und Energie-Sparzielen und drohte mit Firmenschließungen bei Umweltverstößen.

China muss sich mit seiner Umweltkrise auseinandersetzen. Die Luftverschmutzung ist offensichtlich: Metropolen wie Beijing und Xi`an liegen unter einer dichten Smogglocke. Das Atmen wird zur Qual, Husten gehört zum Alltag und die Geruchsnerven nehmen nur noch einen Bruchteil der üblichen Palette wahr. Viele Passanten tragen Staubmasken gegen Abgase und Sandstürme. Dazu kommen in der Stadt Lärmbelästigung durch den nie ruhenden Verkehr und ein immenser Bauboom, der Aufbau und Wachstum widerspiegelt sowie ein augenfälliges Müllproblem auf dem Lande.

Umweltschutz wird auch zunehmend wichtiger für den sozialen Frieden in China. Ökonomen schätzen, dass sich die Umweltschäden des Landes mittlerweile auf 8 bis 13 Prozent des Bruttosozialprodukts belaufen. Chinas Abhängigkeit von der Kohle wird sich nicht über Nacht verringern lassen, daran kann auch der 13. Fünfjahresplan nichts ändern. Zwei Drittel der Gesamtenergie kommen heute aus Kohlekraftwerken. Deshalb ist einer Modernisierung dieser Kraftwerke und ein effizienter Umgang mit Energie im ersten Schritt wichtiger. Anfang 2006 trat ein Gesetz in Kraft, das den Anteil erneuerbarer Energien aus Sonne, Wind und Biomasse bis 2020 auf 15 Prozent erhöhen soll. Außerdem ist in Zusammenarbeit mit deutschen Partnern ein Windpark zur Energiegewinnung für die Olympischen Sommerspiele 2008 in Peking entstanden.[33]

Heute gibt es mehrere tausend Umweltorganisationen im ganzen Land. Die Arbeit der NGOs ist vor allem deshalb schwierig, weil ihre Handlungsspielräume nicht definiert sind. Mitgliederwerbung und Spenden sammeln zum Beispiel sind nicht erlaubt. Deshalb spielt das Unternehmertum eine wichtige Rolle für die Umweltentwicklung des Landes. Schon heute erwirtschaften private Firmen in China mehr als die Staatsbetriebe und bestimmen wesentlich darüber, ob sich Chinas Ökonomie nachhaltig entwickelt.

Mit der Belt-and-Road-Initiative wächst einerseits der Ressourcenbedarf für die Umsetzung der zahlreichen Großprojekte, andererseits soll auf diesen neuen Straßen, Eisenbahnlinien, Pipelines und Schifffahrtsverbindungen gerade der kontinuierliche Rohstoff- und Energiezufluss langfristig gesichert werden.

## Innovationshemmnisse und Fortschritte im Modernisierungszug

Chinesische Manager gelten als risikoscheu. Das mag daran liegen, dass das chinesische Wirtschaftssystem lange keine echten Freiräume für Unternehmertum zuließ. Die mangelnde Risikobereitschaft hat etwas mit der asiatischen Furcht vor „Gesichtsverlust" zu tun. Eine Führungskraft, die keine Risiken eingeht, macht auch keine Fehler.[34] So verpasst auch heute noch manches chinesische Unternehmen Chancen durch dieses Innovationshemmnis. Fortschritte sind unterdessen in der politischen Führungselite des Landes festzustellen. Die hohen staatlichen Funktionäre sind selbstsicher und konfliktbereit, weil sie gut abgesichert sind. Daher sind sie auch zu Neuerungen bereit, selbst wenn diese Risiken in sich bergen.

Das Führungsmodell in China ist weit von dem der westlichen Welt entfernt. Chinesen sind es gewohnt, sich „oben" abzusichern.[35] Der Weg zu einer Entscheidung kann daher lang sein. Selbst unbedeutende Themen werden aus Unklarheit über die eigene Entscheidungskompetenz und mangelnder Handlungsfreiheit zu den Vorgesetzten delegiert. Politisch-strategische Überlegungen spielen eine weitaus größere Rolle als Fachwissen oder Sachverstand. Zu viele Chinesen sind als reine Befehlsempfänger erzogen. Dass ein derart antrainiertes, schwach ausgebildetes Entscheidungsverhalten wenig innovationsfördernd ist, versteht sich von selbst. In der Folge werden chinesische Führungskräfte oft als wenig kreativ bezeichnet. Wenn neu auftretende Situationen zu Problemen führen, scheinen sie damit überfordert.[36]

In einem autoritär geprägten Führungssystem steht nicht die Selbstverwirklichung im Mittelpunkt. Der chinesische Vorgesetzte tut sich außerdem schwer mit dem Delegieren. Das hat eine verglichen mit westlichen Mitarbeitern niedrigere Motivation und eine Fixierung auf materielle Anreize zur Folge. Ebenso besteht bei den Mitarbeitern von Staatsbetrieben noch wenig Erfahrung mit effizienter Arbeitsorganisation und Gewinnorientierung.[37]

Vertikale Berichtswege zu Behörden überschatten in Staatsunternehmen oft die innerbetriebliche Kommunikation über horizontalen Austausch. Lokale Behörden beaufsichtigen in hohem Maße das Geschehen in den einzelnen Funktionen eines Betriebes, so dass die Mitarbeiter einer Abteilung mehr mit den Behördenvertretern kommunizieren als mit anderen Abteilungen.[38]

Die strengen Reglementierungen für chinesische Internetnutzer sind ein weiteres Innovationshemmnis. Viele Dienste ausländischer Anbieter sind aus China gar nicht zu erreichen, wodurch der Grundsatz „Konkurrenz belebt das Geschäft" nicht greift.[39]

Innovation fand in China bis vor wenigen Jahren weniger in den Unternehmen statt als in staatlichen Forschungsinstituten. Der sichere Weg schien lange, bereits Bewährtes zu kopieren, statt etwas Eigenes zu erfinden. Dies gilt in Ostasien als Strategie „Lernen durch Kopieren und anschließendes Modifizieren" nicht nur in der Industrie, sondern tief verankert im geschäftlichen wie im persönlichen Leben.[40]

Als Kleinbetriebe in der südchinesischen Provinz Guangdong die Technik von Mobiltelefonen bekannter Marken mit eigener Ausstattung kombinierten, operierten sie damals in einem Graubereich des chinesischen Rechts. Schnell kam der Begriff „shanzhai" in China auf, der wortwörtlich „Bergfestung" bedeutet und an einen Räuberroman des 13. Jahrhunderts erinnert, in dem sich die Banditen in Bergfestungen vor den Regierungstruppen verschanzten.[41]

Längst beschränkt sich die Produktpiraterie nicht mehr auf Mobiltelefone, sie erstreckt sich auf verschiedenste Bereiche des Alltags, von Kleidung über Nahrungsmittel. Heute wird der Begriff dank des Internets unterschiedlich verwendet: mal beschönigend für minderwertige Imitationen, mal als Synonym für „Kopie" bis hin zu tatsächlichen Innovationen. Das „Shanzai"-Phänomen stammt aus einer Zeit, in der China vor allem von fortgeschrittenen Volkswirtschaften lernen und ihren Erfolg (einschließlich der Produkte) schlichtweg kopieren wollte.[42] Dass geistige Eigentumsrechte dabei nur sehr mangelhaft geschützt sind, hat sich auf das internationale Image Chinas negativ ausgewirkt.

Das „Reich der Mitte" öffnete zwar seine Tore für ausländische Unternehmen, immer jedoch geknüpft an einen „Technologietransfer, durch den der Innovationsrückstand gegenüber den führenden Industrieländern aufgeholt werden sollte".[43] In den 1990er Jahren und zu Beginn des 21. Jahrhunderts hat die Technologiepolitik Chinas jedoch die wesentlichen Innovationsziele verfehlt. Der Exporterfolg chinesischer Hightech-Produkte basierte immer noch auf Komponenten aus dem Ausland – und die USA, Japan und die EU führten weiter bei Forschung und Entwicklung.

Die neue Innovationspolitik der Regierung Xi basiert deshalb auf einem Strategiewechsel und zielt auf die eigenständige Innovation von Produkten, Technologien und Marken ab, die in China von chinesischen Firmen entwickelt werden. Es gibt „bemerkenswerte Bemühungen der chinesischen Zentralregierung etwa um einen verbesserten Patentschutz", stellten Joachim Freimuth und seine Mitherausgeber im ihrem Buch „Geistiges Eigentum in China" bereits 2011 fest. Allerdings hinkten „die bereits recht differenzierten rechtlichen Normen zum Schutz geistigen Eigentums" den „realen gesellschaftlichen Bedingungen ... nicht unbeträchtlich hinterher".[44] In keinem anderen Land der Welt wurden so viele Fälschungen deutscher Produkte registriert wie in China, meldete das Bundesministerium der Finanzen schon vor fast einem Jahrzehnt.[45]

Chinas Gerichte und lokale Behörden scheinen jedoch „zu schwach, korrupt und inkonsequent, um Piraterie und Fälschungen zu stoppen". Starker Schutz geistigen Eigentums ist jedoch eine Voraussetzung für eine strategische Neuausrichtung der chinesischen Industrie. Eine entsprechende Gesetzgebung könnte deutlichen Einfluss auf die Produktqualität ausüben, weil Unternehmen ihr Heil dann nicht in der Imitation, sondern in der Differenzierung suchen würden.[46]

Bisher ist die Internationalisierung der Forschung und Entwicklung sowie des gesamten chinesischen Innovationssystems noch nicht so vorangekommen, wie das nicht nur für die ehrgeizigen Ziele der Seidenstraße-Initiative, sondern zur gesamten Landesentwicklung in größerer Unabhängigkeit vom Westen erforderlich ist. Das liegt nach Analysen von Martin Berger und Brigitte Nones vor allem an folgenden Fakten:[47]

- zu profitorientiertem Wettbewerb in vielen Branchen, der Investitionen in F&E behindert,
- Konzentration auf kurzfristige Strategien, zu der langfristigen F&E nicht passt,
- Wachstumsvorteile durch günstige Lohnkosten und oft importierte bewährte Technologien statt eigenständige Entwicklungen,
- Bevorzugung risikoarmer ausländischer Technologienutzung in einem hinreichend bekannten Umfeld von sehr reduziertem Schutz geistigen Eigentums,

- staatliche F/E-Förderung mit bevorzugter Konzentration auf staatliche Unternehmen sowie
- mangelhafte Managementkenntnisse im F/E-Bereich und hinderliche Governance-Strukturen sowie relativ geringe Patentintensität, obwohl sich die Zahlen absolut stark erhöht haben.

## Image- und Qualitätsaufschwung chinesischer Produkte und Leistungen

Das Image der Volksrepublik zielt seit Jahrzehnten auf folgende Wahrnehmung ab: China als starke Weltmacht, friedliebend und kooperativ („China's projected self-image: A great power, a peace lover, and a cooperator")[48]. Damit sollten Attribute wie „Dritte-Welt-Land", „Anti-Hegemonial-Macht", „sozialistischer Staat" verblassen. In seiner Analyse „The Cost of Development in China" beschreibt Guangyu Hu den möglichen Weg seines Heimatlandes zu mehr Glaubwürdigkeit und einem stärkeren nationalen Image. So solle man statt politischer Propaganda auf Themen setzen, die dem internationalen Mainstream politischer und kultureller Werte entsprechen („having exchange and communication in the language that others can understand").[49] Sein Land müsse im Rahmen der Öffnung und Teilhabe an der Globalisierung den Übergang von einer Planwirtschaft zu einer Marktwirtschaft kommunikativ begleiten („promoting the sustainable development of China's economy and society").[50] Um vom bedrohenden Image Chinas wegzukommen, müsse die Volksrepublik international noch stärker wahrgenommen werden. Bei gleichzeitiger Übernahme von Verantwortung für andere Länder der Erde sei eines auf diesem Weg wichtig: „keeping low profile".[51]

Für die Akzeptanz der chinesischen Wirtschaft auf dem Weltmarkt erschien auch die Anlehnung an international anerkannte Rechtsnormen wichtig, da sonst neben dem sozialen Frieden auch das Image des ganzen Landes beschädigt werde: „Unscrupulous merchants ignore law and morality, and even challenge the bottom line of ethics, which brought severe damage to people's production and lives. Persistent occurence of such phenomenon caused destructive influence on social order and national image."[52]

Gleichzeitig wurde ein Imagewandel vom Billigproduzenten kopierter Ideen und Produkte zum qualitätsbewussten, hochentwickelten Industrieland wichtig. 1987 führte die damalige chinesische Regierung eine Erhebung über die Qualität der chinesischen Produkte durch. Fast 30 Prozent der Produkte entsprachen nicht den vorgegebenen Qualitätsnormen.

Qualitätsmanagement war für viele Menschen in den Fabriken damals ein Fremdwort.[53] Chinesisches Unternehmertum entstammt eher einer Händlertradition, „deren Ziel nicht das perfekte Produkt, sondern die Perfektion des Verkaufs von Produkten ist". Mehr als nötig in Qualität zu investieren, wurde deshalb als Verschwendung angesehen. Weichen produzierte Güter von der Norm ab, empfindet der chinesische Produktionsmitarbeiter dies als kein Problem. „So werden Güter, die funktionell in Ordnung sind, jedoch von minderer optischer Qualität sind, durchaus als gut empfunden."[54] Ein Land, das antritt, um die „Fabrik der Welt" zu werden, muss jedoch auch das beachten, was internationalen Kunden wichtig ist. Immerhin 70 Prozent aller Spielsachen, 50 Prozent aller Kameras, 40 Prozent aller Schuhe, 30 Prozent aller Fernsehgeräte und Klimaanlagen, 25 Prozent aller Waschmaschinen und 20 Prozent aller Kühlschränke sind „Made in China".[55] Ohne gut etablierte Qualitätssicherung in einem Unternehmen gelangt mangelhafte Ware zum Kunden und beschädigt das Image nachhaltig.

Zu Beginn der 2010er Jahre war eine Gegenbewegung erkennbar. Seither stand „Made in China" nicht mehr zwingend für billig, minderwertig, schlecht verarbeitet und ohnehin kopiert. Viele Hersteller von Produkten aus der Volksrepublik schicken sich an, weltweit anerkannte Top-Marken zu werden. Neben „Made in China" ist künftig vor allem „Designed in China" wichtig, was Forschung und Entwicklung des Landes zum Florieren bringen wird. Das Online-Magazin „Nicely made in China" stellt Chinesen vor, die mit einem besonderen Anspruch fertigen. So stattete der chinesische Sportartikelkonzern Li Ning bereits die argentinische Basketball-Olympiamannschaft aus. „Made in China" solle nun, „da die chinesische Wirtschaft erwachsen wird, mit Innovation, Einzigartigkeit und detailgetreuer Verarbeitung verbunden werden".[56] Das ist wichtig für eine prosperierende Binnenwirtschaft.

Die Regierung fördert heute das Qualitätsbewusstsein insbesondere für Exportgüter, in dem sie minderwertige Erzeugnisse ausstellt oder in Verbraucherschutzsendungen des Fernsehens behandeln lässt. Durch drohenden „Gesichtsverlust" entsteht so Druck auf die Industrie.[57] Allerdings entstanden 2013 Gerüchte, das Staatsfernsehen habe es dabei vor allem auf erfolgreiche ausländische Marken abgesehen und gehe in seinen Sendungen systematisch gegen diese vor. „Apple? Arrogant! Starbucks? Zu teuer! Samsung? Schlechter Service! Eine Firma nach der anderen nahmen chinesische Staatsmedien ins Visier und urteilten sie ab." Die Teleborse zitiert Qiao Chunyang vom China Brand Research Institute: „Einige ausländische Marken sind sehr stark in China. Deshalb werden sie von chinesischen Staatsmedien unterdrückt."[58] Allerdings emanzipieren sich die Verbraucher und distanzieren sich über den twitterähnlichen Kurzmitteilungsdienst Sino Weibo vom Sender CCTV. Etwa, als mehrere chinesische Berühmtheiten während einer laufenden Fernsehsendung gegen Apple online offenbar vorbereitete Post absenden, wobei einem Schauspieler der Fehler passiert, die Zeile „gegen 8:20 abschicken" mitzukopieren. Damit entlarvte er die Hetzkampagne und erntete schallendes Netzgelächter. Inzwischen ist die Formulierung „gegen 8:20 abschicken" zum geflügelten Wort geworden.[59]

„Made in China 2025" – diese Strategie wird in Deutschland als Kampfansage verstanden. Es handelt sich um einen Fahrplan für die Modernisierung der chinesischen Industrie. „Wenn es China gelingt, seine Pläne umzusetzen, dann wird das Land im Spitzentechnologiebereich für Deutschland zu einem Konkurrenten auf Augenhöhe. Chinesische Produzenten könnten dann nicht mehr nur mit günstigen Preisen aufwarten, sondern auch mit hochwertiger Qualität."[60] Im Fokus der Strategie „Made in China 2025" stehen zehn Industrien, darunter die Luft- und Raumfahrt, Hochgeschwindigkeitszüge, Elektromobilität und der Ausbau der Stromnetze. Hier will China ausländische Technologieimporte durch eigene Innovationen ersetzen. Mehr noch: Auch bei den Exporten will das Land mit hochwertigen Autos, Flugzeugen, Maschinen und Anlagen den führenden Industrienationen den Rang ablaufen. – Auch deshalb sollte die neue Seidenstraße ein Weckruf für Europa und Deutschland sein.

## Unternehmertum und soziale Spannungen

Im Zuge der Wirtschaftsreformen ließ der chinesische Staat bereits ab Mitte der achtziger Jahre privates Unternehmertum entstehen. Bis Ende der neunziger Jahre stand die Volksrepublik regelrecht unter dem Einfluss einer Gründerzeit. In dieser Phase „bestand die größte Herausforderung für Privatunternehmer darin, sich gegen behördliche Diskriminierung zu behaupten. Ein typischer Unternehmer war dann erfolgreich, wenn er durch gut gepflegte Beziehungen die eigentlich widerwilligen Beamten dazu veranlassen konnte, ihren hohen Ermessensspielraum in seinem Sinne auszuschöpfen".[61] Korruption sorgte für ein System der absurden Widersprüche. Laut chinesischer Zentralbank haben zwischen 1990 und 2008 rund 18.000 Funktionäre der kommunistischen Partei insgesamt 127 Milliarden US-Dollar veruntreut und sich ins Ausland abgesetzt. Parallel dazu haben die 70 reichsten Abgeordneten des Nationalen Volkskongresses ein Vermögen von 90 Milliarden US-Dollar angehäuft. Besonders reiche

Parteifunktionäre stehen für das Zurschaustellen von Luxus in den sozialen Netzwerken in der Kritik. Das Ein-Parteien-System führte zu einer so starken Macht der Kommunisten, dass an ihnen kein Weg vorbeiführte, wenn man in China eine gute Geschäftsidee in die Tat umsetzen wollte.

Und doch war die Privatisierung der Wirtschaft der entscheidende Zündfunke für den Aufstieg Chinas. Die Volksrepublik ist heute Privatisierungsweltmeister und hat mit dem größten Börsengang der Geschichte 22 Milliarden US-Dollar für den Verkauf von 15 Prozent seiner Staatsbank ICBC erzielt.[62] Viele Chinesen, die in den 1970er Jahren ins Ausland gingen, um dort zu studieren, kehrten danach in ihre Heimat zurück und wurden Akteure der Gründerzeit. So war es nicht unüblich, in einem chinesischen Start-up einen lokalen CEO (Chief Executive Officer) zu finden, einen CTO (Chief Technical Officer), der seine Sporen im Silicon Valley verdient hatte, und einen CFO (Chief Financial Officer) aus Hongkong oder Taiwan. Diese Mischung begünstigte beispielsweise das erfolgreiche Handelsportal Alibaba.com.[63]

Im Zuge der Privatisierung schafft die Volksrepublik auch die Voraussetzungen für ein besseres Innovationsklima im Land. Der 9. Fünfjahresplan sah beispielsweise für die Jahre 1996 bis 2000 im Rahmen des Projekts „211“ (Wirtschaftsnation Nummer eins im 21. Jahrhundert zu sein) besondere staatliche Förderung für 100 Universitäten vor. Diese sollten hochqualifizierte Fachleute heranbilden und als Stützpunkte für die Hightech-Industrie dienen.[64]

Heute ist die Privatwirtschaft „nahezu gleichberechtigt, zumindest auf höchster politischer Ebene. Die mittleren Beamten haben weniger Ermessensspielraum, die Regeln sind klarer und objektiver geworden. Gegen Vorteilsnahme wird härter vorgegangen.“[65] Nach seinem Amtsantritt hatte Präsident Xi Jinping 2013 eine große Antikorruptionskampagne ausgerufen. Der Staats- und Parteichef will Korruption und Verschwendung eindämmen. Immer wieder gab es Verhaftungen, wenn in Politik und Wirtschaft Korruptionsvorwürfe laut wurden. Vier Jahre später stellte die zuständige Behörde, die Zentralkommission für Inspektion und Disziplin, eine stolze Bilanz vor. Man habe umgerechnet mehr als eine Milliarde Euro Bestechungsgelder beschlagnahmt, fast 1,2 Millionen Menschen der Korruption und der Vetternwirtschaft überführt und bestraft. Außerdem habe man erwirkt, dass 2.600 ins Ausland geflüchtete Verdächtige wieder nach China ausgeliefert wurden. Dabei wurden Parteifunktionäre aus Städten und Landkreisen genauso verhaftet wie ehemals hochrangige Spitzenpolitiker. Allein im Jahr 2016 sollen rund 410.000 Beamte wegen

Korruption bestraft worden sein, unter ihnen 76 hohe Ministerialbeamte. Auch wenn Kritiker Xi vorhalten, die Korruptionsvorwürfe zu nutzen, um mehr Macht in seinen Händen zu konzentrieren und unliebsame Kader loszuwerden, so ist die Antikorruptionskampagne dennoch wichtig für das Land und seine Zukunft.[66]

Die deutsche Unternehmensberaterin Brigitte Ott-Göbel war knapp zehn Jahre für die Daimler AG mit der Händlernetzentwicklung in China betraut. Heute trainiert sie Führungskräfte und hat zwei Lehraufträge an chinesischen Universitäten. In ihrem Buch „Vom Drachen zum Panda – Führen, Lehren und Lernen im modernen China" beschreibt sie das Unternehmertum, das der jüngste Fünfjahresplan Pekings vor allem im Mittelstand fördert.[67] Ott-Göbel beschreibt, wie es im Reich der Mitte immer attraktiver wird, für sein eigenes Unternehmen statt als Angestellter zu arbeiten. Die meisten Start-ups basieren auf einer Geschäftsidee rund ums mobile Internet. Dort fließen zwei Drittel der Venture-Capital-Gelder hin – immerhin gibt es in China etwa 700 Millionen Smartphone-Nutzer.

Und doch haben junge Chinesen, die im Schnitt zwischen Mitte und Ende zwanzig mit Kommilitonen ihr Start-up gründen, dem Bericht zufolge mit vielfachen Schwierigkeiten zu kämpfen: Finanzierung, Marktzugang, Zensur, Know-how. Um diese Lücke zu schließen, sind Coffee-Shops in Peking und Shanghai entstanden, in denen junge Gründer einen Arbeitsplatz mit schneller Internetverbindung und preisgünstigem Druckservice finden. Noch wichtiger scheinen das Networking mit anderen Gründern und die besondere kreative Start-up-Kultur zu sein. Das sogenannte Garage Café bietet kostenlose Seminare und Events mit Investoren an.

In den 15 Monaten vom März 2014 bis Mai 2015 registrierten die chinesischen Behörden 4,8 Millionen neue Firmen. In anderen Worten: Jeden Tag entstehen 10.600 Start-ups in China – sieben pro Minute. Die reichsten Regionen des Landes, wie die Städte im Jangtse-Flussdelta, dem Perlflussdelta und Beijing, sind die Heimat der meisten Start-ups, gefolgt von Städten im Südwesten Chinas, wie beispielsweise Chongqing und Chengdu.[68]

Der US-amerikanische Wirtschaftsfernsehsender CNBC warnt internationale Start-ups vor allzu blauäugigem Markteintritt in China. Es herrschten zwar Traumbedingungen bei 1,4 Milliarden Konsumenten und einer hohen Konnektivitätsrate. Doch die Volksrepublik sei groß genug, um eine Dienstleistung nicht nur lokal zu adaptieren, sondern von vornherein für den chinesischen Markt maßzuschneidern. In einem Beitrag von Uptin Saiidi, „Why foreign start-ups fail in China", rät der TV-Journalist,

„99,9 Prozent der ausländischen Firmen, die in China Geschäfte machen wollen, sollten es lieber bleiben lassen".[69] Nur weil eine Geschäftsidee in einer anderen Region funktioniere, sei dies lange noch kein Garant dafür, dass sie das auch in China tue. Nur wenn man wirklich besser sei als eine einheimische Marke, habe man eine Chance, so Saiidi. Umgekehrt sei es jedoch genauso, chinesische Unternehmer müssten auch erst lernen, dass die Kunden im Ausland etwas völlig anderes erwarten.

91 Prozent der Chinesen denken über freies Unternehmertum positiv – weltweit sind das nur 76 Prozent. Ott-Göbel beschreibt die Erfolgsgeschichte der 30-jährigen Bella Song, die ihren Master in International Business an der University of Manchester machte. 2013 gründet sie ihr eigenes Schmuckunternehmen „Bella". Nach zwei Jahren Onlinehandel im Nebenerwerb kündigt sie ihren Job in einer Eventagentur, unterstützt von ihren Eltern. Im angesagten Shanghaier Stadtviertel French Concession kauft sie sich schließlich ein Ladengeschäft und denkt bereits über Expansion nach.[70]

Mitte 2017 geriet ein chinesisches Start-up namens Ofo in die Schlagzeilen, weil es in einer Finanzierungsrunde eine Milliarde US-Dollar Venture Capital mobilisierte – für eine simple Geschäftsidee: Bike Sharing.[71] 30 Millionen registrierte Nutzer haben dabei Zugriff auf zweieinhalb Millionen gelb leuchtende Fahrräder.[72] Die deutsche Ausgabe des Technologiemagazins WIRED interviewte Joseph Constanty, einen Experten für die chinesische Start-up-Szene, der seit 15 Jahren in Shanghai lebt: „Man kann China beim Wachsen zusehen."[73] In Coworking-Spaces – so groß wie Shopping Malls – werde im Minutentakt eine neue Geschäftsidee ausgebrütet. Zahlreiche Angestellte der drei großen Internetfirmen Baidu, Alibaba, Tencent hätten nach eineinhalb Jahrzehnten die Erfolgsschmieden verlassen, um sich eine eigene Existenz aufzubauen. Wer in China Job, Familie und Geld erreicht habe, könne experimentierfreudiger auftreten.

In der südchinesischen Stadt Shenzhen ist jeder sechste Einwohner Inhaber eines Start-ups.[74] In Shenzhen gibt es laut Constanty spezialisierte Fabriken für Rapid Prototyping, um Hardware-Ideen nicht wie in Europa in einigen Monaten, sondern deutlich schneller in die Tat umzusetzen. In der gleichen Stadt seien auch Kapazitäten für die Massenproduktion nutzbar. Somit sei der Weg von der Idee bis zum Geschäftserfolg geebnet – vorausgesetzt, man bewege sich in den richtigen Netzwerken.[75]

Privates Unternehmertum ist der Motor des chinesischen Booms. Allein die Internetwirtschaft steigerte ihre Investitionen von umgerechnet 89 Millionen Euro im Jahr 2012 auf 5,3 Milliarden Euro im Jahr 2014.[76] Infolge des ausgeprägten Wirtschaftswachstums zählte China an einem Stichtag im Jahr 2013 2,8 Millionen US-Dollar-Millionäre und sogar 200 US-Dollar-Milliardäre. Deshalb ist in China der größte Luxusmarkt der Welt entstanden. Chinesische Luxuskäufer gelten allerdings als ungeduldig und schwierig, ihnen fehlt die Erfahrung im Umgang mit Reichtum. Im März 2011 ließ ein Chinese seinen Lamborghini Gallardo von Arbeitern mit Vorschlaghämmern öffentlich demolieren, weil sein Automobil nach der Inspektion bei einem Fachhändler nicht mehr ordentlich funktionierte.[77]

Drei Viertel der eine Milliarde Menschen, die es in den vergangenen 25 Jahren aus der Armut schafften, sind Chinesen, die vom gestiegenen Wohlstand profitierten.[78] In nur einem Jahrzehnt ist die extreme Armut in China laut einer Studie des Pew Research Centers von 40 Prozent im Jahr 2001 auf 12 Prozent im Jahr 2011 gesunken.

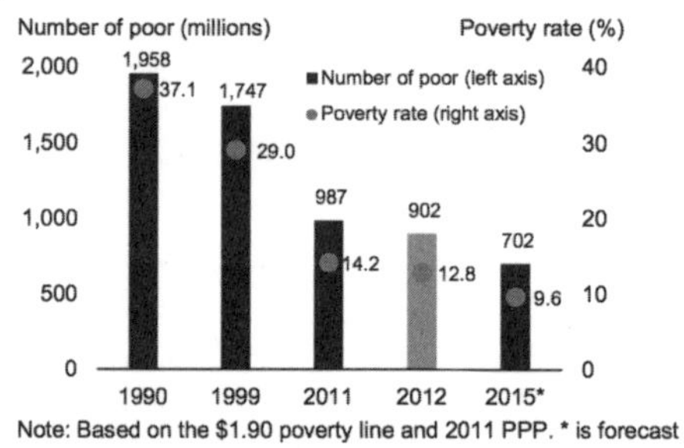


*Abbildung 12: Entwicklung der weltweiten Armutsrate laut Weltbank*[79]

Doch wo Licht ist, findet sich auch viel Schatten: Immer noch leben 70 bis 80 Millionen Menschen unterhalb der Armutsgrenze. Besonders deutlich macht sich der Unterschied im Lebensstandard zwischen Stadt und Land bemerkbar. Die oben erwähnten Wanderarbeiter versuchen ihr Glück in der Stadt, genießen dort jedoch nicht die gleichen Rechte wie Stadtbewohner und leben auch in deutlich schlechteren Verhältnissen. Ihre soziale Absicherung ist dürftig, die Beschäftigung meist illegal.

Als weiteres großes Problem Chinas wird die demografische Fehlentwicklung bezeichnet. Die in den 1980er Jahren eingeführte Ein-Kind-Politik als staatliche Geburtenkontrolle zur Begrenzung des Bevölkerungsanstiegs hat die Geburtenrate auf 0,5 Prozent pro Jahr gesenkt. Diese Politik wurde streng durchgesetzt, teilweise sogar mit Zwangsabtreibungen. Damit nahm die Zahl arbeitsfähiger Menschen von Jahr zu Jahr ab. Lag der Anteil der unter 14-Jährigen im Jahr 1980 noch bei 34 Prozent der Gesamtbevölkerung, sind es inzwischen nur noch 16 Prozent. Die chinesische Gesellschaft überaltert: Die Zahl der Rentner hat sich mehr als verdoppelt. Mehr als 210 Millionen Chinesen sind älter als 60 Jahre. In Folge der langjährigen Ein-Kind-Politik zeichnet sich außerdem ein Defizit an Frauen in der Bevölkerungsstruktur ab, weil viele Familien ihrem Wunsch nach einem Sohn nachhalfen.

Ende 2013 nahm die chinesische Regierung den ersten Anlauf für eine Reform: Sie erlaubte jenen Paaren, in denen ein Partner aus einer Ein-Kind-Familie stammt, zwei Kinder großzuziehen. Doch nur jedes zehnte der elf Millionen berechtigten Paare meldete 2014 den Wunsch nach einem zweiten Kind an. Ende 2015 erlaubte die Regierung generell die Zwei-Kind-Familie, was prompt im Jahr 2016 zu einer im Vergleich zum Vorjahr um rund acht Prozent gestiegenen Zahl an Geburten in China führte.[80] Möglicherweise zu spät. Die Zeitung „China Daily" warnte, dass die Bevölkerung in den USA im Jahr 2040 im Durchschnitt 40 Jahre alt sein wird, während die Chinesen im Schnitt 50 Jahre alt sein werden. Dies bremst den Aufstieg zu einer innovativen und dynamischen Weltmacht. Dazu steht eine Reform der Familien- und Sozialpolitik auf der Agenda. Der Mutterschutz ist aktuell beim zweiten Kind kürzer als beim ersten, und es fehlt eine ausreichende Kleinkindbetreuung.

Als weiteres großes Problem wird das Thema Menschenrechte eingestuft. Das Würzburger Institut für Pädagogik und Zukunftsforschung (IPZF) in Würzburg macht auf Widersprüche aufmerksam: „Einerseits will die Kommunistische Partei eine moderne Gesellschaft, andererseits aber keine Bürgerrechte. Sie will Technologien zur Modernisierung nutzen, gleichzeitig aber ihre Verwendung einschränken. China will Vorreiter auf dem Weg zur Wissensgesellschaft sein, aber zugleich den Informationsfluss kontrollieren. Die Bevölkerung wird weiterhin unterdrückt, rebelliert aber vor allem auf dem Land immer häufiger gegen die Benachteiligung der Bauern und Wanderarbeiter."[81] Niederen gesellschaftlichen Schichten und einigen geografischen Gebieten ist der Zugang zu Bildung und Gesundheitsversorgung erschwert, was ohne ein Gegensteuern die Wohlstandsunterschiede verstetigt.

China gibt seinen Bürgern nicht die notwendigen Freiräume. Inhaftierungen finden zum Teil willkürlich statt. Berufsverbote werden ausgesprochen, es gebe Folter, so Amnesty International. Die Menschenrechtsorganisation beklagt die Diskriminierung ethnischer oder religiöser Minderheiten, darunter Tibeter, Uiguren und Mongolen. Das Internet wird zensiert, manche Seiten sind für Chinesen gesperrt, und die Meinungsfreiheit ist eingeschränkt. Kritik an der Partei wird kaum geduldet. Die Journalisten der Tageszeitung „Welt" resümieren: „In der Tat ist nur schwer vorstellbar, wie China den globalen Wettlauf um Ressourcen, wissenschaftliche Forschung und geopolitischen Einfluss gewinnen will, wenn es seinen Menschen nicht die dafür notwendigen Freiräume gibt. Die Behörden drangsalieren Kritiker, Künstler, Anwälte."[82]

Nach mehreren Terroranschlägen in Großbritannien verteidigten die Journalisten Gu Zhenqiu und Gui Tao in einem Kommentar, der über die Nachrichtenagentur XINHUA international verbreitet wurde, die Internetregulierung Chinas als Anti-Terror-Maßnahme. „Das Internet von giftigem und gefährlichem Material zu säubern, (sollte) ... Anerkennung verdienen",[83] argumentieren die beiden und berufen sich auf Expertenmeinungen, dass es entscheidend sei, die Onlineverbreitung terroristischer Ideologien zu stoppen, um effektiv Terroranschläge zu unterbinden. China sei verwundbar durch Cyberterrorismus und zähle zu den auf diese Weise „am meisten schikanierten Ländern der Welt"[84].

Die Kluft zwischen Arm und Reich ist groß – und damit die Gefahr sozialer Unruhen. Als sich China 2012 bei den Olympischen Spielen als stärkste Nation präsentierte, hätte die Regierung sich an der einen oder anderen Stelle etwas weniger Transparenz gewünscht. Beispiel Juli 2012: Die Einwohner der ostchinesischen Hafenstadt Qidong begehren gegen den Bau einer Pipeline auf. Sie wollen verhindern, dass Abwasser einer rund 100 Kilometer entfernten Papierfabrik der japanischen Firma Oji Papter ins Meer geleitet wird. Die Menschen haben Angst, dass giftige Abwasser die Fischgründe zerstören, von denen sie leben. Mehrere tausend Menschen beteiligen sich. Im Zuge der Auseinandersetzung stürmen sie das Hauptquartier der Stadtregierung, zerstören Computer und werfen Schreibtische um. Schließlich kann der Bürgermeister gar nicht anders, als vor laufenden Kameras den Stopp des Projekts zu verkünden. Ähnlich hatten tausende Bürger der südwestchinesischen Stadt Shifang wenige Wochen vorher den geplanten Bau einer Fabrik für Schwermetalle verhindert. Im Dezember 2011 führte in Südchina sogar ein Bauernaufstand zum Austausch korrupter lokaler Funktionäre.[85]

Die Chinesen haben die Macht der Straße entdeckt. Und soziale Netzwerke spielen dabei eine große Rolle. Die neue Generation setzt auf mehr Mitbestimmung. Sie ist besser gebildet, gehört teilweise der neuen Mittelschicht an und hat außerdem ein ausgeprägtes Umweltbewusstsein. Gu Xuewu, Leiter des Center for Global Studies, geht davon aus, dass es solche Revolten aufgrund genereller Unzufriedenheit schon immer gegeben habe, wenn auch lokal begrenzt. Die Wirtschaftsliberalisierung habe mehr journalistische Berichterstattung möglich gemacht, deshalb werde nun mehr über solche Aufstände geschrieben.[86]

## Chancen für die Europäische Union durch die Belt-and-Road-Initiative

Chinas Werben um die Mitwirkung Europas an der neuen Seidenstraße lässt sich gut mit der sogenannten Panda-Diplomatie vergleichen. Staatschef Xi und Kanzlerin Merkel präsentierten persönlich noch vor dem G20-Gipfel in Hamburg im Juli 2017 die von China an den Berliner Zoo geliehenen seltenen Pandas. Voraus gingen lange Verhandlungen und spürbare Verbesserungen der Handelsbeziehungen, so wie auch schon unter Mao Zedong und US-Präsident Richard Nixon 1972 beim Einzug zweier Pandas in den Washingtoner Nationalzoo.

Jetzt äußerte die Kanzlerin bei Übergabe der Bären in Berlin explizit das Interesse Deutschlands an der neuen Seidenstraße, wie die Bundesregierung offiziell mitteilte. Deutschland unterstütze das chinesische Projekt der Seidenstraßen-Initiative mit Blick auf die Zukunft. „Wir glauben, dass wir uns gerne beteiligen werden bei solchen Projekten und hoffen auf eine transparente Ausschreibung“, stellte Merkel klar.[87] An gleicher Stelle verkündete die Bundesregierung auch, bei den weiteren Verhandlungen mit der EU zur Handels- und Investitionspolitik mit China aufs Tempo zu drücken und kündigte an, dass die Bemühungen bis zu einem Freihandelsabkommen gehen könnten.

Die für 15 Jahre nach Berlin verliehenen Pandas wurden bei der Eröffnung mit viel Presseresonanz von der Kanzlerin als „Sonderbotschafter“ bezeichnet und die Fortschritte der Beziehungen zwischen beiden Ländern auf vielen Gebieten gelobt. Das Verleihen der Pandabären entspricht der chinesischen Philosophie und Politik im Sinne des Strebens nach Harmonie, nach Berechenbarkeit und sozialer Ordnung, besonders seitdem die Verunsicherung durch die neue US-Administration weltweit groß ist.

Zugleich fehlt es nicht an Kommentaren, die auf die Schattenseite der Panda-Diplomatie verweisen[88]: dass es in China keine freien Wahlen gibt, Regimegegner im Gefängnis sitzen, es an einer unabhängigen Justiz fehlt, notfalls Folter angewendet wird, Minderheiten wie die Tibeter diskriminiert werden und religiöse Freiheiten von Buddhisten wie Christen eingeschränkt werden. Vielfach werden daher neben wirtschaftlichem Fortschritt vor allem politische Reformen in der Volksrepublik angemahnt und die Durchsetzung von mehr demokratischen Grundrechten. Allerdings wird dabei gern übersehen, dass auch in anderen westlich orientierten Staaten und sogar NATO-Mitgliedsstaaten wie der Türkei gerade hierin Nachholbedarf besteht oder dass in Saudi-Arabien sogar Prügelstrafen für das Verletzen von Bekleidungsvorschriften verhängt werden und Frauen viele Rechte verwehrt werden.

Viele Beobachter im Westen befürchten, dass mit der neuen Seidenstraße eine Entwicklungsdiktatur der Chinesen exportiert werden soll. Gemeint ist damit, dass Chinas global angelegte Vision gerade auch auf die langfristige wirtschaftlich-soziale Entwicklung jener Regionen abzielt, die von der neuen Seidenstraße zentral berührt oder wenigstens tangiert werden. Chinas Versprechen von den „Segnungen" der Initiative geht dabei weit über die asiatischen Staaten hinaus bis in den Nahen Osten und nach Afrika und schließt auch Nordamerika sowie den ganzen amerikanischen Kontinent ein. Dabei stellen die Entwicklungskorridore entlang der neuen Seidenstraße sowohl auf dem Landweg als auch entlang der Küsten die entscheidenden Bereiche dar, in denen sich der wirtschaftliche Aufschwung in etwa 100 Kilometer Breite vollziehen soll. Unbestritten entwickelten weder die EU noch ein einzelnes Mitgliedsland oder die USA eine ähnlich weitreichende Vision wie die chinesische Belt-and-Road-Initiative. Im Special Report des EIR News Service (Executive Intelligence Review) vom November 2014 wird die neue Seidenstraße als Teil einer Welt-Landbrücke beschrieben. Die umfassende Studie trägt den Titel „The New Silk Road Becomes The World Land Bridge" und sieht diese Art des Entwicklungsmodells als Basis für eine friedliche Zukunft der Menschheit.[89]

Seitens der EU fehlt es bisher an einer gemeinschaftlich abgestimmten Position und Reaktion auf die chinesische Initiative. Erst in jüngster Zeit wächst die Aufmerksamkeit für die chinesischen Bemühungen um das neue Weltwachstumsmodell. Seit der Verkündung im Jahre 2013 durch Staatspräsident Xi gab es eher eine „lauwarme" Reaktion Europas.[90] Es dauerte auch über zwei Jahre, ehe sich einige europäische Banken der neuen AIIB entgegen den Empfehlungen oder Erwartungen der USA und der Weltbank anschlossen und nochmals Jahre, ehe sich die europäischen und deutschen Politiker und Medien sowie Wissenschaftler überhaupt ernsthafter mit der Neuen-Seidenstraßen-Initiative beschäftigten.

Auch die unterschiedliche Vertretung europäischer Länder bei der großen Pekinger Konferenz zur neuen Seidenstraße im Mai 2017 spiegelte die relative Unentschlossen- und Zaghaftigkeit der Europäer im Umgang mit Chinas weitreichender Vision wider. Mangels eigener oder gescheiterter Ideen fällt es offenbar schwer, über den eigenen Schatten zu springen und der Initiative jene Dimension zuzuerkennen, die sie international zunehmend gewinnt. In Europa und Deutschland fehlt eine objektive Auseinandersetzung mit dem chinesischen Entwicklungsmodell, wie es zum Beispiel von Zhang Weiwei aus philosophischer und kulturhistorischer Perspektive in seinem Buch „China Wave, The Rise Of A Civilizational State" dargestellt wird.[91]

In der Auseinandersetzung mit dem Einparteiensystem Chinas und der Alleinherrschaft der Kommunistischen Partei des Landes wird übersehen, dass Chinas Modell erfolgreicher als andere in Asien die Armut bekämpft und über Jahrzehnte kontinuierlichen Aufschwung gesichert hat. Entgegen den Erwartungen mancher Politiker westlicher Länder erheben sich die über 230 Millionen Mittelklasse-Chinesen und auch das Industrieproletariat sowie die auf unterster Stufe stehenden Millionen Wanderarbeiter auf lokaler oder staatlicher Ebene nicht gegen die chinesische Partei- und Staatsführung.

Die Chinesen haben sehr wohl registriert, dass die Farbenrevolutionen oder der Arabische Frühling in fast allen betroffenen Ländern in einen Winter und meist in Bürgerkriege umgeschlagen sind. Die Europa in Bann haltende Flüchtlingskrise hat auch in der von vielen westlichen Politikern und Theoretikern unterstützten Politik des „Regime Change" eine Ursache. „Good Governance" sollte nach Aussagen von Shang Weiwei besser an den faktischen Ergebnissen statt ideologischen Bewertungen gemessen werden. Das schon ritualhaft wirkende Mahnen nach mehr Menschenrechten und Einhalten von Wertvorstellungen westlicher Demokratien in China kann nicht darüber hinwegtäuschen, dass das Land wirtschaftlich und sozial sowie in zunehmenden Maße auch ökologisch vorangekommen ist und sich in einem anhaltenden dynamischen Umbruchsprozess befindet.

Gerade in Zeiten großer Verunsicherung hinsichtlich des weiteren Fortschritts im Freihandel und der Globalisierung ist es geraten, aktiver über neue Formen der weltweiten Kooperation statt Konfrontation nachzudenken. Die Belt-and-Road-Initiative Chinas steht hierfür als ein Modell, das sowohl in Europa als auch in den USA mehr verdient, als skeptisch behandelt zu werden.

Die beginnenden Brexit-Verhandlungen der EU mit Großbritannien und offene Fragen der weiteren Stabilisierung der Lage in Griechenland und auch der italienischen Banken absorbiert offenbar viel politische visionäre Handlungsaktivität Europas. Die EU wirkt getrieben statt agierend.[92] Hinzu kommen die anhaltend ungelösten Probleme der Flüchtlingskrise und eine neue Verunsicherung durch überraschende Positionswechsel der US-Administration. Auch die umstrittene Fortführung der Sanktionspolitik gegen Russland führt eher zum Verpassen von neuen Chancen auf dem europäisch-asiatischen Kontinent. Die Türkei entwickelt sich gleichzeitig von Europa weg und nutzt in Person des Staatschefs Erdoğan jede Gelegenheit, analog zu den USA, zumindest mit dem potentiellen Beenden der Kooperation und Kündigung von Verträgen zu drohen, wie auf dem G20-Treffen in Hamburg zuletzt beim Klimaschutz.

China betont immer wieder, dass seine OBOR-Initiative offen für alle EU-Staaten und interessierten Länder sei, und besonders die Passfähigkeit zu bereits vorhandenen Großprojekten oder visionären Programmen, wie den sogenannten Junckerplan für Europa oder den angedachte Marshallplan Europas und speziell Deutschlands für Afrika. Es gibt allerdings prinzipielle Unterschiede zwischen der B&R-Initiative und dem Herangehen zum Wiederaufbau nach dem Vorbild im Marshallplan. Yang Minhong betont in einem Vergleich folgende Gesichtspunkte:[93]

1. Der Hintergrund und die Ziele unterscheiden sich, da der ursprüngliche Marshallplan eine Reaktion auf die gewaltigen Zerstörungen in Europa und auf den Kalten Krieg gegen die Sowjetunion nach dem Zweiten Weltkrieg war. Die Dominanz der USA gegenüber den Hilfe empfangenden Ländern war selbstverständlich. Die B&R-Initiative ist in diesem Sinne kein Hilfs-, sondern ein Entwicklungsprogramm zum gegenseitigen Vorteil und dient über wirtschaftliche Kooperation hinaus auch zur Entwicklung der kulturellen und kommunikativen Beziehungen, ohne deshalb das chinesische Modell der Fünfjahresplanung und Aufbau eines Einparteienstaates zu exportieren.
2. Der Marshallplan ging mit einer politischen Ideologisierung im Sinne der amerikanisch-westlichen Lebensweise und Wirtschaftsweise einher, während bei der neuen Seidenstraße multinationale Zusammenarbeit und nationale Gepflogenheiten und regionale Besonderheiten sowie andere politische Systeme respektiert und gefördert werden, auch im Bewusstsein, dass es sich bei den Partnern oft um weniger entwickelte Staaten mit fehlenden Industriezentren handelt.
3. Beide Großinitiativen beruhen auf unterschiedlichen Kooperationsmodellen. Der Marshallplan zielte auf die Wiederbelebung der im Krieg zerstörten europäischen Industrie und auf die Durchsetzung einer Vormachtstellung der US-geführten Länder und besetzten Landesteile Deutschlands. Bei der OBOR-Initiative geht es vor allem um Schwellen-

und Entwicklungsländer sowie Investitionen in die Infrastruktur ohne chinesische Vorherrschaft, auch wenn das vielfach vor allem in den Medien unterstellt wird.

4. Beide Initiativen gehen von unterschiedlichen Implementierungsmechanismen aus. Entgegen den strengen Vorschriften des auf die Administrative gerichteten Marshallplans zielt die B&R-Initiative auf Marktoptionen und Entwicklungschancen ohne regierungsseitige Eingriffe und Kontrolle wie beim Marshallplan. Das bisher allein von China fixierte Investitionsvolumen der B&R-Initiative umfasst 1,4 Billionen US-Dollar und soll 4,4 Milliarden Menschen mehr Wohlstand bringen.

Von besonderem Interesse bei der B&R-Initiative sind für China Osteuropa und die mediterranen europäischen Staaten, allen voran Griechenland. Neben konkreten Investitionsvorhaben in Zentral- und Osteuropa, geht es um die Stärkung des Renminbi als internationales Zahlungsmittel. Chinesische Staatsfunktionäre nutzen immer wieder Auslandsreisen und internationale Konferenzen zur Popularisierung der Seidenstraßen-Initiative. Dabei wird darauf gesetzt, neue Partnerschaften im Interesse der Einleitung konkreter Megaprojekte zu bilden und dabei jene traditionellen Beziehungen europäischer Partner zu nutzen, die praktisch schon in der Kolonialzeit etwa durch Großbritannien, Frankreich, Spanien und Portugal vor allem im afrikanischen Raum entstanden sind.

Die genannte ETNC-Studie zur OBOR-Initiative verweist auch darauf, dass China eine geschickte, regelrechte „OBOR-Diplomatie" entwickelt hat, mit der nicht nur Staaten zum Mitwirken eingeladen werden, sondern auch internationale Think Tanks, Universitäten und Hochschullehrer sowie NGOs inklusive Kritiker der neuen Seidenstraße.[94] Hierdurch entstehen nicht nur neue Ideen und Projektvorschläge, sondern es wird ein breiter Diskurs zur neuen Seidenstraße entfaltet, der die von vielen vermutete „Entwicklungsdiktate" entlang der Korridore und betreffenden Regionen demokratisch legitimiert. Das schließt einzelne Proteste und teilweise auch gewaltsame Auseinandersetzungen wie in Sri Lanka oder Kirgisistan nicht aus, gerade weil dort die Betroffenen nicht genügend einbezogen waren.

Man spricht in China von einer „konsultativen Demokratie", bei der Harmonie im Interessenausgleich, soziale Ordnung und Berechenbarkeit dominieren. Basis dafür sind konfuzianische Werte und Maximen, die Rückbesinnung auf Chinas jahrhundertealte Stärken der Einheit und Geschlossenheit. Die Fachexpertise und Volksmeinung fließt in mehrstufigen Konsultationsprozessen ein. Demgegenüber nennt Zhang Weiwei die auf Redefreiheit, individuelle Rechte und Freiheiten und vor allem auf Geld basierende Demokratieform des Westens „Monetalkracy".[95]

Mit Blick auf China beherrschen oft ideologisch vorbestimmte Meinungen statt wirtschaftlich-sozialökologische und technische Fakten die Diskussion. Wertungsfreie sachliche Berichte über die enormen Fortschritte in China fehlen oft, gerade auch mit Blick auf die Neue-Seidenstraßen-Initiative. Dagegen gibt es viele Kommentare zu Verletzungen von Menschenrechten, Einschränkungen der Meinungsfreiheit und begrenzten Möglichkeiten der Mediennutzung in China mit Blick auf das Internet und speziell die Suchmaschine Google. Das soll nicht heruntergespielt werden, aber gerade weil China neben Deutschland einer der größten Gewinner der Globalisierung ist, muss man die Fakten sehen, die eine neue Stufe der Konnektivität ermöglichen. Dabei geht es keineswegs nur um die technische Seite der Passfähigkeit von Systemlösungen, wie etwa bei den erforderlichen neuen Ladesystemen für E-Mobile oder um die Spurweiten von Hochgeschwindigkeitsbahnen. Es geht auch um die Fähigkeit, Verbindungen zwischen den Projektaufgaben und -beteiligten herzustellen, die Art und Weise und natürlich auch die Intensität der Beziehungen.

Bei der Konnektivität geht es um neue Organisationsformen der Menschheit in Netzwerken, wie das deutsche Zukunftsinstitut betont.[96] „Der Trend zur Openness öffnet Unternehmen und administrative Strukturen nach außen. Er wird von der Forderung nach Transparenz vorangetrieben, die die ganze Gesellschaft umformt."[97] Dieser Megatrend wird in China schneller umgesetzt als in Europa und in vielen anderen Staaten, und keine Industrienation kann sich ihm entziehen.

Europa hat dabei die Chancen einer verstärkten Konnektivität mit China im Rahmen der sogenannten vertikalen Konnektivität zum Beispiel beim Aufbau und der Nutzung eines gemeinsamen Satellitensystems für ein Global Positioning System (GPS) unabhängig vom amerikanischen System bereits verpasst, obwohl die Chinesen Kooperation angeboten hatten. Wie Europa mit seinem Galileo-System hat China inzwischen Beidou (abgekürzt BDS) für die Satellitennavigation in China eingeführt und wird das globale System in Konkurrenz zum europäischen Galileo und anderen weiter ausbauen.

Wichtige Zukunftsfelder der Konnektivität können so erschwert werden, denn das Zukunftsinstitut stellt sachlich fest: „Das Leben wird total vernetzt. Moderne Kommunikationstechnologien mit dem Internet im Zentrum verleihen dem Megatrend Konnektivität eine unbändige Kraft. Kein

Megatrend kann mehr verändern, zerstören und neu schaffen. Kein Megatrend löst mehr Disruption aus. Durch seinen Einfluss entstehen neue Formen der Gemeinschaft, des Zusammenarbeitens, Wirtschaftens und Arbeitens."[98]

Ein einheitliches Bild der Reaktionen der EU auf die chinesischen Anstrengungen zur Popularisierung des Seidenstraßen-Projektes gibt es nicht, obwohl China bereits mit Tschechien, Polen, Ungarn und der Slowakei Memoranden of Understanding zur OBOR-Initiative abgeschlossen hat.[99] Die meisten Staaten verhalten sich eher neutral und zurückhaltend, zumal es für viele allgemein angekündigten terrestrischen oder maritimen Projekte noch keine Detailpläne gibt. Insider erklären das wiederum auch aus der chinesischen Kultur und Philosophie: Man nutze einen Kompass, wo Europäer bereits die Roadmap sehen wollen.

Wie auch immer die Kooperationsvorhaben in der Seidenstraße-Initiative bi- und multilateral oder zentralisiert auf der EU-Ebene gestaltet sein werden, es bleibt grundsätzlich festzustellen, dass Europa bisher keine überzeugende gemeinschaftliche Position zu der großen chinesischen Herausforderung gefunden hat. Vielmehr besteht der Eindruck, dass sich die EU und allen voran die deutsche Regierung hinter lange bekannten unterschiedlichen Auffassungen über faire Wettbewerbsbedingungen bei Ausschreibungen oder Projektvergaben oder Bedingungen für Joint Ventures mit chinesischen Partnern verstecken. Über diese juristischen Vorbehalte hinaus gibt es keine Liste europäischer Projekte, die der chinesischen Initiative auch nur annähernd vergleichbar sind. Ausgewählte europäische Länder sind bisher lediglich im Rahmen der AIIB ganz praktisch aktiv, auch wenn das den USA und Japan nicht gefällt. Der schon genannte EIR-Report zur neuen Seidenstraße listet dagegen eine ganze Reihe internationaler Großvorhaben auf, die Bestandteil einer „Welt-Landbrücke" zwischen den Kontinenten sein könnten:[100]

- Great Inter-Oceanic Canal, Nicaragua, 278 km,
- Bering Street Tunnel, 85 km unter der Bering Straße,
- Sakhalin Island-Mainland Russia Connection, 7 km,
- Sakhalin-Hokkaido Tunnel or bridge, 45 km,
- Seikan Tunnel, 54 km zwischen Honshu und Hokkaido,
- Japan-Korea Undersea Tunnel zwischen Japan und Südkorea, 128 km,
- Bohai Tunnel über 100 km unter der Bohai Strait,
- Strait of Malacca Bridge zwischen Malysis und Indonesien über 71 km,
- Sunda Strait Bridge, Indonesia, über 27 km zwischen Sumatra and Java,
- Isthmus of Kra Canal for Thailand, 50 bis 100 km,
- Bosporus Strait Rail Tunnel, eröffnet 2013, 13 km,

- Italy-Tunisia Link über Sizilien über 140 km,
- Strait of Gibraltar Tunnel, 40 km,
- English Channel, 50 km zwischen England und France, fertiggestellt,
- Scandinavian Peninsula-Continental Links, verschiedene Tunnel und Brücken.

Darüber hinaus werden im EIR-Special Report 11 internationale Korridore aufgelistet, die vor allem bedeutende Eisenbahnverbindungen betreffen, wie die Transsibirische Eisenbahn, deren Gründung auf die Jahre von 1891 bis 1916 zurückgeht und die erste transkontinentale Verbindung über 9.289 km von Moskau bis Wladiwostok umfasst.[101] Es ist bekannt, dass sich gerade solche Entwicklungskorridore entlang der Eisen- sowie Autobahnen weltweit bewährt haben und wesentlich zur Prosperität eines Landes beitragen. Das Phänomen lässt sich gerade auch an den historischen alten Handelsstraßen über Jahrtausende hinweg nachweisen, wie die alte Seidenstraße selbst beweist. Daher kommt auch der moderne Terminus von Chinas „Marco-Polo-Strategie" zur Entwicklung neuer Handelsrouten mit eben den genannten positiven Effekten für die angrenzenden Regionen in mindestens 100 km breiten Korridoren entlang der Hauptrouten.

Es ist bemerkenswert, dass es in deutscher Sprache nur eine Konferenzdokumentation zu „Deutschlands Chancen mit der Neuen Seidenstraße" gibt. Sie stammt von einer internationalen Konferenz des Schiller-Instituts in Essen vom 21. Oktober 2016.[102]

Die Chinesen sind davon überzeugt, mit der B&R-Initiative die Wirtschaft zwischen der EU und China weiter umzubauen und ein neues chinesisch-europäisches und damit auch weltweit beispielhaftes Kooperationsmodell zu schaffen. Die transeuropäischen Pläne zur Vernetzung von 94 Haupthäfen, 38 Flughäfen und Mega-Cities sowie 15.000 neue Schienenkilometer korrespondieren damit und schließen den Energie- sowie Rohstoffbereich ein. Dazu werden folgende Kooperationsfelder mit Europa und den anderen Kontinenten gesehen:[103]

1. Verknüpfung der Neuen-Seidenstraßen-Initiative mit den Entwicklungsmodellen der Anrainerstaaten,
2. Auf- und Ausbau der Infrastruktur zu paneuropäischen und globalen Verkehrsnetzen,
3. Stabilisierung und Liberalisierung der Handels-, Investitions- und Finanzkooperation in den chinesisch-europäischen Beziehungen,
4. chinesisch-europäische Urbanisierungs- und Innovationskooperation,

5. kultureller Austausch und Installierung von Dialogmechanismen inklusive Tourismus, Austausch im Gesundheitswesen und Bildungsoffensiven.

Es besteht wenig Zweifel daran, dass in allen gesellschaftlichen Kreisen mehr Aufklärungsbedarf über die vielen Aspekte der neuen Seidenstraße Chinas sowie die Gesamtentwicklung des neuen Hauptakteurs der Weltwirtschaft erforderlich ist. Zhang Weiwei betont in seinem Bestseller „The China Wave": „The world is thus witnessing a wave of change from a vertical world order, in which the West is above the rest in both wealth and ideas, to a more horizontal order, in which the rest, notably China, will be on a par with the West in both wealth and ideas. This is an unprecedented shift of economic and political gravity in human history, which will change the world forever."[104]

## Geopolitische Bedeutung der chinesischen Seidenstraßen-Initiative und des Rollentausches im Welthandel

Konflikte mit den Nachbarn in der Region stellen eine ernstzunehmende Gefahr für China dar. Die Regierung habe Angst vor Abspaltungen von Volksgruppen und versuche dies mit einer restriktiven Politik zu verhindern. Auch auf den angrenzenden Meeren gebe es Konflikte. Im Südchinesischen Meer beansprucht China beispielsweise auch Regionen vor den Küsten von Vietnam, Malaysia und den Philippinen für sich und beruft sich auf „historische Rechte". Bei den Spratly-Inseln dürfte es China auch um vermutete Öl- und Gasvorkommen gehen. Der Vorwurf an China lautet: Bauvorhaben in der umstrittenen Meeresregion würden diese Ansprüche aggressiv untermauern. Im Ostchinesischen Meer streitet China mit Japan um eine Inselgruppe und entsendet immer wieder Kriegsschiffe in die Region. Die USA stufen diese chinesischen Territorialansprüche im Südchinesischen Meer in ihrer Nationalen Militärstrategie als große Kriegsgefahr ein.

Doch China hat seinen Aufstieg zur bald wieder größten Wirtschaftsmacht der Welt nicht zuletzt der Globalisierung zu verdanken. Peking flankiere seine hohen Investitionen im Rahmen der sogenannten Seidenstraßen-Initiative aktiv mit einer auf Stabilität ausgerichteten Außenpolitik, analysiert Thomas Wrießnig, Vizepräsident der Bundesakademie für Sicherheitspolitik, in einem Arbeitspapier.[105] Europa teile grundsätzlich das chinesische Stabilitätsinteresse und solle daher Projekte zur Verbesserung dort aufgreifen, wo sie den Vorgaben einer harmonisierten Infrastrukturpolitik, eines fairen Wettbewerbs und EU-weiten Standards entsprächen, so Wrießnigs Schlussfolgerung. Aus europäischer Perspektive seien die Beweggründe für die chinesische Seidenstraßen-Initiative ohne weiteres nachvollziehbar. Es sei offensichtlich, „dass die bald größte Wirtschaftsmacht der Welt global ausgerichtet ist und ein ganz erhebliches Interesse an stabilem Handelsaustausch und Zugang zu Ressourcen hat". Insofern diene der Ausbau der Verbindungen nach Europa und Afrika in erster Linie sicher den wirtschaftlichen Interessen Chinas am langfristigen Erhalt und weiteren Ausbau seiner Exportmärkte – „und dies zumal der wichtigste Markt, die USA, in schwierigeres Fahrwasser steuert".

Europa teilt das chinesische Interesse an einem stabilen Umfeld für den eurasischen Handelsaustausch. Daher der Aufbau einer gemeinsamen Konnektivitätsplattform durch die EU zur Abstimmung beiderseitiger Interessen beim Ausbau der Infrastruktur. „Wo die chinesischen Pläne europäischen Konnektivitätsinteressen zuwiderlaufen, gilt es gegenzuhalten. Das setzt allerdings ein einheitliches abgestimmtes Vorgehen auf europäischer Seite voraus. Erliegen schon die großen EU-Mitgliedstaaten zunehmend dem chinesischen Hang zum Bilateralismus, gilt das umso mehr für die institutionalisierte Zusammenarbeit der kleineren mittel- und osteuropäischen Staaten im Rahmen des 16+1-Prozesses."[106]

Allerdings können auch Abhängigkeiten befürchtet werden, die ein einheitliches EU-Vorgehen zunehmend erschweren, was zur Forderung nach einem rechtzeitig koordinierten Vorgehen führt: „Gemeinsame EU-Standards und -Normen dürfen bei Investitionsprojekten mit chinesischen Partnern nicht über Bord geworfen werden; auch dürfen die Projekte einer harmonisierten Gesamtplanung, etwa zum europäischen Verkehrswegenetz, nicht zuwiderlaufen. Europäischen Vorgaben bei der Arbeitssicherheit ist genauso Rechnung zu tragen wie den Regeln für eine europaweite Ausschreibung von Projekten."[107]

Die Chinesen sprechen im Fall der Belt-and-Road-Initiative von einer „inklusiven Internationalisierung".[108] Auch wenn dieser Anspruch oft genug bezweifelt und immer wieder zumindest informell chinesische Übervorteilung der Partner unterstellt wird, muss man den neuen Ansatz als Entwicklungsmodell ernst nehmen.

Vor dem Hintergrund enger Wirtschaftsbeziehungen hält sich die Kritik an Menschenrechtsverletzungen, an dem Umgang mit Anwälten und Journalisten oder auch Dissidenten in allen westlichen Ländern in Grenzen, selbst wenn Einzelfälle wie jüngst der Tod des Friedensnobelpreisträgers

Liu Xiaobo in einem Gefängniskrankenhaus viel Kritik in aller Welt auslöste. In China selbst spielen dagegen die kritischen Stimmen gegen das repressive Regime längst keine so große Rolle, wie man angesichts der Medienzeit für Menschenrechtsaktivisten und chinesischen Dissidenten hierzulande vermuten könnte. In China hat sich, getragen durch die aufstrebende Mittelschicht und den insgesamt erworbenen Wohlstand vieler Millionen, ein stiller Wertewandel vollzogen, in dem die persönliche Karriere, das familiäre Glück und regierungsseitig gewährte Reisemöglichkeiten wichtiger sind als Freiheit und Demokratie oder ein nicht zensiertes Internet. Hinzu kommen die Lockerungen in der restriktiven Ein-Kind-Politik sowie die Tatsache, dass viele lokale Proteste gegen Landenteignungen, neue umweltbelastende Fabriken und Umweltzerstörungen meist keine nationale Bedeutung allein schon aufgrund der Größe des Riesenreiches erlangen oder die Ausbreitung von Protesten einfach gestoppt wird.

Die Politik greift diesen Wertewandel auf und sucht eine Ausgeglichenheit zwischen Wirtschaftswachstum und Umweltschutz. Dazu gehören eine „umfassende Förderung von Solar- und Windtechnologien, die Festlegung einer ‚roten Linie' für den Schutz von Ackerland, die Reduzierung von Luftschadstoffen, die Abschaffung massiv luftverschmutzender Fahrzeuge, der vermehrte Einsatz von Elektrofahrzeugen, die Festlegung von Emissionsreduktionszielen sowie die Umsetzung der neuen Kohle-Ressourcen-Steuer".[109]

Da sich schon mehr als 100 Länder und 30 Anrainerstaaten der Seidenstraßen-Initiative angeschlossen haben, handelt es sich nach offizieller chinesischer Lesart um die global größte, praktisch begonnene Entwicklungsinitiative zur Veränderung des Zivilisationszustandes. Enthusiasten der neuen Seidenstraße, insbesondere die Vertreter des Schiller-Institutes, sehen sie als einzigen Weg zur Rettung des Weltfriedens und zur Verhinderung eines neuerlichen Finanzcrashs. Viele Wissenschaftler und Analysten sind davon überzeugt, dass sich das Zentrum des globalen Handels und zunehmend der Innovation weiter von Europa und den USA nach Asien und speziell China verschiebt.

Diese strategische Neukonstellation wird vielfach durch die Wissenschaft und in den Medien eher als Bedrohung denn als Chance dargestellt. Das hat sich durch die protektionistischen Absichten Donald Trumps und die neue Wahrnehmung Chinas als Garant im Welthandel zwar abgeschwächt, bestimmt aber immer noch häufig das Denken und Handeln. China bemüht sich intensiv, verantwortungsvoll und anpassungsfähig die neue Rolle in der globalisierten Welt auszufüllen. Dabei vollzieht sich der Rollentausch im Welthandel und Klimaschutz zwischen den USA und China nicht in einer Hauruck-Aktion, sondern eher unauffällig und immer auch dadurch bestimmt, dass die USA der größte Absatzmarkt für China sind. Seit über zwei Jahrzehnen spielten die USA eine wichtige Rolle für den Aufstieg des chinesischen Einparteienstaates zur Weltmacht. Die angedrohten Strafzölle seitens der USA würden Chinas Wirtschaft erheblich belasten.

Viele Ökonomen sehen die Beziehungen von China zu den USA als eine Symbiose der beiden größten Volkswirtschaften, die in dieser Form weltweit ihresgleichen sucht und die nicht ohne Schaden für beide Seiten einfach aufgelöst werden kann. Von den finanziellen Abhängigkeiten der USA von China ganz zu schweigen. Der Wirtschaftshistoriker Niall Ferguson sprach schon vor Jahren von „Chimerika", um die außergewöhnliche gegenseitige Abhängigkeit der beiden Staaten voneinander zu symbolisieren.[110] Realistisch heißt es in einem Beitrag der Wochenzeitung „Die Zeit" zu den eng verflochtenen Volkswirtschaften der beiden so gegensätzlichen Staaten: „China und die USA verstehen sich als Rivalen, doch in Wirklichkeit sind sie aufeinander angewiesen wie nie zuvor."[111]

China sieht das auch mit Blick auf die Einbeziehung der USA in die Neue-Seidenstraßen-Initiative realistisch. Die Infrastruktur der USA könnte mit chinesischem Kapital und Know-how schneller auf Vordermann gebracht und modernisiert werden als von den USA allein. Ein oft genanntes Beispiel bestätigt das. Die USA verfügen gerade einmal über 456 Meilen Hochgeschwindigkeitsbahn, bei sehr gedehnter Definition von High-Speed, obwohl viele Großstädte an Verkehrschaos leiden und viele Millionen Pendler stundenlang im Stau zehnspuriger Autobahnen stehen. China hat bereits jetzt ein über 20.000 km weites Schnellfahrtstreckennetz. Bis 2020 soll es auf 25.000 bis 30.000 km wachsen und kann unterschiedliche Regionen bei höheren Geschwindigkeiten als in Europa meist üblich bedienen, was höchste Anforderungen aufgrund der gewaltigen Temperaturunterschiede stellt.[112]

Das US-Modell der Mobilität durch private Autos mit Verbrennungsmotoren und großem Truck-Aufkommen hingegen bedarf einer Revision. Kalifornien gehörte deshalb zu den ersten Bundestaaten, die die Zulassung von Elektroautos bevorzugten. Nunmehr sollten die USA für die wirtschaftliche Renaissance Tausende Kilometer Hochgeschwindigkeitsnetze bauen, die Energieversorgung durch Fusionsreaktoren modernisieren, die Trockenheits- und Wasserprobleme lösen und die Raumforschung wieder aktivieren. Als Kooperationspartner bieten sich dazu die BRICS-Staaten, allen voran China, an.[113]

Die in Eurasien angestrebten und bereits begonnenen terrestrischen und maritimen Megaprojekte der neuen Seidenstraße können „Blaupausen" für die Zukunft Amerikas seien. China ist darauf eingestellt, an der Planung, Finanzierung und dem Aufbau von Großprojekten zur Rekonstruktion Nordamerikas und weiteren Großprojekten im Sinne der Welt-Landbrücke nicht nur mitzuwirken, sondern sie aktiv voranzutreiben Hierzu zählen als für die USA bedeutende Maßnahmen vor allem

- die Verbindung von Alaska nach Sibirien unter der Bering-Meerstraße,
- die Hochgeschwindigkeitsverkehrsnetze und Maglev-Magnetzüge (Magnetschwebebahn),
- Entwicklungskorridore entlang der neuen Verkehrsverbindungen.

Bei der Untertunnelung der Bering-Straße handelt es sich um ein über 150 Jahre altes visionäres Projekt zur Überbrückung der 55 Meilen, die Alaska von Sibirien trennen. Es gilt als ein im Grunde längst überfälliges Projekt, das sowohl von China als auch Russland mehrfach erneut als Überlegung vorgelegt, aber von US-Seite abgelehnt wurde.

Von besonderer Bedeutung wird es sein, eine optimistische Sichtweise auf die Zukunft zu entwickeln und den Paradigmenwechsel in der Weltwirtschaft zu forcieren. Hierzu wäre der klassische „Can-do-it"-Optimismus der Amerikaner von großem Nutzen statt weit verbreiteter Zukunftsangst und pessimistischer Sichtweisen auf das Wachstum und Weltklima. „Gut hundert Jahre lang haben die Vereinigten Staaten einen großen Teil ihrer Aufmerksamkeit der besonderen Beziehung zu den Ländern Europas gewidmet", schreibt Peter Frankopan in seinem umstrittenen Buch „Licht aus dem Osten: Eine neue Geschichte der Welt". Nun sei es an der Zeit, sich anderweitig umzusehen.[114]

Der Fall der Berliner Mauer und des Eisernen Vorhangs in ganz Osteuropa hat außerordentlich günstige Voraussetzungen für die Entwicklung des eurasischen Kontinents mit sich gebracht. Der Vorschlag eines einheitlichen Wirtschaftsraums von Wladiwostok bis Lissabon gibt dafür große Perspektiven, verstärkt durch die Seidenstraßen-Initiative. Dabei ging es immer auch um die Schaffung einer neuen internationalen Wirtschafts- und Sicherheitsorder. Das schließt ein verändertes Paradigma der Humanität und Friedenspolitik ein und kann nur realisiert werden, wenn vorbehaltlos Licht und Schatten der Neuen-Seidenstraßen-Initiative analysiert und die Chancen ergriffen werden.

„Waren statt Waffen“ betitelte der Deutschlandfunk eine Sendung über die Seidenstraße. Der in Peking arbeitende Frank Sieren sieht durchaus einen geostrategischen Vorteil darin, dass „diese Länder, durch die die Seidenstraße geht, davon profitieren, dass da neue Wirtschaftszentren entstehen können: dass auf dem Weg neue Städte entstehen, dass die Güter nicht nur durch diese Länder transportiert werden, sondern zum Beispiel auch Güter dann später in diesen Ländern produziert werden ... bei vielen dieser Länder handelt es sich ja um sehr schwierige Staaten, beispielsweise Afghanistan, Pakistan, aber auch das ein oder andere zentralasiatische Land ist ja nicht sehr stabil, und es ist natürlich ein großes Wagnis, ein großes Risiko zu versuchen, dort wirtschaftlich zu investieren... Vielleicht ist es ja ein Versuch wert, zu sagen, Waren statt Waffen, jetzt versuchen wir das mal über wirtschaftlichen Aufbau.“[115]

Wenn man zurückblickt, wie weit China seit Beginn seiner marktorientierten Reformen und der Öffnung seiner Volkswirtschaft bereits gekommen ist, gibt es allen Grund zur Hoffnung, dass die OBOR-Strategie aufgeht und im Laufe der Zeit erhebliche Effekte erzielen wird. „Auch wenn es vielleicht ein halbes Jahrhundert dauern wird“, resümiert Franklin Allen vom Imperial College in London.[116] Die Geschichte geht ihren Gang.

# Forschungsstand zur historischen Seidenstraße

*Nikolaus A. Egel*

## 1. Bezeichnung und Verlauf der alten Seidenstraße

Die Bezeichnung „Seidenstraße" ist eine ebenso neuzeitliche wie irreführende Namensgebung. Denn die Seidenstraße war keine zusammenhängende Wegstrecke, sondern ein Netzwerk von sich verändernden und überwiegend unmarkierten Pfaden und Karawanenstraßen durch weite und nur sehr schwer passierbare Berg- und Wüstenregionen. Auch war Seide nur eines von vielen Gütern, die auf diesen Pfaden neben Gewürzen, Edelmetallen, Lederwaren, Porzellan und vor allem Papier (das bereits im 2. Jahrhundert v. Chr. in China erfunden worden war) gehandelt wurden. Es ist daher nicht verwunderlich, dass die Händler und Völker, die entlang der „Seidenstraße" lebten, diese Bezeichnung selber nicht benutzten – sie sprachen eher von der „Straße nach Samarkand" (bzw. einfach zum jeweils nächstgrößeren Ort entlang der Route) oder von „nördlichen" oder „südlichen" Strecken um die Wüste von Taklamakan herum.[1]

Den Begriff „Seidenstraße" hat erst Baron Ferdinand von Richthofen im Jahr 1877 geprägt. Ferdinand von Richthofen war ein deutscher Geograf, der sich zwischen 1868 und 1872 in China aufhielt[2], um dort vor allem geologische, geografische, wirtschaftliche und kulturelle Studien zu betreiben, und der seine Untersuchungsergebnisse in seinem fünfbändigen Werk über China ab 1877 veröffentlichte.[3] Im ersten Band seines Werks wird die Seidenstraße das erste Mal erwähnt, auf Seite 500 ist eine Karte dieser Route abgebildet[4], die Richthofen aus europäischen Quellen (vor allem Ptolemäus und Marinus) sowie – erstmals – auch aus chinesischen Zeugnissen zusammengestellt hatte. Die dortige Abbildung erinnert jedoch eher an eine gerade Schienenstrecke durch Eurasien, die mit der historischen Seidenstraße (als verzweigtem Netz von vielen Wegen) nicht viel zu tun hat. Der Vorwurf, dass Richthofen dort eher eine potentielle Zugstrecke von Shangdong durch die Kohlenfelder von Chang'an (heute Xi'an) bis nach Deutschland entworfen habe[5], wird nicht unberechtigt sein. Für Richthofen bezog sich die Namensgebung auf Wegstrecken, auf denen die chinesische Seide vom Han-Reich (206 v. Chr. bis 220 n. Chr.) nach Zentralasien transportiert wurde. Richthofen bezog das Konzept der Seidenstraße zwar nicht auf Zeiten nach der Han-Periode, diskutierte aber dennoch auch andere Routen in späteren Zeiten und den Austausch von anderen Waren als Seide.

Nicht ganz vergessen werden sollte, dass es viele Schüler von Richthofen waren – unter ihnen Sven Hedin und vor allem Albert Grünwedel sowie Albert von Le Coq –, die in einer Weise, die für das forschende Europa des 19. / 20. Jahrhunderts typisch war, viele der gefundenen archäologischen Kulturgüter – zum Beispiel aus der Turfanoase in der Wüste von Taklamakan – gestohlen und nach Europa gebracht haben. Dies hat den Forschern Ruhm und die Begründung der Turfanforschung, uns die weltgrößte Sammlung von Artefakten aus der Region in Berlin (Dahlem und jetzt bald im ‚Humboldt-Forum') sowie den noch heute anhaltenden Unmut der dortigen Regierungen eingebracht.[6]

Auf jeden Fall setzte sich der Begriff „Seidenstraße" zunehmend durch und wurde im Jahr 1910 erstmalig in der Dissertation des ebenfalls deutschen Geografen Albert Herrmann als Titel geführt.[7] Die Namensgebung wurde spätestens im Jahr 1936 zum allgemeinen Standard, als das Buch Sven Hedins über seine Entdeckungen in Zentralasien unter dem deutschen Titel „Die Seidenstraße"[8] erschien. Auch wenn „die Seidenstraße" also eine Abstraktion aus dem 19. Jahrhundert ist, lassen sich doch gewisse Hauptrouten beschreiben, die im Osten in Chang'an begannen (mit weiterführenden Wegen nach Peking bzw. Nanking und Hangzhou) und im Westen in Palmyra abschlossen (von wo die Waren weiter nach Kairo bzw. Konstantinopel transportiert wurden, um dann auch nach Europa zu gelangen). Im Folgenden soll die Hauptroute kurz beschrieben werden, wobei die aufgrund ihrer Länge gängige Unterteilung in eine westliche, mittlere und östliche Seidenstraße beibehalten wird.

Das Herzstück der Seidenstraße, die *mittlere Seidenstraße,* reichte vom Ostiran – beginnend mit der Stadt Merw im Westen – bis zur Wüste Gobi und der Stadt Dunhuang im Osten sowie südlich bis nach Kaschmir und Peschawar. Sie verband damit drei wichtige asiatische Kulturräume: Iran, Indien und China. Von Merw überquerte man den Oxus (heute Amudarja) und über Buchara das Ferghanatal (erstreckt sich zwischen Usbekistan, Tadschikistan und Kirgisistan) bis Samarkand. Von Samarkand verlief die Seidenstraße entlang des Flusses Jaxartes nach Andijon, erstreckte sich über das Tian Shan-Gebirge und mündete sodann in Kaschgar im Tarimbecken. Die im Tarimbecken gelegene Wüste Taklamakan musste im Norden oder im Süden umgangen werden. Südlich reiste man über Khotan, Qarqan und Qakilik, bis man Dunhuang erreichte. Ab dem 5. Jahrhundert wurde der nördliche Weg bevorzugt: Von Kaschgar über Aksu, Karashar und Korla nach Loulan, wodurch man gleichfalls Dunhuang erreichte.

Auch das Siebenstromland (zwischen dem heutigen Kasachstan, Kirgisistan und Xinjiang (China)) war durch Wege mit der Seidenstraße verbunden. Für den Handel mit Indien musste man hohe Gebirge überqueren: Von Merw über Baktra (heute Balch) zum Chaiber-Pass (Bergpass zwischen dem heutigen Pakistan und Afghanistan) und den Hindukusch bis in die nordwestindische Provinz Gandhara.

Die *östliche Seidenstraße* führte – an die mittlere Seidenstraße anschließend – zu den wichtigen Städten Chinas: von Dunhuang über Anxi (heute Guazhou) durch den Gansu- oder Hexi-Korridor über Jiayuguan und Wuwei nach Lanzhou, daraufhin über Tianshui und Baoji bis Chang'an. Von dort verlief sie nordöstlich nach Peking bzw. östlich nach Nanking.

Die *westliche Seidenstraße* verlief von der mittleren Seidenstraße ausgehend in westlicher Richtung bis zu den Hafenstädten am Mittelmeer: von Merw über Maschhad, Teheran und Bagdad nach Palmyra. Von dort gelangte man Richtung Nordwesten über Aleppo, Antiochia und Tyros bis Konstantinopel oder Richtung Südwesten über Damaskus und Gaza nach Kairo und Alexandria.[9]

Auch die derzeit geplante *maritime Seidenstraße* hat in der Geschichte Chinas eine lange Tradition. Roderich Ptak hat in seinem 2007 erschienenen Buch[10] über die maritime Seidenstraße die Handelsrouten im gesamten asiatischen maritimen Großraum beschrieben und dabei gezeigt, dass es vor der Ankunft der Portugiesen in Indien bereits regen Handel im Indischen Ozean gab. Zudem soll der Kaiser Qin Shi Huang Di bereits 217 v. Chr. einige tausend Jungen und Mädchen unter Xu Shi zu einer Expedition ausgesendet haben, um nach dem Lebenselixier auf den sagenhaften Inseln der Unsterblichen zu suchen. Es gibt verschiedene Quellen, die über den Aufbruch der Flotte aus Shandong und deren Ankunft in Japan berichten.[11] Die Handelsaktivitäten Chinas im Indischen Ozean steigerten sich vor allem in der Zeit der Tang- (618–907 n. Chr.) sowie der Sung-Dynastie (960–1279 n. Chr.) und erreichten ihren damaligen Höhepunkt während der Yüan-Dynastie (1271–1368 n. Chr.), einer Zeit wirtschaftlicher und politischer Machtentfaltung der Mongolen, von der Marco Polo in seinem Buch *Divisament du monde*[12] Aufsehen und Unglauben erregende Kunde nach Europa brachte.

Zu wirklich großen staatlichen Aktivitäten des Überseehandels kam es von Seiten der Chinesen jedoch erst zu Beginn des 15. Jahrhunderts, als General Zheng He zwischen 1405 und 1433 auf sieben Reisen sehr große Flottenverbände (auf der ersten Expedition waren es 62 Handelsschiffe und 27.800 Mann) bis nach Indien und Afrika führte, um Chinas Einflussbereich zu vergrößern und Handel zu treiben.

Gelangte Zheng He auf seinen ersten drei Reisen bereits bis nach Thailand, Sri Lanka und an die Südwestküste Indiens, so führten ihn seine weiteren Reisen sogar bis nach Hormuz am Persischen Golf, in das Rote Meer und bis nach Malindi im heutigen Kenia, wobei ihm der Kompass, den die Chinesen im 12. Jahrhundert entwickelt hatten, eine große Hilfe war.[13] Aus Ostafrika (Malindi) brachte die vierte See-Expedition 1414 laut kaiserlichen Annalen sehr zum Erstaunen des Hofes neben Gewürzen und Edelmetallen sogar eine Giraffe und andere exotische Tiere und Pflanzen mit.[14] Aufgrund der hohen Kosten und daraus folgender Unruhen im China der Ming-Kaiser wurden diese Expeditionen jedoch eingestellt und die Flotte abgerüstet. Damit begann Chinas Abschottungspolitik gegenüber dem Rest der Welt, die in das berühmte Antwortschreiben (1793) des Kaisers Qianlong an den englischen König Georg III. gipfelte: „Wie Euer Botschafter selbst sehen kann, besitzen wir bereits alles. Ich messe fremden oder ausgefallenen Dingen keinerlei Wert bei und habe keinen Bedarf an den Erzeugnissen Eures Landes.“[15] Eine Botschaft, die im englischen Parlament und in der englischen Handelsöffentlichkeit große Erregung auslöste und – etwas vereinfacht gesagt – später in den Opiumkrieg und die gewaltsame Öffnung chinesischer Häfen und schließlich in die Kolonialisierung verschiedener Küstengebiete seitens aller europäischen Großmächte mündete.

Die Europäer und die USA sollten sich sowohl dieser Geschichte bewusst sein, wenn sie gegen den Versuch chinesischer Firmen, in Europa Fuß zu fassen, protestieren und dagegen Hemmnisse aufbauen, als auch der Tatsache, dass den Chinesen diese Zeit als eine Zeit der Erniedrigung bewusst ist. Daher kann man von einer großen Zustimmung der chinesischen Bevölkerung mit ihrer gegenwärtigen Führung ausgehen, die eine Politik ins Werk gesetzt hat, die China zur stärksten Handelsmacht der Welt werden lässt.

Zum besseren Verständnis muss man sich der Geschichte dieser Regionen und ihrer wechselseitigen Verknüpfungen mit der Historie dieser Handelswege, die unter dem vereinfachenden Namen „Seidenstraße“ zusammengefasst sind, zuwenden.

## 2. Geschichte und Bedeutung der alten Seidenstraße

### 2.1 Der östliche Teil der Seidenstraße

Die Entstehung der Seidenstraßenverbindungen, die der Tradition halber kurz „Seidenstraße" genannt werden, lässt sich nur schwer datieren. Sicher ist jedenfalls, dass die Seidenstraße nicht auf einen einheitlichen Planungsakt, sondern auf die schrittweise Verknüpfung zahlreicher bereits bestehender Handelswege zurückgeht. Für ihre früheste Zeit sind wir auf archäologische Funde angewiesen, die belegen, dass der Handel entlang den Routen der Seidenstraße vor langer Zeit begann. So sandten bereits Bewohner der Provinz Xinjiang um 1200 v. Chr., zur Zeit der Shang-Dynastie (1766–1045 v. Chr.) ihre Waren nach Zentralchina, was unter anderem daran ersichtlich wird, dass das prächtig ausgestattete Grab der Gemahlin des Kaisers Wu Ding (ca. 1325–1266 v. Chr.) namens Fu Hao nicht nur 200 Bronzewaffen und 200 bronzene Gegenstände, sondern auch circa 600 Jadefiguren enthält, die in Khotan in Xinjiang hergestellt worden sein müssen – einem der ältesten Orte entlang der Seidenstraße.[16] Zudem weisen große Mengen an Muscheln in derselben Periode, die in der Provinz Gansu in China gefunden wurden, auf einen intensiven Handelsverkehr mit den Küstenregionen Ostchinas, Südindiens und vielleicht sogar mit Regionen des Mittelmeers hin.[17] Darüber hinaus zeigen auch Funde von Mumien bei Ausgrabungen in Xinjiang (im Tarimbecken) und Gansu, dass es sich bei den dort Begrabenen nicht um Chinesen handeln konnte, da sie teilweise über 1,80 Meter groß waren und keine chinsesischen Merkmale aufwiesen.[18] Hier muss ein Austausch nicht nur von Waren, sondern auch von Menschen stattgefunden haben, der sich heute jedoch – aufgrund des Fehlens von Schriftzeugnissen – nicht mehr detailliert rekonstruieren lässt.

Im Grunde müssen wir uns für die Frühzeit der Seidenstraße auf die frühen chinesischen Erzählungen wie dem *Shanhaijing* („Verlauf der Berge und Meere"), die der große Kaiser Yu Si (der legendäre Gründer der ersten mythischen Dynastie Chinas, der Xia-Dynastie) selbst verfasst haben soll, verlassen.[19] Oder müssen darauf vertrauen, dass den sagenhaften Reisen des Kaisers Mu der Zhou-Dynastie[20], der die vier Weltgegenden erstmals bereist haben soll, ein historischer Kern unterliegt: Der Kaiser schlägt sich während seiner abenteuerlichen Reisen durch die Sandwüsten im Norden, besteigt den sagenhaften Kunlun-Berg im Westen (der chinesischen Mythologie nach war dies der Berg der Götter, der chinesische Olymp sozusagen), sieht fremde Länder und Sitten und trifft – dies der Höhepunkt der Erzählung – sogar Xiwangmu, die „Mutter des Westens"[21]. Kurz: Wir wissen nur sehr wenig über diese Zeit und müssen uns hier weitestgehend auf Mythen verlassen.

Die ersten gesicherten schriftlichen Nachrichten über den Handel entlang der Seidenstraße betreffen den chinesischen Gesandten Zhang Qian[22] (gest. 113 v. Chr.), der – folgen wir der Beschreibung seiner Reisen im *Shiji* („Aufzeichnungen des Chronisten") des chinesischen Historikers Sima Quian[23] – während des 2. Jahrhunderts v. Chr. im Auftrag des Kaisers Wu der Han-Dynastie (er regierte 140 – 87 v. Chr.) von Chang'an nach Zentralasien gereist sein soll. Der Kaiser hatte gehofft, dass Zhang Qian in dem nomadischen Stamm der Yuezhi, die vor allem im Fergana-Tal (im heutigen Usbekistan) siedelten, einen Verbündeten gegen die Xiongnu (womöglich das Nomadenvolk, das ungefähr in der heutigen Mongolei siedelte und uns unter dem Namen „Hunnen" bekannt ist[24]) finden würde, die den Chinesen seit dem 3. Jahrhundert v. Chr. das Leben schwer gemacht hatten.[25] Besonders heikel wurde es für die Chinesen, als Maodun[26] (234 – 174 v. Chr.) die Stämme der Xiongnu einigen und sich neben den Yuezhi ganz auf die Chinesen konzentrieren konnte, die den Attacken der Xiongnu nur entgehen konnten, indem sie Maodu mit einer chinesesischen Prinzessin verheirateten und ihm jährlich 200.000 Liter Wein, 92.400 Meter Seide und 1.000 Unzen Gold als Tribut zahlten.[27]

Das wird den Han-Kaisern keine große Freude gemacht haben – und es hat auch nicht viel genutzt, da der Sohn Maoduns, ein recht ungemütlicher und wilder Herrscher namens Laosheng, die Yuezhi vernichtend schlug und aus der Schädeldecke des Anführers der Yuezhi ein Trinkgefäß machte (eine Triumphgeste, die Europäern später auch durch Hunnen und Langobarden vertraut werden sollte). Er verstärkte auch die Angriffe auf das chinesische Xinjiang. Zu dieser Zeit wurde Zhang Qian als kaiserlicher Gesandter nach Westen geschickt, um mit den Yuezhi womöglich eine Allianz gegen diesen unbequemen gemeinsamen Nachbarn schließen zu können. Leider muss sich die Reise Zhang Qians jedoch länger als von ihm gewünscht gestaltet haben, da die Xiongnu ihn gefangenen nahmen und ihn mehr als zehn Jahre bei sich behielten. Doch nach ungefähr zehnjähriger Gefangenschaft (in der Zhang Qian eine Frau und Kinder hatte) gelang ihm die Flucht, und er setzte seine Reise nach Zentralasien zu den Yuezhi fort, wodurch er bis zum Fergana-Tal und zum Oberlauf des Amudarja gelangte. Zwar kam es nicht zum gewünschten Pakt mit den Yuezhi (die sich lieber nicht mehr mit den Xiongnu anlegen wollten), doch konnte Zhang Qian Nachrichten zurück an den kaiserlichen Hof bringen, die das geografische, ethnografische und politische Wissen der Chinesen über Eurasien erheblich erweiterten und den Weg für weitergehende wirtschaftliche und kulturelle Kontakte der Chinesen mit Zentralasien eröffneten, indem die Armeen des Kaisers Wu die Xiongnu in den nächsten Jahren immer wieder militärisch bedrängten und sie im Jahr 121 v. Chr. aus dem Gansu-Korridor vertrieben – womit der Weg zu den Schätzen der Seidenstraße für die Chinesen frei war, den sie in den folgenden Jahren durch Festungen und Wachtürme ausbauten und bis nach Dunhuang (direkt am Eingang der Wüste von Taklamakan) sicherten.

Zunächst einmal schien Zhang Qian selbst überrascht gewesen zu sein, dass schon vor ihm chinesische Händler und Waren in Zentralasien gewesen sein müssen. Er berichtete Kaiser Wu, dass auf den Märkten in Baktrien (dem heutigen nördlichen Teil von Afghanistan) Gegenstände aus Bambus sowie Kleidung aus der tausende von Kilometern entfernten chinesischen Provinz Sichuan verkauft wurden. Außerdem konnte er Kaiser Wu von den legendären „blutschwitzenden" Pferden des Fergana-Tals berichten, die von den „Pferden des Himmels" selbst abstammen sollten: Um diese Pferde in seinen Besitz zu bringen, sandte Kaiser Wu sogar eine Armee von mehreren tausend Mann bis nach Fergana aus, wodurch er Zentralasien bis nach Sogdien[28] im heutigen Iran – dessen Bewohner bis ins 9. Jahrhundert n. Chr. für ihren Geschäftssinn berühmt waren, sodass die Chinesen von ihnen sagten, dass die Mütter bei den Sogdern „ihren Kindern Zucker zu essen geben, in der Hoffnung, dass ihre Worte später süß würden und ihnen Kleister auf die Handflächen streichen, damit Kostbarkeiten daran haftenblieben"[29] – auf den Wegen der Seidenstraße das erste Mal in der Geschichte Chinas für China öffnete und die Handelswege durch militärische Präsenz in den folgenden Jahren weitestgehend sicher machte. Damit hatte unter Kaiser Wu eine Periode des Handels zwischen China und den Ländern Zentralasiens entlang der Seidenstraße begonnen, die sich bis zum Ende der Han-Dynastie (220 n. Chr.) entfalten sollte. Zu sagen, dass mit Zhang Qian der Handel entlang der Seidenstraße begonnen habe, wäre sicherlich falsch. Aber mit Zhang Qian begann ein verstärkter Handel als Mittel chinesischer Außenpolitik zwischen China und Zentralasien (vor allem mit chinesischer Seide und Pferden), der über Baktrien, Indien und das Partherreich bis nach Rom reichte.

Wie der Handel entlang der Seidenstraße zu dieser Zeit organisiert wurde, wird aus Dokumenten (die auf zusammengebundenen Holzstücken geschrieben waren) ersichtlich, die in Xuanquan, einer Garnison 64 Kilometer östlich von Dunhuang, gefunden wurden.[30]

Da Xuanquan die letzte Station vor Dunhuang war, mussten fast alle Gesandtschaften diesen Außenposten passieren, sowohl, wenn sie nach

China kamen, als auch, wenn sie China wieder verließen – was sehr viele waren, da die Dokumente der Han-Zeit mehr als 50 Königtümer in Zentralasien nennen. Sehr häufig jedoch handelte es sich eher um Oasenstädte mit einigen tausend Einwohnern als um wirkliche Königreiche. Die meisten dieser Königtümer sandten regelmäßig „Gesandtschaften" in die Hauptstadt Chinas (Chang'an), um Geschenke zu überreichen und dafür Geschenke entgegenzunehmen, da der Kaiser ungern von „Handel" sprach – was es *de facto* unter der Schirmherrschaft der Chinesen war. Und dieser Handel war gut organisiert: Verschiedene der in Xuanquan gefundenen Dokumente listen die Zwischenstopps auf, die jede der Delegationen zwischen Dunhuang und Chang'an zu passieren hatten und von denen diese nicht abweichen durften. Bei jedem Halt wurden ihr Reisepass (chin.: *guosuo*) geprüft, wobei streng darauf geachtet wurde, dass weder die Waren, noch die Tiere und Menschen von der in den Papieren genannten Anzahl abwichen. Die Delegationen konnten ganz verschiedene Größen haben: So sandte der König von Khotan zum Beispiel eine Delegation nach China, die aus 1.714 Mitgliedern bestand. Typischer waren jedoch kleinere Gruppen, wie eine Karawane aus Sogdien im Jahr 52 v. Chr., die aus zwei Gesandten, zehn Aristokraten und einigen anderen Personen bestand, die neun Pferde, 31 Maultiere, 25 Kamele und eine Kuh mit sich führten.[31]

Die Berichte über Handelsdelegationen sind bemerkenswert detailliert: Zum Beispiel wird dort von einem Disput im Jahr 39 v. Chr. berichtet, in dem vier sogdische Gesandte offiziell Protest bei einigen chinesischen Beamten einlegten, da sie für ihre Kamele zu schlecht bezahlt worden seien. Die Chinesen hätten ihnen den Gegenwert für dünne und gelbe Kamele bezahlt, wobei sie jedoch fette, weiße Kamele geliefert hätten. Zudem hätten sie als Gesandte erwartet, dass man sie an jeder Station umsonst aufnähme und bewirtete, stattdessen hätten sie jedoch stets zahlen müssen.[32] Die chinesischen Beamten entschieden zwar, dass die Gesandten gut genug entlohnt worden seien (wobei die Chinesen den Sogdiern deren Kooperation mit ihren erbitterten Feinden, den Xiongnu übel genommen haben mögen), aber dennoch zeigt dieser Bericht nicht nur einen gut organisierten Handel, sondern auch ein zumindest grundsätzlich vorhandenes Vertrauen der Gesandten in die chinesische Bürokratie – auch wenn dieses im vorliegenden Einzelfall enttäuscht worden sein mag. Valerie Hansen fasst die Situation entlang der östlichen Seidenstraße während der Han-Zeit prägnant zusammen:

„Die Dokumente von Xuanquan zeigen uns eine ganze Welt, eine Welt, die sowohl Oasen am westlichsten Rand von China nahe der heutigen Stadt Kashgar als auch solche jenseits von Chinas heutiger Grenze in Usbekistan,

Pakistan und Afghanistan beinhaltet. Die Regenten dieser verschiedenen zentralasiatischen Oasen nahmen an dem systematischen Austausch von diplomatischen Gesandtschaften mit dem chinesischen Kaiser der Han-Dynastie teil, und Gesandte von diesen verschiedenen Punkten reisten regelmäßig entlang der Seidenstraße auf ihrem Weg zur chinesischen Hauptstadt."[33]

## 2.2 Der westliche Teil der Seidenstraße

Für den westlichen Teil der Seidenstraße in dieser Zeit sieht die Quellenlage deutlich schlechter aus. Eine der wichtigsten Quellen für die östlichen Teile der Welt jenseits des damaligen Römischen Reiches ist der *Periplus Maris Erythraei* („Küstenbefahrung des Roten Meeres"), das Buch eines unbekannten Kaufmannes, der in Ägypten lebte und auf Griechisch geschrieben hat. Nachdem darin die verschiedensten Gebiete und Handelsplätze in Nordafrika, der Arabischen Halbinsel und Indien (bis zur Gangesmündung) mit großer Genauigkeit unter den damals wichtigen marktpolitischen Aspekten (was lässt sich wo am besten verkaufen, wieviel ist eine Ware an welchem Ort jeweils wert etc.) beschrieben worden sind, schließt der *Periplus* mit einer Erwähnung der Länder, die jenseits der für die Römer bekannten Welt liegen:

„Nach dieser Gegend [der Gangesmündung, Anm. N.E.] bereits ganz im Norden, indem das äußere [große] Meer an einer Stelle der Seren aufhört, liegt in der Seren Lande eine sehr große Binnenstadt, Thinai [Θῖναι] genannt, von der die serische Seide, Seidengarn und Seidenzeug nach Barygaza über Baktra zu Lande gebracht werden und ebenso auch nach Limyrike vermittelst des Ganges. Nach diesem Lande kann man nicht leicht gelangen; denn nur Vereinzelte kommen von ihm, nicht Viele. Es liegt das Land gerade unter dem kleinen Bären und soll die abgewendeten [östlichen] Theile des Pontos [Euxeinos] und des Kaspischen Meeres begrenzen, neben dem der Mäotische See liegt, der sich mit ihm [dem Kaspischen Meere] in den Okeanos ergießt."[34]

Mit diesem Land der Serer und ihrer Hauptstadt Thina hört für den Verfasser dieser Seeroutenbeschreibung die bewohnbare Welt auf, da die darauf folgenden Gegenden für den Verfasser „entweder wegen der übermäßigen Stürme und sehr großen Eiskälte schwer zugänglich oder auch durch eine überirdische Einwirkung der Götter unerforschlich" seien.

Dass er mit der Stadt „Thina" das Land China meinte, ist naheliegend, zumal es im Griechischen (in dem die Beschreibung abgefasst ist) keinen

Buchstaben für die Konsonantenverbindung *ch* gab. Der Verfasser wird die für ihn noch recht fremde Bezeichnung wohl von indischen Händlern haben, da China im Sanskrit „Chee-na" ausgesprochen wurde, was auch der Ursprung für die englische, französische und deutsche Bezeichnung dieses Landes ist.[35] Viel wusste er freilich nicht über China zu sagen, außer dass in China die im Römischen Reich so begehrte Seide hergestellt wurde, auf deren Herstellung China seit ungefähr 4000 v. Chr. für Jahrtausende ein Monopol hatte. Die Legende schreibt diese für China so wichtige Erfindung zwar der Gattin des „gelben Kaisers" Huang Di namens Xi Ling zu, die die Seidenraupe und ihr Produkt im 3. Jahrtausend v. Chr. zufällig während des Teetrinkens entdeckt haben soll, die Seidenherstellung wird in China jedoch noch ältere Wurzeln haben.[36]

Bei den Römern war Seide (aufgrund ihres Wertes und ihrer Durchsichtigkeit) zwar gerade bei den Damen der Oberschicht äußerst beliebt, allerdings hatten die Römer keine Vorstellung davon, worum es sich dabei eigentlich handelte. So beschreibt Vergil in seinen *Georgica*[37] die allgemein gängige Vorstellung, dass Seide aus Blättern gewonnen werde, der griechische Geograf und Geschichtsschreiber Strabon[38] meinte, sie werde aus der Rinde bestimmter Bäume in Indien hergestellt, und noch Plinius der Ältere war im 1. Jahrhundert n. Chr. der Ansicht, dass die „Serer den weißen Blattflor der wolletragenden *Bäume mit Wasser besprengen und abkämmen*"[39]. Durch diese Schriftzeugnisse wird bestätigt, was auch die Abwesenheit archäologischer Funde belegt: Dass es wohl keinen direkten Handel zwischen dem Römischen Reich und China gegeben hat. So ist in China keine einzige römische Münze gefunden worden – die ersten Münzfunde im Reich der Mitte stammen aus den 530er Jahren und sind byzantinischer Provenienz.[40]

## 2.3 Zentralasien

Das zeigt, dass gerade den Reichen in Zentralasien für den west-östlichen Austausch von Waren und Ideen ein wichtiger Stellenwert zukam. Zentralasien war schon damals ein kultureller, politischer und ökonomischer Schmelztiegel, der nur allzu oft aus Gewalt geschmiedet wurde. Als Beispiel kann hier das Reich von Kushan dienen, das von Nachfahren der uns nun schon bekannten Yuezhi gegründet worden war und das während seiner größten Ausdehnung vom 1. Jahrhundert v. Chr. bis ins 3. Jh. n. Chr. vom Gebiet des heutigen Tadschikistan bis zum Kaspischen Meer und vom heutigen Afghanistan bis hinunter ins Industal reichte. Mit Kushan haben wir kein homogenes Staatsgebilde vor uns, sondern eine bunte Mischung aus den verschiedensten Kulturen: die Münzen von Kushan waren ebenso in griechischer Schrift geprägt wie in Kharoshthi (einer Schrift, die in Indien verwendet wurde), man fand dort Bilder griechischer, persischer und hinduistischer Götter ebenso wie Abbilder Buddhas. So verband Kushan China mit Indien, Persien und Rom. Diese Zeit war die klassische Ära der Seidenstraße, als das Mittelmeer, Mesopotamien, Persien, Zentralasien und China von einigen großen Imperien regiert wurden. Denn trotz der Auseinandersetzungen zwischen den Xiongnu und dem Han-Imperium oder zwischen Rom und dem Partherreich – es wird berichtet, dass die seidenen Banner der parthischen Armee in der Schlacht von Carrhae im Jahr 53 v. Chr., die für die Römer vernichtend ausging, die ersten seidenen Gegenstände waren, die die Römer jemals gesehen hatten[41] – regten die Entwicklung von diplomatischen Kontakten und die Ermöglichung von einigermaßen sicheren Transportwegen doch den Handel entlang der Seidenstraße an und führten zu einer Blütezeit der Seidenstraße bis ins 3. Jahrhundert n. Chr.

Mit dem Untergang der Han-Dynastie (220 n. Chr.) und dem zunehmenden Verfall des Römischen Reiches veränderten sich auch die Machtverhältnisse entlang der Seidenstraße. Der Zerfall ist auch auf den Druck zentralasiatischer Stämme wie der Hunnen auf die Randbevölkerung des Römischen Reiches wie der Goten zurückzuführen, die in der Literatur zunehmend mit den Xiongnu identifiziert werden. In der Folge musste der Handelsverkehr zunehmend auf Wege um Zentralasien herum ausweichen. Im Tarim-Becken konnten große und autonome Oasenstädte den Handel aufrecht erhalten, der vor allem von sogdischen Händlern organisiert wurde. Die Herrscher von Kushan blieben bis in die Mitte des 3. Jahrhunderts n. Chr. einflussreich, bevor der baktrische Teil der Seidenstraße bis ins 6. Jahrhundert hinein von den Hephthaliten[42] übernommen wurde. Die Hephthaliten verpflichteten sogdische Händler, Seide und andere Luxusgüter mit Persien zu handeln, das unter den Sassaniden (224–651 n. Chr.) eine neue Blüte erlebte.

## 2.4 Verstärkter kultureller Austausch auf der Seidenstraße

Europa versank zunehmend im Chaos der Völkerwanderungszeit und auch das Oströmische Reich geriet immer weiter unter den Druck neuzugewanderter Völker und der Araber, die unter der Fahne Mohammeds sowohl das Partherreich wie Syrien, Palästina, Ägypten, Nordafrika und Spanien eroberten. Währenddessen konsolidierte sich China wieder und erreichte unter der Tang-Dynastie (618–907) eine neue Blüte. Ein literarisches Zeugnis des damit verbundenen innerasiatischen Austausches auf der Seidenstraße ist die berühmte *Reise nach Westen* des buddhistischen

Mönches Xuanzang, die der Dichter Wu Cheng'en im 16. Jahrhundert in einem der vier klassischen Romane Chinas nachgestaltet hat. Dieser nimmt noch heute in der Alltagskultur Chinas einen wichtigen Platz ein.[43] Die Reisegruppe, mit der sich Xuanzang auf den Weg machte, und die aus dem Affengott Sun Wukong, dem Wasserdrachen Sha Wujing und dem Schweinemenschen Zhu Bajie bestand, ist heute Gegenstand vieler chinesischer Comics, Mangas und Filme. Abgesehen von diesem Niederschlag in der Popkultur brachte der historische Xuanzang zahlreiche buddhistische Schriften von Indien nach China und gilt damit als einer der Begründer des Buddhismus in China, ein Beleg für die enge kulturelle Verflechtung und das lebendige geistige Leben auf der Seidenstraße im 7. Jahrhundert.[44]

Doch neben der Tang-Dynastie in China entstanden auf der Weltbühne entlang der Seidenstraße andere Imperien, die die Geschichte Zentralasiens entscheidend prägen sollten, auf die hier jedoch nur kursorisch eingegangen werden kann.[45] Im sechsten Jahrhundert n. Chr. wurde der von den Chinesen als „tujue" bezeichnete Stamm der Kök-Türken das erste Mal erwähnt. Ursprünglich stammten sie aus dem Altai-Gebirge (zwischen dem heutigen Kasachstan, Sibirien, der Mongolei und China), konnten jedoch ab 552 n. Chr. schnell andere benachbarte Stämme unter ihre Kontrolle bringen und ein Großreich errichten (552 – 774 n. Chr.). Dieses Großreich reichte in seiner Teilung in ein westliches und ein östliches Khanat zeitweilig von der Mongolei bis nach Baktrien, wo es die Hephthaliten verdrängte und den Seidenhandel entlang der Seidenstraße mit dem Reich der Sassaniden und nach Westen bis zum Kaspischen Meer kontrollierte. Auch wenn das Reich der Stämme der Türken der Tang-Dynastie letztendlich unterliegen sollte, darf ihr Einfluss auf die politischen und ökonomischen Entwicklungen in Eurasien nicht unterschätzt werden, da verschiedene Nachfolgestaaten dieser ethnischen Gruppe (wie das Khanat der Uighuren (744 – 840 n. Chr.) und der Chasaren (7. – 11. Jh. n. Chr.)) ein wichtiger Faktor der Handelsverbindungen entlang der Seidenstraße dieser Zeit waren. Auch die Araber sorgten für eine grundlegende Transformation Zentralasiens, da sie den Islam geografisch und politisch – für die Seidenstraße wichtig – bis weit nach Persien und Sogdien ausdehnten, indem sie vor allem die politischen und staatlichen Strukturen Persiens weitestgehend übernahmen und so ein Staatsgebilde schufen, das sich bereits zur Zeit der Umayyaden (661 – 750 n. Chr.) von Lissabon bis Samarkand erstrecken sollte.

In dieser Zeit kamen die verschiedenen eurasischen Großreiche miteinander entlang der Seidenstraße in (oft auch militärischen) Kontakt: Das Khanat der Kök-Türken und verschiedene türkische Nachfolgestaaten, Byzanz, die Sassaniden und die verschiedenen islamischen Kalifate kämpften in dieser Zeit entlang des westlichen Teils der Seidenstraße um die Vorherrschaft. Der östliche Teil wurde hingegen vom China der Tang-Dynastie dominiert, das seinen Einflussbereich in Auseinandersetzungen mit diesen Großmächten in Zentralasien auszudehnen versuchte. Das bekannteste Ereignis dieser Zeit ist die Einnahme und Plünderung Taschkents und die Hinrichtung des Königs durch den chinesischen (er war eigentlich Koreaner) General Ko Sŏnji, was dazu führte, dass der Sohn des unglücklichen Königs in das zu dieser Zeit bereits arabische Samarkand floh und Hilfe erbat, die er auch bekommen sollte. Das Ergebnis war die Schlacht am Talas (751 n. Chr.) zwischen chinesischen und islamischen Truppen, die die Chinesen unter Ko Sŏnji verloren. Dieses Ereignis ist in die Geschichte als das erste und letzte Aufeinandertreffen zwischen islamischen und chinesischen Armeen eingegangen, das ein weiteres Vordringen der Chinesen nach Zentralasien für die nächsten Jahrhunderte verhindern sollte. Doch ist dieses Aufeinandertreffen noch aus einem anderen Grund erinnerungswürdig: Chinesische Gefangene aus dieser Schlacht sollten in Samarkand die Kunst der Papierherstellung einführen, das sich (dank sogdischer Kaufleute) schnell in der islamischen Welt verbreiten sollte und dadurch auch den Byzantinern und Europäern bekannt wurde.[46]

## 2.5 Pax mongolica

Das 8. bis 12. Jahrhundert n. Chr. lässt sich für die Seidenstraße als eine Zeit der Fragmentierung charakterisieren, in der sich verschiedene Reiche und nomadische Stämme resp. deren meist nur kurze Zeit bestehende Staatsgebilde begegneten und ablösten, was für einen stabilen Handel entlang der Seidenstraße eher negative Auswirkungen hatte. Das sollte sich ändern, als Dschingis Khan (1162–1227) die verschiedenen Stämme der mongolischen Steppenbewohner einte und für kurze Zeit ein Imperium errichtete, das aufgrund seiner schieren Größe den Handel entlang der Seidenstraße für etwa hundert Jahre so sicher machte, dass nicht nur christliche Missionare wie Johannes Plano di Carpine oder Wilhelm von Rubruck, sondern auch Händler wie Marco Polo oder Francesco Pegolotti sie bereisen und wunderbare Nachrichten aus „dieser anderen Welt“ (so die Worte Wilhelm von Rubrucks[47]) mitbringen konnten. Um eine ungefähre Vorstellung von der Ausdehnung dieses Reiches zu geben: Zur Zeit seiner größten Ausdehnung um 1279 erstreckte es sich von China und Korea bis Anatolien, von Persien und Tibet bis Rußland und Ungarn. Wenn wir einen Seitenblick auf die maritime Seidenstraße werfen wollen und das Reich der Mongolen unter maritimen Dimensionen beschreiben wollen, so reichte es vom

Pazifik bis zum Mittelmeer und vom Schwarzen und Roten Meer bis zur Ostsee – es war bis dahin das größte Reich der Weltgeschichte.

Der erste Kontakt zwischen Europa und den Mongolen war kriegerischer Natur. Vor allem Osteuropa hatte unter dem neu entstandenen mongolischen Reich zu leiden, das sich durch Raub, Mord und Totschlag in einer selbst für Europäer ungewohnten Heftigkeit und Unmittelbarkeit ausdehnte. Der Sieg der Mongolen im Jahr 1241 in der Schlacht von Liegnitz rief in Europa ein solches Entsetzen hervor, dass die europäischen Chronisten der Zeit meinten, dass die Tage des Antichrist gekommen seien.[48] Es war purer Zufall, dass die Mongolen sich nach dieser Schlacht wieder zurückzogen, weil nach dem Tod des damaligen Großkhan Ogotai (Sohn von Dschingis Khan) Nachfolgestreitigkeiten entstanden waren, die eine Expansion der Mongolen erst einmal aufhielten.

### *2.5.1 Johannes Plano di Carpine*

Diese Vorfälle riefen bei den Europäern erzwungene Wissbegierde hervor. Man wollte wissen, um was für ein Volk es sich handelte, das erst wie „die Geißel Gottes" quasi aus dem Nichts die Ostgrenzen Europas verwüstet und sich dann für Europa ebenso unerklärlich wieder zurückgezogen hatte. Der erste der Missionare, der sich unseres Wissens nach Karakorum aufmachte, der damaligen Hauptstadt des mongolischen Reiches in der heutigen Mongolei, war der Franziskaner Johannes Plano di Carpine, ein Gefährte Franz von Assisis, der schon als Missionar in Tunis und auf der Iberischen Halbinsel Erfahrungen gesammelt hatte. Er brach am Ostertag des Jahres 1245 im Auftrag des Papstes Johannes IV. von Lyon aus auf. Sein Ziel war es, Informationen zu sammeln und dem Großkhan einen Brief des Papstes zu übergeben, um diplomatische Kontakte mit den Mongolen anzuknüpfen. Über die Mongolen wusste man so wenig, dass man die Hoffnung hatte, dass es sich bei ihnen trotz ihres rüden Auftretens vielleicht doch um das Volk des legendären Priesterkönigs Johannes[49] handeln könnte, von dem man sich seit dem Entstehen dieser Legende im 12. Jahrhundert Hilfe gegen den vorrückenden Islam und für die Sicherung der Kreuzfahrerstaaten an der Levante erhoffte. Von der Ukraine führte der Weg des Missionars zum Don und zur Wolga, durch das Mongolenreich der Goldenen Horde zum Fluss Ural, über die Seidenstraße zu den Dschungarischen Seen (im nordwesten von China) und von dort weiter in das Zentrum des Mongolenreiches (vgl. Abbildung 1), wo Johannes Plano di Carpine der Inthronisation des neuen Großkhans Göjük beiwohnte und wahrscheinlich auch besagten Papstbrief übergab. Hierbei muss es dann wohl zu einem Missverständnis gekommen sein, da der Khan den Missionar

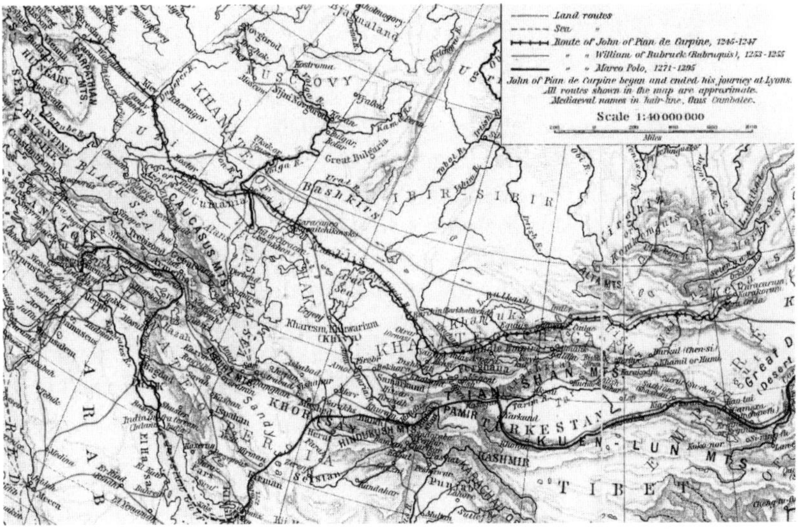


Abbildung 1: Reiseroute von Johannes Piano di Carpine, Wilhelm von Rubruck und Marco Polo entnommen aus: William R. Shepherd, Historical Atlas, New York ²1923

zwar anhörte, ihn dann aber mit einem Antwortschreiben zurückschickte, das dem Selbstbild der Mongolen entsprechend die unverzügliche Unterwerfung des Papstes und der anderen europäischen Könige verlangte. Als Johannes Plano di Carpine im Jahr 1247 wieder nach Lyon zurückkehrte, konnte er dem Papst daher nicht wirklich gute Nachrichten überbringen, verfasste aber einen Reisebericht, der die ersten ausführlichen Informationen über die Mongolen aus europäischer Sicht enthielt.[50]

Trotz dieses kleinen Rückschlags wollte man die Hoffnung auf ein mögliches Bündnis mit den Mongolen jedoch nicht aufgeben. Nach dem Papst betrat mit dem König Ludwig IX. von Frankreich ein weiterer Interessent an Kontakten mit den Mongolen die politische und diplomatische Bühne.[51] Wie es der damaligen Gewohnheit entsprach, hatte auch Ludwig IX. im Sommer 1248 für einen Kreuzzug gegen den Islam in Südfrankreich ein Schiff bestiegen und mit seinen Truppen auf Zypern Winterquartier genommen. Dort wurde er von Heinrich von Zypern über ein Schreiben unterrichtet, das dieser von seinem Bruder König Hayton von Armenien erhalten habe, der eine Gesandtschaft zum Großkhan Göjük geschickt hatte, die mit der Information zurückgekommen sei, dass das Christentum unter den Mongolen weit verbreitet und der Großkhan selbst Christ geworden sei. Man war begeistert. Verstärkt wurde diese Begeisterung noch, als gegen Jahresende 1248 in Nikosia auf Zypern eine Gesandtschaft der Mongolen des Khans Iltschikadai eintraf, die die Nachricht überbrachte, dass die Christen nicht nur Gleichberechtigung im Reich der Mongolen zu erwarten hätten, sondern dass der Khan selbst zum Christentum übertreten wolle, um ein Bündnis mit den Kreuzfahrern einzugehen. Daher sandte Ludwig IX. 1249 den Dominikaner Andreas von Longjumeau zu Khan Iltschikadai, der den Gesandten jedoch an den Großkhan Göjük weiterschickte – der unglücklicherweise bereits verstorben war, als die Gesandtschaft ihn erreichte.

### *2.5.2 Wilhelm von Rubruck*

Doch Ludwig IX. gab nicht auf: Am 7. Mai 1253 brach der Franziskaner Wilhelm von Rubruck im Auftrag des Königs von Konstantinopel zum Lager der Goldenen Horde des Khans Sartach in Russland auf, wo er „Gutes und Schlechtes in allen Dingen“[52] erfahrend zwar ankam, aber es ging ihm hier wie vielen, die unerwünscht und ohne den rechten Nachdruck ein Anliegen haben. Er wurde weitergereicht und musste sich direkt auf den Weg zum Großkhan Möngke nach Karakorum machen, den er im April 1254 nach abenteuerlicher Reise und „unbeschreiblichen Qualen an Hunger und Durst, Kälte und Anstrengung“[53] auch erreichte. Freilich war er hier nicht der Erste: Neben nestorianischen Christen traf er auf Europäer, die dort schon länger lebten, etwa den Pariser Goldschmied Wilhelm, der für die Trinkgelage am Hof in Karakorum einen silbernen Baum hergestellt hatte, der vier verschiedene Arten von Alkohol spenden konnte, wie Wilhelm von Rubruck äußerst ausführlich erklärt.[54] Da Wilhelm von Rubruck als Franziskaner an weltlichen Gütern nicht viel Interesse hatte, erfahren wir aus seinem Bericht über Handelsgüter nur Weniges, dafür schildert uns Wilhelm mit erstaunlicher Sachkundigkeit seine Reiseroute[55]: Er diskutiert den Ursprung sowie den Verlauf des Don in das Asowsche Meer, beschreibt die Größe der Wolga und stellt fest, dass sie nicht in das Schwarze Meer, sondern in das Kaspische Meer fließt, das nach Wilhelm (der damit das erste Mal mit einem europäischen Irrtum aufräumte) kein Meer, sondern ein Binnenmeer sei. Neben der Geografie und der Natur interessierten ihn vor allem die Sitten und Gepflogenheiten anderer Völker. Einige von diesen werden bei Rubruck der erste Mal erwähnt, wie zum Beispiel die Uighuren und die Tibeter.

Nach einem halbjährigen Aufenthalt in Karakorum brach Wilhelm von Rubruck wieder in Richtung Heimat auf, die er im Jahr 1255 erreichte. Gute Neuigkeiten konnte auch er freilich nicht mitbringen, erschien ihm doch eine Allianz mit den Mongolen unwahrscheinlich, eine Bekehrung zum Christentum fast unmöglich. Zwar hatte Rubruck am Hof in Karakorum wiederholt vor dem Khan Religionsgespräche in Form von Disputationen mit dortigen Nestorianern, Sarazenen und Buddhisten geführt, allerdings sind diese eher nicht von Erfolg gekrönt gewesen: „Am Ende dieses Gesprächs stimmten die Nestorianer und die Sarazenen laut einen Gesang an, während die Götzendiener stumm blieben. Ein allgemeines Zechgelage bildete den Abschluß."[56]

Den franziskanischen und dominikanischen Missionaren verdankt Europa einzigartige Zeugnisse über Asien und die Gebiete der Seidenstraße, die das traditionelle Asienbild Europas zusehends revidierten und erweiterten. Vermittelt wurde dies durch Chronisten und Gelehrte – etwa durch den Pariser und Oxforder Magister und späteren Franziskaner Roger Bacon, der Teile von Rubrucks Reisebericht 1266 in sein *Opus maius* aufgenommen hat.[57] Und wo Missionare hin können, folgen Händler. Asien versprach für die europäischen Kaufleute großen Gewinn: Dass in Asien entlang der Seidenstraße Seide und Gewürze gehandelt wurden, wusste man spätestens seit Plinius dem Älteren. Warum sich also nicht die hohen Handelszölle der Araber sparen und lieber direkt mit den östlichen Völkern entlang der Seidenstraße lukrativen Handel treiben?

### *2.5.3 Europäische Handelsreisende (Marco Polo, Francesco Pegolotti)*

Das dachten sich wohl auch die beiden venezianischen Händlerbrüder Niccolò und Maffeo Polo, die sich um 1260 zum Khan der Goldenen Horde an der Wolga aufmachten. Dort angekommen, blieb ihnen aufgrund politischer Veränderungen (der Rückeroberung Konstantinopels durch die Griechen von den Lateinern) nur der Weg nach vorne, der sie bis zu Kublai-Khan nach China führte. Hier wurden sie freundlich aufgenommen, bis sie das Heimweh packte. Der Khan ließ sie mit dem Auftrag ziehen, ihm vom Papst 100 Gelehrte zu schicken, die ihm den christlichen Glauben erklären könnten. Papst Gregor X. war aber wohl von der Botschaft des Khans nicht sehr überzeugt: Er gab ihnen und Niccolòs Sohn Marco Polo nur zwei Dominikanermönche mit, die allerdings aufgrund des drohenden Krieges der Mongolen mit dem Mamelukensultan bald aufgaben. Marco Polos Reisebericht[58], aus dem wir diese Informationen haben, wurde geschrieben, als er selbst wieder zurück in Italien war und als genuesischer Gefangener die Zeit hatte, seine Erlebnisse einem Mitgefangenen – dem eher für mittelalterliche „Fantasy-Romane" bekannten – Rustichello da Pisa zu diktieren. Seine Beschreibung der Reichtümer Chinas war demzufolge auch so unglaublich, dass man ihm in Europa nicht so recht glauben wollte: Seine Äußerungen über China als ein Land mit „Millionen von Menschen", „Millionen von Häusern" und „Millionen von Reichtümern" hat dem Bericht auch den Namen „Il Milione“ eingetragen, wonach noch heute ein nettes Hotel und eine Piazza im Herzen Venedigs in der Nähe des *Theatro Malibran* benannt sind. In seinem Reisebericht beschreibt Marco Polo nicht nur Land und Leute, sondern auch die Handelsgüter und wichtigen Umschlagplätze entlang der Seidenstraße. Die Größe der Märkte, die Reichtümer, die dort gehandelt werden und vor allem die Profite, die dort gemacht werden können, werden detailliert wiedergegeben. Er beschreibt neben den zahlreichen Waren auch das mongolische Post- und Kurierwesen[59] sowie das Papiergeld, das für ihn ein wirkliches Wunder war[60]. Durch welche Provinz des riesigen mongolischen Reiches der Leser auch mit Marco Polo kommt, überall sind blühende Handelsstädte, in denen die verschiedensten exotischen Waren umgeschlagen werden. Jede noch so kleine Stadt strotzt dermaßen vor Gold (bzw. ist wie die Hauptstadt von Cipangu [Japan] ganz aus purem Gold), Seide und den verschiedensten Gewürzen, dass der Leser in Europa es kaum glauben konnte[61], womit er auch nicht ganz Unrecht hatte, denn zum Beispiel Japan kannte Marco Polo nur vom Hörensagen, ist doch die beabsichtige Invasion der Mongolen nach Japan in Folge eines Hurrikans gescheitert – des berüchtigten „Kamikaze“, welcher Name im vorigen Jahrhundert eine unheilvolle Wiederauferstehung fand.

Dass die Polos nicht die einzigen waren, die die Sicherheit der *pax mongolica* zu nutzen wussten, wird an einem weiteren Schriftzeugnis dieser Zeit deutlich, das stellvertretend für die zahlreichen Handelskontakte zwischen Europa und dem fernen China steht, die die Kaufleute in der Regel aufgrund von Geheimhaltung (da Offenheit dem Geschäft abträglich ist) nicht thematisiert haben. Es handelt sich um die *practica della mercatura* des Florentiner Händlers Francesco Balducci Pegolotti, der neben Listen von entlang der Seidenstraße gebräuchlichen Gewichten, Packungsgrößen, Währungen, Abgaben, Gebühren und Waren auch die Strategien schildert, die ein europäischer Händler kennen musste, wenn er im 14. Jahrhundert nach China reisen wollte:

„Zuerst musst Du Dir einen langen Bart wachsen lassen und ganz auf das Rasieren verzichten. Wenn Du in Tana [einer Stadt nahe der Mündung des Don] Dolmetscher einstellst, solltest Du nicht sparen […] Für den Weg von Tana nach Gittarchan solltest Du Dich mit Proviant für 25 Tage versorgen […] Du kannst davon ausgehen, daß ein Kaufmann, der von einem Dolmetscher und zwei Burschen [begleitet wird] und Waren im Wert von 25.000 Goldflorinen [mit sich führt], auf dem Weg nach Ghattaio [China] zwischen 60 und 80 Silbersommi auszugeben hat. Nicht mehr, wenn er gut wirtschaftet! […] Alles Silber, das die Kaufleute mit sich nach China führen, läßt der dortige Herrscher konfiszieren und seiner Schatzkammer zuführen. Anstelle des mitgebrachten Silbers erhalten sie Geldnoten, d.h. gelbes Papier, welches mit dem Siegel dieses Herrschers versehen ist."[62]

Die Mongolen legten das Finanzwesen in die Hände von muslimischen Händlern, deren restriktive Steuerpolitik sich freilich oft für sie selbst (noch zur Zeit der Anwesenheit Marco Polos wurde der Finanzminister Achmed Fanakati ermordet, vielleicht weil er die Steuern kurzfristig verdreifacht hatte) wie für die Akzeptanz seitens der chinesischen Mehrheitsbevölkerung zerstörerisch auswirkte. So brach kaum 70 Jahre nach Marco Polos Aufenthalt in China bzw. 30 Jahre nach Pegolottis *Practica della mercatura* die Yüan-Dynastie der Mongolen 1368 zusammen und eine chinesische Dynastie, die Ming-Dynastie, trat die Macht in China an, die unter ihrem zweiten Kaiser die erwähnten Seeexpeditionen unternahm.

## 2.6 Nacht über der Seidenstraße

Sowohl die Pest, die über die Seidenstraße auch nach Europa gelangte, als auch die überaus grausam durchgeführten Eroberungen Timurs (oder Tamerlan, unter welchem Namen er in die Operngeschichte eingegangen ist), eine Verknappung des Edelmetalls und die Klimaabkühlung des 15./16 Jahrhunderts (kleine Zwischeneiszeit) ließen den Handel zurückgehen.[63]

Timurs oben genannte Eroberungszüge, ihre Verwüstungen und ungewöhnliche, aber kalkulierte Grausamkeit – so ließ er zum Beispiel als Zeichen des Triumphs nach der Eroberung Isfahans im Jahr 1387 aus den Schädeln der 70.000 Opfer der Belagerung 28 Türme errichten – schufen zwar kein langfristiges Reich, hatten aber durch die Schwächung der Herrschaften seiner Umgebung langwirkende Folgen. Durch die Schwächung der „Goldenen Horde", durch den Sieg am Terek 1395 konnte sich der Moskauer Großfürst Wassili I. Dmitrijewitsch einer kurzen Zeit der Unabhängigkeit erfreuen, die seine Nachfolger sukzessive vertiefen konnten, bis sich Großfürst Ivan III., der sich erstmals „Zar" nannte, im Jahr 1480 endgültig von der Mongolenherrschaft befreien konnte. Im Jahr 1487 konnte sich sein Sohn Ivan IV., der „Schreckliche", nach dem Sieg über die Khanate von Kasan, Astrachan und Sibirien „Zar aller Russen" sowie „Zar von Kasan, Astrachan und Sibirien" nennen und mit der „Sammlung des russischen Landes" beginnen, die schließlich zum größten eurasischen Landstaat gedieh, der von China bis an die Grenzen des Deutschen Reiches und vom Schwarzen Meer bis an die Ostsee reichen sollte (unter anderen Vorzeichen dann bis in die Mitte Europas und an die Grenzen Griechenlands). In diesem Reich wurde Ende des 19. Jahrhunderts mit französischem Geld, auf das die Aktionäre heute noch warten, erstmals eine Eisenbahnstrecke gebaut, die von Moskau und St. Petersburg bis nach Wladiwostok („Beherrsche den Osten") reicht und über seine Anschlüsse nach Westeuropa den Kontinent verbindet.

Aber hier treten wir in eine neue Zeit mit neuen Partnern ein, was uns jetzt noch häufiger begegnen wird, bis wir zum „Great Game" des 19. Jahrhunderts kommen, dessen Neuauflagen wir in unserer Zeit schmerzlich erleben müssen, da sich die Denkweisen seit der Zeit der „Goldenen Horde" weniger verändert haben, als wir es vom Humanitätsfortschritt zu erwarten hofften.

Timurs Urenkel Babur dagegen schlug einen anderen Weg ein und gründete 1526 das Mogulreich in Indien, wo seine Nachfahren dann anderen neueingetretenen Mitspielern begegneten, die den Rest seines Reiches dann 1840 in ihr Empire eingliederten.

## 2.7 Der Eintritt Europas: die maritime „Seidenstraße"

### *2.7.1 Portugal und Spanien*

Aber vorher noch einmal 400 Jahre zurück in die Zeit Ivans IV. („Grosny") und der chinesischen Ming-Kaiser. In dieser Zeit, in der der Verkehr auf der Seidenstraße durch die erwähnten Auseinandersetzungen behindert war und die islamische Welt vorübergehend im Chaos zu versinken schien, machte auf der anderen Seite der Seidenstraße Europa, das bisher im Wesentlichen Käufer von Produkten der Seidenstraße war, mit der Renaissance einen gewaltigen Sprung nach vorne und begann, die islamische Welt an innovativer Kraft in den Schatten zu stellen – ein Schatten, aus dem diese bis heute nicht herausgetreten ist. Neues Denken, neue Technik- und Ingenieursleistungen, immer avancierteres militärisches *Knowhow* förderten den Fortschritt in Europa. Getrieben vom Hunger nach Edelsteinen, Schätzen und Gewürzen legten an der äußersten Peripherie Europas 1492 drei kleine Karavellen unter dem „Admiral of the ocean sea" Christoph Columbus und 1497 (nach langer Vorbereitung bereits unter Heinrich dem Seefahrer ab 1418[64]) unter Vasco da Gama ab – beide mit dem Ziel, einen Weg zu den Schätzen Asiens zu finden. Columbus entdeckte für Spanien statt Indien eine „neue Welt", Vasco da Gama für Portugal in der Tat den Seeweg nach Indien, womit die Portugiesen mit den Enkeln Timurs in Baburs neu geschaffenem Mogulreich zusammentrafen. In Ausweitung ihrer Handelsunternehmungen gelangten sie 1516 bis in das Reich der Ming-Kaiser, wo sie unter anderem in Macao eine bleibende und noch heute existierende Handelsstation errichteten.

Unterschiedlich war das Herangehen beider neuer Seemächte: Während Portugal weniger auf Kolonisation, sondern auf die Errichtung von Handelsstationen entlang seiner „neuen maritimen Seidenstraße“ setzte, der sogenannten „Gewürzroute“ von Lissabon bis zu den Molukken, die sich erst im Laufe der Zeit teilweise zu Kolonialbesitz ausweiteten, setzte Spanien von vornherein auf die Inbesitznahme sowohl der neuen Welt als auch später – nach der Überquerung der mittelamerikanischen Landbrücke und seinen Eroberungen in Fernost (Philippinen) – auf Missionierung und Landnahme. Die Nachricht über die dabei von ihnen verwandten Methoden, die Zerstörung aller Zivilisationen, die sie antrafen, ließ ihre Versuche, in Asien Fuß zu fassen (weit gediehen war die Mission in Japan) dann allerdings unter den Tokugawa-Shogunen scheitern, die damit zugleich ihr Inselreich bis zur Meiji-Reform 1861 abschotteten – eine Abschottung, die erst amerikanische Kanonenboote durchbrachen, was sich noch heute in für das europäische Publikum ergreifender Weise in Puccinis Oper „Madame Butterfly“ niederschlägt.

Ein wesentlicher Motor des Handels mit Asien war dabei das Gold und Silber aus der neuen Welt. Das Silber aus den Silbergruben von Potosi strömte sowohl zurück nach Spanien als auch – über Manila – nach Japan und China. Eine zweite Einkommensquelle, die sich die Portugiesen erschlossen, war der Sklavenhandel. Lagos, die Hafenstadt, von der Vasco da Gama losgesegelt war, entwickelte sich rasch zu einem Zentrum des Handels mit Sklaven, die aus den afrikanischen Stützpunkten herbeigeschafft wurden.

### *2.7.2 Holland und England*

Die sagenhaften Gewinne, die auf der „maritimen Seidenstraße“ zu erzielen waren, riefen bald weitere europäische Mächte auf den Plan, die bisher eher als Regionalmächte in der europäischen Geografie aufgetreten waren: Holland und England, die sich sowohl in religiösem als auch politischem Konflikt insbesondere mit Spanien befanden. Dabei gingen beide Länder neue Wege zur Finanzierung und Durchführung des Handels: Sie gründeten Gesellschaften (die „VOP“ in Holland, die „East India Company“ in England), die als Aktiengesellschaften organisiert waren und die privates Kapital für die Ausrüstung von Schiffen und den Ausbau von Handelsstationen einwarben und einsetzten.

Die Holländer verdrängten die Portugiesen aus dem Gewürzhandel und die Spanier aus dem Handel mit Japan. Die „East India Company“ fasste ab 1615 in Indien und ab 1711 in China Fuß und begann in Folge den

Seehandel zwischen Indien und China und nach Europa zu dominieren, was in der Zukunft zum Erlöschen des Mogulreiches, der Kolonisierung Indiens durch England (Inthronisierung der Königin Victoria als „Kaiserin von Indien“ 1877) und infolge unter anderem der „Opiumkriege“ zu einer tiefgehenden Krise des chinesischen Kaiserreiches führte, dessen innere Zerissenheit weitere europäische Staaten auf den Plan rief, die zur Teilkolonialisierung chinesischer Territorien und schließlich zum Untergang des Kaiserreiches führte.

Durch die Eröffnung der neuen Seewege war das Trampeltier als Transportmittel auf der alten Seidenstraße durch immer neue und schnellere Schiffe in den Ruhestand versetzt worden. Die einst blühenden Oasen entlang der Seidenstraße wurden zu exotischen Orten, „durch die der Wind hindurchgeht“ und zu Zielen für das Abenteuer suchende Forschungsreisende wie Baron von Richthofen und Sven Hedin, die mit den Schöpfungen der früheren Oasenbewohner europäische Museen füllten.

### *2.7.3 Russland und das „Great Game“*

Geopolitisch hatte sich der Raum der alten Seidenstraße inzwischen auch entscheidend verändert. Während die Staaten der ehemaligen westlichen Peripherie der Seidenstraße zur See die Welt erobert und ferne Imperien gegründet und verloren hatten, hatten die Nachfahren des Großfürsten von Moskau Wassili I. Dmitrijewitsch den ganzen östlichen Raum bis zum Amur als Grenze zu China inklusive Alaska (das sie dann 1867 an die USA verkauft haben) in Besitz genommen. Das Zarenreich – und später die Sowjetunion – umfasste nun mit Ausnahme des Iran ganz Eurasien. Damit begann das „Great Game“ zwischen Russland und England um den Einfluss an der Grenze zur englischen Kronkolonie Indien, dessen Ende und Folgen heute in Afghanistan unter Beteiligung neuer Mitspieler (von den USA bis Deutschland) noch nicht abzusehen sind. Die früheren Reiche entlang der Seidenstraße sind heute wieder selbständige Staaten, die für alle gegenwärtigen Großmächte nicht nur geopolitisch von Interesse sind, sondern auch, weil sie über die Hauptschmiermittel und den Treibstoff der modernen Welt verfügen: Öl und Gas.

Auch China, das seit dem 18. Jahrhundert von den europäischen Großmächten inklusive des Zarenreiches und späterhin des modernen Japan unter großen materiellen und menschlichen Verlusten gedemütigt und besetzt worden ist, hat sich von jeder Bevormundung (zuletzt durch die Komintern und später durch die Sowjetunion unter Stalin und Chrustschow) befreit und ist unter Führung der Kommunistischen Partei zur stärksten Wirtschaftsmacht der Welt geworden, die nun nach neuen Absatzwegen sucht und deshalb die „neue Seidenstraße" sowohl auf dem Land- als auch auf dem Seeweg ausbaut – nur diesmal in umgekehrter Richtung: die alten Seestützpunkte der europäischen Kolonialmächte Macao und Hongkong sind unter chinesischer Hoheit, die Häfen (nur als Beispiele) von Gwadar und Athen werden von chinesichen Konsortien betrieben.

Wie die Zukunft in einer Welt aussehen wird, die weiter von Klimaveränderung und Ölknappheit geprägt sein wird, wissen wir nicht. Gehört sie vielleicht wieder dem ökologisch verträglichen Trampeltier und damit der alten Seidenstraße? Erste Momente der „ewigen Wiederkehr des Gleichen" kündigen sich bereits an: Wie schon im 14. Jahrhundert ist Europa – resp. heute die globalisierte Welt – nicht mehr fähig, alle chinesischen Waren abzunehmen und rückt von seiner ihm so lieben Idee des Freihandels ab. Selbst bei modernster Telekommunikationstechnik wie der des Konzerns „Huawei" verbieten die USA dessen Einfuhr unter Angabe von sicherheitspolitischen Gründen. Mit der neuen US-Regierung deuten sich neue Restriktionen an.

Die Tore zum Palast des Jadekaisers stehen offen: Mit ein wenig gutem Willen könnten alle hindurchgehen und auf eine prosperierende Zukunft hoffen. Die Seidenstraße verbindet seit vermutlich 4.000 Jahren Europa und Asien als wichtigster Handelsweg vom chinesischen Meer bis zum Atlantik. Querverbindungen führten nach Indien, Iran und von der Ostsee nach Byzanz. Auf diese Verbindung von Lissabon bis Wladiwostok bezogen sich Putin in seiner Rede in München 2010 und Xi Jinping 2013 mit der Vorstellung der One-Belt-One-Road-Initiative. Xi Jinping bezog sich außerdem auf die maritime Seidenstraße („Maritime Silk Road"), die, wie gezeigt, ebenfalls auf historische Vorläufer zurückgeht.

# Abbildungsverzeichnis

# Anmerkungen

## *Anmerkungen zum Vorwort*

1 Vgl. hierzu das Handelsblatt http://www.handelsblatt.com/politik/international/davos/xi-jinping-in-davos-der-anti-trump/19264278.html, Aufruf vom 20.2. 2017.
2 Vgl. Außenhandelskammer, (Website), http://china.ahk.de/de/news/single-view/artikel/china-veroeffentlicht-13-fuenfjahresplan-2016-2020/?cHash=5d084facf9180cee4b948ef9d27b6b8f, Aufruf vom 20.2. 2017.
3 Vgl. Auswärtiges Amt, Außenpolitk, (Website) http://www.auswaertiges-amt.de/DE/Aussenpolitik/Laender/Laenderinfos/China/Wirtschaft_node.html, Aufruf vom 10.5.2017.
4 Ebenda.
5 Ebenda.
6 Vgl. Nikolaus A. Egel, Die Welt im Übergang, Univerlag Winter, Heidelberg, 2014.
7 Vgl. Fernand Salentiny, Die Gewürzroute. Die Entdeckung des Seewegs nach Asien. Portugals Aufstieg zur ersten europäischen See- und Handelsmacht, Köln 1991; dazu auch: Peter Frankopan, Licht aus dem Osten. Eine neue Geschichte der Welt, Berlin 2016, S. 331.
8 Vgl. dazu z. B. Peter Frankopan, Licht aus dem Osten, a.a.O., S. 270 u. 286 ff.
9 Vgl. LIM Tai Wei, Henry CHAN Hing Lee, Katherine TSENG Hui-Yi, LIM Wen Xin, China's One BELT One Road Iniative, ICP, London 2016.
10 Der „Silk Road Strategie Act" ist abrufbar unter: https://www.govtrack.us/congress/bills/106/hr1152/text [Stand: 02.03.2017].
11 Siehe für weitere Informationen die Internetseite des TRACECA-Projekts: http://www.traceca-org.org/en/home/.
12 So die Formulierung Putins auf dem 4. Führungstreffen „Wirtschaft" der Süddeutschen Zeitung am 25. November 2010. (Vgl. http://www.sueddeutsche.de/wirtschaft/putin-plaedoyer-fuer-wirtschaftsgemeinschaft-von-lissabon-bis-wladiwostok-1.1027908 [Stand: 02.03.2017].)
13 Die Ansicht, dass in Eurasien und im asiatischen Raum die neuen Machtzentren liegen, hat auch Brzezinski in seinem neuesten Buch „Strategic Vision" deutlich formuliert, indem er eine weitreichende politische Wende vornimmt. Er fordert darin eine umfassende Neuausrichtung der amerikanischen Außenpolitik. Sprach er in seinem Buch „Second Chance" von 2008 noch von der Errichtung einer bipolaren Welt unter Führung der USA, so gesteht er in „Strategic Vision" die Notwendigkeit für die USA ein, mit Russland, China und Indien zusammenzuarbeiten, da hier die neuen geopolitischen Machtzentren liegen, die Amerika anerkennen muss (Vgl. Zbigniew Brzezinski, Second Chance: Three Presidents and the Crisis of American Superpower, New York 2008; ders., Strategic Vision, New York 2012).
14 Vgl. dazu den Aufsatz in der Asia Times vom 13. Juni 2017 (Website), http://www.atimes.com/xi-jinpings-marco-polo-strategy/, Aufruf vom 20.6.2017.
15 Vgl hierzu die AIIB Website, https://www.aiib.org/en/index.html.
16 Vgl. Auswärtiges Amt, Außenpolitik, http://www.auswaertiges-amt.de/DE/Aussenpolitik/Laender/Laenderinfos/China/Wirtschaft_node.html, Aufruf vom 10.5.2017.

## *Anmerkungen zum 1. Kapitel*

1 The White House, „President Trump's First 100 Days" vom 28.04.2017, https://www.whitehouse.gov/100-days, Aufruf vom 30.04.2017.
2 Michael T. Klare, „America Third: A ‚China First' and ‚Russia Second' Foreign Policy?", Common Dreams – Breaking News & Views for the Progressive Communitiy vom 15.02.2017, https://www.commondreams.org/views/2017/02/15/america-third-china-first-and-russia-second-foreign-policy, Aufruf vom 30.04.2017.
3 Bundesministerium für wirtschaftliche Zusammenarbeit und Entwicklung, „Welthandelssystem: Das Allgemeine Zoll- und Handelsabkommen (GATT)", o. Datum, https://www.bmz.de/de/themen/welthandel/welthandelssystem/gatt/index.html, Aufruf vom 25.04.2017.
4 World Trade Organization, „Members and Observers", o. Datum, https://www.wto.org/english/thewto_e/whatis_e/tif_e/org6_e.htm#memberlist, Aufruf vom 25.04.2017.
5 Bund für Umwelt und Naturschutz Deutschland e.V., „Netzwerk Gerechter Welthandel gegründet" vom 02.05.2017, https://www.bund.net/aktuelles/detail-aktuelles/news/netzwerk-gerechter-welthandel-gegruendet/, Aufruf vom 10.05.2017.
6 Klaus-Dieter Frankenberger, „Trump im Weißen Haus: Was bleibt vom Westen?" Frankfurter Allgemeine Zeitung vom 23.01.2017, http://www.faz.net/aktuell/politik/trumps-praesidentschaft/folgen-von-trumps-praesidentschaft-fuer-europa-14727206.html, Aufruf vom 07.04.1917.
7 Anja Ettel, „Milliardenprogramm: Trumponomics sind ein Risiko für Millionen von Jobs", Die Welt vom 19.01.2017, https://www.welt.de/wirtschaft/article161325686/Trumponomics-sind-ein-Risiko-fuer-Millionen-von-Jobs.html, Aufruf vom 11.04.2017.
8 Adam Behsudi, „Peterson Institute: Trump's trade proposals ‚horribly destructive'", Politico Magazine vom 19.09.2016, http://www.politico.com/tipsheets/morning-trade/2016/09/peterson-institute-trumps-trade-proposals-horribly-destructive-obama-continues-courting-gop-establishment-on-tpp-white-house-makes-another-ex-im-move-216392, Aufruf vom 12.04.2017.
9 Anja Ettel, a.a.O.
10 BDI Pressemitteilung „INSA-Meinungstrend: Mehr als die Hälfte der Deutschen für Freihandel" vom 15.04.2017, http://bdi.eu/media/pressecenter/#/artikel/news/insa-meinungstrend-mehr-als-die-haelfte-der-deutschen-fuer-freihandel/, Aufruf vom 16.04.2017.
11 O.V. „Endlich verständlich: Die wichtigsten Antworten zum Brexit", Der Spiegel vom 30.03.2017, http://www.spiegel.de/politik/ausland/brexit-alles-was-sie-zum-referendum-wissen-muessen-a-1089870.html#sponfakt=8, Aufruf vom 14.04.2017.
12 Nadine Godehardt, Stiftung Wissenschaft und Politik, „Chinas ‚neue' Seidenstraßeninitiative – Regionale Nachbarschaft als Kern der chinesischen Außenpolitik unter Xi Jinping", Berlin 2014, S. 7.
13 Yang Jiemian (Hg.), „Duiwai guanxi yu guoji wenti yanjiu (Untersuchung über Außenbeziehungen und internationale Fragen)", Shanghai 2009, S. 106-115.
14 Jeffrey Reves, „China's Unraveling Engagement Strategy", The Washington Quarterly, 36 (Dezember 2013), S. 141.
15 O.V. „China verliert 100 Milliarden Dollar Reserven – in einem Monat", Der Spiegel vom 07.01.2016, http://www.spiegel.de/wirtschaft/soziales/china-verliert-100-milliarden-dollar-reserven-in-einem-monat-a-1070876.html, Aufruf vom 29.04.2017.

16 O.V., „Russland und China bereiten Ausstieg aus Dollar-System vor“, Deutsche Wirtschafts Nachrichten vom 27.03.2017, https://deutsche-wirtschafts-nachrichten.de/2017/03/27/russland-und-china-bereiten-ausstieg-aus-dollar-system-vor/, Aufruf vom 29.04.2017.
17 Daniel Eckert, „Schweizer Goldinitiative bedroht Währungsgefüge“, Die Welt vom 25.10.2014, https://www.welt.de/finanzen/geldanlage/article133641050/Schweizer-Goldinitiative-bedroht-Waehrungsgefuege.html, Aufruf vom 29.04.2017.
18 Axel Postinett, „Die globalen staatlichen Goldreserven“, Handelsblatt vom 21.07.2017, http://www.handelsblatt.com/finanzen/maerkte/devisen-rohstoffe/kursverluste-hoffnung-auf-heimliche-goldreserven-in-china/12082320-3.html, Aufruf vom 29.04.2017.
19 Axel Postinett, a.a.O.
20 Christian Geinitz, „Welthandel. Als China den Turbo einschaltete“, Frankfurter Allgemeine Zeitung vom 12.12.2011, http://www.faz.net/aktuell/wirtschaft/welthandel-als-china-den-turbo-einschaltete-11560233.html, Aufruf vom 18.04.2017.
21 Ebenda.
22 Ebenda.
23 Richard C. Bush, „Obama and Xi at Sunnylands: A New Pattern of Relations?“ The Brookings Institution vom 04.06.2013, www.brookings.edu/blogs/up-front/posts/2013/06/04-obama-xi-new-pattern-relations-bush, Aufruf vom 22.04.2017.
24 Franco Algieri, Markus Taube „Chinas Beitritt zur WTO: Herausforderungen für China und die Weltwirtschaft“ IP – Internationale Politik, Zeitschrift der Deutschen Gesellschaft für Auswärtige Politik e.V. (DPAG) vom 01.02.2002, https://zeitschrift-ip.dgap.org/de/ip-die-zeitschrift/archiv/jahrgang-2002/februar/chinas-beitritt-zur-wto, Aufruf vom 13.04.2017.
25 Ebenda.
26 Ebenda.
27 Ebenda.
28 Ebenda.
29 Shannon Tiezzi, „Who Is Actually Attending China’s Belt and Road Forum?“ The Diplomat vom 12.05.2017, http://thediplomat.com/2017/05/who-is-actually-attending-chinas-belt-and-road-forum/, Aufruf vom 13.05.2017.
30 Pia Ranada, „FAST FACTS: China’s Belt and Road Forum“, Rappler vom 14.05.2017, http://www.rappler.com/newsbreak/iq/169725-quick-facts-china-belt-road-forum, Aufruf vom 15.05.2015.
31 Eva Ingold, „Was China auf die neue Seidenstraße treibt“, ZDF heute vom 14.05.2017, http://www.heute.de/chinas-wirtschaftsgipfel-zur-neuen-seidenstrasse-47159902.html, Aufruf vom 15.05.2017.
32 Mercator Institute for China Studies, „Chinas Direktinvestitionen nach Europa steigen an“, ohne Datum, https://www.merics.org/de/merics-analysen/china-mapping/chinas-direktinvestitionen-im-ausland/, Aufruf vom 30.04.2017.
33 Ebenda.
34 Ebenda.
35 O.V. „Chinesische Investoren tätigen Rekordkäufe in Deutschland und Europa“ EY vom 14.07.2016 http://www.ey.com/de/de/newsroom/news-releases/ey-20160714-chinesische-investoren-taetigen-rekordkaeufe-in-deutschland-und-europa, Aufruf vom 12.04.2017.
36 Ebenda.
37 Ebenda.

38 Dealogic, „M&A Manager“ vom 06.05.2016, Aufruf vom 29.04.2017: https://www.jpmorgan.com/global/insights/chinas-key-drivers.

39 Quelle: Deallogic „M&A Manager“ vom 06.05.2016; enthält M&A Aktivitäten oberhalb 10 Mio. USD, bei denen Unternehmen aus der Region Asia Pacific entweder Käufer, Kaufziel oder Gegenstand einer Abspaltung waren; www.deallogic.com.

40 Vgl. TRACECA, ohne Datum, http://www.traceca-org.org/en/home/, Aufruf vom 02.04.2017.

41 Vgl. O.V. „The Silk Road of the 21st century“, TRACECA vom 09.08.2010, http://www.traceca-org.org/en/home/the-silk-road-of-the-21st-century/, Aufruf vom 30.03.2017.

42 Ebenda, News, Aufruf vom 04.04.2017.

43 Europäische Kommission, „Investitionsoffensive“, ohne Datum, https://ec.europa.eu/commission/priorities/jobs-growth-and-investment/investment-plan_de#background, Aufruf vom 29.04.2017.

44 Jean-Claude Juncker, Europäisches Parlament, Rede zur Lage der Union von 14.09.2016, https://ec.europa.eu/commission/publications/investment-plan-two-years_de, Aufruf vom 30.04.2017.

45 Europäische Kommission, „Die Investitions-Offensive für Europa“ vom 31.10.2016, https://ec.europa.eu/commission/sites/beta-political/files/2-years-on-investment-plan_de.pdf, Aufruf vom 30.04.2017.

46 US-Regierung, „Silk Road Strategy Act“ vom 02.08.1999, https://www.govtrack.us/congress/bills/106/hr1152/text, Aufruf vom 02.03.2017.

47 US Department of State, „Assessments Required by the Silk Road Strategy Act of 1999“ vom Januar 2003, https://www.state.gov/p/eur/rls/rpt/23605.htm, Aufruf vom 15.03.2017.

48 Zbigniew Brzeziński: „A geostrategy for Eurasia“, In: „Foreign Affairs“ vom September/Oktober 1997, S. 50-64.

49 Vgl. Zbigniew Brzezinski, The Grand Chessboard: American Primacy and Its Geostrategic Imperatives, New York 1997 [auf deutsch erschienen unter dem Titel: Die einzige Weltmacht: Amerikas Strategie der Vorherrschaft, Rottenburg 2015].

50 Vgl. Halford Mackinder, „The geographical pivot of history“, in: „The Geographical Journal“ 170/1904, S. 298-321.

51 CIA (Central Intelligence Agency), „The World Factbook: Afghanistan“, ohne Datum, https://www.cia.gov/library/publications/the-world-factbook/geos/af.html, Aufruf vom 30.04.2017.

52 James McBride, CFR Council on Foreign Relations, „Building the New Silk Road“ vom 25.05.2015, http://www.cfr.org/asia-and-pacific/building-new-silk-road/p36573, Aufruf vom 30.04.2017.

53 Ebenda.

54 Wladimir Putin, Rede des russischen Präsidenten auf der 43. Münchner Sicherheitskonferenz (in deutscher Übersetzung) vom 12.02.2007, http://russland.ru/rupol0010/morenews.php?iditem=15254, Aufruf vom 25.03.2017.

55 Formulierung Putins auf dem 4. Führungstreffen Wirtschaft der Süddeutschen Zeitung am 25. November 2010, http://www.sueddeutsche.de/wirtschaft/putin-plaedoyer-fuer-wirtschaftsgemeinschaft-von-lissabon-bis-wladiwostok-1.1027908, Aufruf vom 02.03.2017.

56 Ebenda, S. 2.

57 Die Freie Welt (Internet-Zeitung), „Freihandel mit Eurasischer Union: Merkels Russlandkehrtwende?“ vom 28.01.2015, http://www.freiewelt.net/reportage/merkels-russlandshykehrtwende-10053104/, Aufruf vom 03.03.2017.

58 Eduard Schewardnadse, „Die neue Seidenstraße: Verkehrsweg ins 21. Jahrhundert", München 1999, S. 20.
59 Eduard Schewardnadse, a.a.O., S. 21.
60 Eduard Schewardnadse, a.a.O., S. 86 ff.
61 Gesine Dornblüth, Deutschlandfunk, „Brücke zur EU oder Rückfall in die Sowjetzeit?" vom 30.12.2014, http://www.deutschlandfunk.de/eurasische-union-bruecke-zur-eu-oder-rueckfall-in-die.724.de.html?dram:article_id=307462, Aufruf vom 30.04.2017.
62 O.V., „Partner im Osten: China lockt Europa mit der Neuen Seidenstraße" Deutsche Wirtschaftsnachrichten vom 03.10.2016, https://deutsche-wirtschafts-nachrichten.de/2016/10/03/partner-im-osten-china-lockt-europa-mit-der-neuen-seidenstrasse/, Aufruf vom 30.04.2017.
63 Thomas Spahn, „USA, China und Russland – die neuen großen Drei", „Tichys Einblick" – Meinungsmagazin vom 11.04.2017, https://www.tichyseinblick.de/kolumnen/spahns-spitzwege/usa-china-und-russland-die-neuen-grossen-drei/, Aufruf vom 30.04.2017.

## *Anmerkungen zum 2. Kapitel*

1 Xinhua Nachrichtenagentur, „Xi Jinpings Rede an der Nursultan-Nazarbayev-Universität" (chinesisch) vom 08.09.2013, http://news.xinhuanet.com/world/2013-09/08/c_117273079.htm, Aufruf vom 04.04.2017.
2 Daniel Schäfer, Handelsblatt, „Xi Jinping in Davos: Der Anti-Trump" vom 17.01.2017, http://www.handelsblatt.com/politik/international/davos/xi-jinping-in-davos-der-anti-trump/19264278.html, Aufruf vom 01.05.2017.
3 World Economic Forum, „Opening Plenary with Xi Jinping, President of the People's Republic of China" (Videoaufzeichnung vom 17.01.2017), https://www.weforum.org/events/world-economic-forum-annual-meeting-2017/sessions/opening-plenary-davos-2017, Aufruf vom 01.05.2017.
4 ZDF heute, „Weltwirtschaftsforum: China warnt Trump vor Handelskrieg" vom 17.01.2017, http://www.heute.de/chinas-praesident-xi-warnt-trump-auf-weltwirtschaftsforum-in-davos-vor-handelskrieg-46344746.html, Aufruf vom 01.05.2017.
5 Quelle: Maritime Silk Road Society, „Maps of Maritime Silk Road", ohne Datum, http://www.maritimesilkroad.org.hk/en/quickFacts/mapsOfMaritimeSilkRoad, Aufruf vom 01.05.2017.
6 Vgl. „Die Zeit", „China löst USA als wichtigsten deutschen Handelspartner ab" vom 24.02.2017, http://www.zeit.de/wirtschaft/2017-02/china-deutschland-handel-exporte-import-statistisches-bundesamt, Aufruf vom 05.04.2017.
7 People's Republic of China, National Development and Reform Commission, „Vision and Actions on Jointly Building Silk Road Economic Belt and 21st-Century Maritime Silk Road" vom 28.03.2015, http://en.ndrc.gov.cn/newsrelease/201503/t20150330_669367.html, Aufruf vom 05.04.2017.
8 Reuters, „China will Bahnverbindung nach Europa verbessern" vom 12.10.2016, Aufruf vom 05.04.2017: http://de.reuters.com/article/china-europa-bahn-idDEKCN12C0IV.
9 Hannes A. Fellner, Avrupa Forum, „Chinas Initiative einer Neuen Seidenstraße – Handel statt Krieg" vom 07.03.2016, http://avrupaforum.org/chinas-initiative-einer-neuen-seidenstrase-handel-statt-krieg/, Aufruf vom 04.04.2017.

10 Xinhua Nachrichtenagentur, „Chronology of China's Belt-and-Road-Initiative" vom 28.03.2015, http://news.xinhuanet.com/english/2015-03/28/c_134105435.htm, Aufruf vom 05.04.2017.

11 People's Republic of China, National Development and Reform Commission, a.a.O.

12 Patrick Bessler, EU-Asia Public Governance Forum, „Chinas neue Seidenstraße: Zentralasien im Visier", ohne Datum, http://www.kas.de/wf/doc/kas_43841-1522-1-30.pdf?160104054812, S. 3, Aufruf vom 05.04.2017.

13 Der Abschnitt beruht auf Ausarbeitungen von W. D. Hartmann und R. Wang für das Buch des verstorbenen Herausgebers D. Walther mit W. Stock und W. D. Hartmann „Die Euro-Konkurrenz nach dem Brexit", Frankfurt am Main 2016.

14 Daniel Mohr, Hendrik Ankenbrand, Frankfurter Allgemeine Zeitung, „Konkurrenz zum Dollar: Der Renminbi auf dem Weg zur Weltwährung" vom 19.06.2015, http://www.faz.net/aktuell/finanzen/devisen-rohstoffe/bedeutung-des-renminbi-waechst-13656706.html, Aufruf vom 15.02.2016.

15 Sebastian Kirsch, Wirtschaftswoche, „Renminbi: Chinas Notenbank löst sich vom Dollar" vom 15.12.2015, http://www.wiwo.de/finanzen/boerse/renminbi-chinas-notenbank-loest-sich-vom-dollar/12724380.html, Aufruf vom 01.05.2017.

16 Finanzen.net, „US-Dollar – Renminbi Yuan (Chart) vom 16.02.2016, http://www.finanzen.net/devisen/us_dollar-renminbi_yuan/chart, Aufruf vom 16.02.2016.

17 Ebenda.

18 Nina Trentmann, Holger Zschäpitz, Die Welt „Das ist die neue Weltwährung" vom 30.11.2015, http://www.welt.de/finanzen/article149470159/Das-ist-die-neue-Welt-waehrung.html, Aufruf vom 20.02.2016.

19 Ebenda.

20 ORF news, „Stimmrechtsreform im IWF: Staaten kritisieren USA" vom 10.10.2015, http://orf.at/stories/2303560/, Aufruf vom 18.2.2016.

21 Frankfurt Main Finance, „Trade your Renminbi", ohne Datum, https://frankfurt-main-finance.com/wp-content/uploads/2016/02/RenminbiBroschuere.pdf, Aufruf vom 01.05.2017.

22 Ebenda.

23 Hannes Vogel, n-tv, „Yuan wird IWF-Reservewährung: So mächtig sind die Chinesen" vom 01.12.2015, http://www.n-tv.de/wirtschaft/So-maechtig-sind-die-Chinesen-article16475461.html, Aufruf vom 07.05.2017.

24 German.China.Org.CN, „Renminbi: Meistgenutzte Währung in der Asien-Pazifik-Region" vom 02.06.2015, http://german.china.org.cn/business/txt/2015-06/02/content_35720685.htm, Aufruf vom 01.05.2017.

25 German.China.Org.CN, a.a.O.

26 Asian Infrastructure Investment Bank, ohne Datum, https://www.aiib.org/en/index.html, Aufruf vom 01.05.2017.

27 Hendrik Ankenbrand, Frankfurter Allgemeine Zeitung, „Entwicklungsbank in Schanghai: Amerika verliert Machtkampf mit China" vom 17.03.2015, http://www.faz.net/aktuell/wirtschaft/fruehaufsteher/amerika-verliert-machtkampf-mit-china-13487605.html, Aufruf vom 01.05.2017.

28 Ebenda.

29 Cary Huang, South China Morning Post, „China seeks role for yuan in AIIB to extend currency's global reach" vom 14.04.2015, http://www.scmp.com/news/china/economy/article/1766627/china-seeks-role-yuan-aiib-extend-currencys-global-reach?page=all, Aufruf vom 01.05.2017.

30 Cary Huang, South China Morning Post, a.a.O.

31 Ebenda.

32 Ebenda.

33 Global Ethics Network, „RMB Internationalization, China Threat, and AIIB“ vom 30.04.2015, http://www.globalethicsnetwork.org/profiles/blogs/china-threat-in-respect-of-aiib, Aufruf vom 01.05.2017.

34 Zhiqun Zhu, The Diplomat, „China's AIIB and OBOR: Ambitions and Challenges“ vom 09.10.2015, http://thediplomat.com/2015/10/chinas-aiib-and-obor-ambitions-and-challenges/, Aufruf vom 01.05.2017.

35 Mercator Institute for China Studies, a.a.O.

36 Ebenda.

37 Asian Infrastructure Investment Bank, a.a.O.

38 Mercator Institute for China Studies, „AIIB: Chinas entwicklungspolitische Offensive“ vom 03.07.2017, http://www.merics.org/presse/china-flashpressemitteilungen/aiib-chinas-entwicklungspolitische-offensive.html, Aufruf vom 25.2.2017.

39 Wolfgang Hirn, Manager Magazin, „Streit um Asian Infrastructure Investment Bank China spaltet den Westen – und bringt die Finanzarchitektur ins Wanken“ vom 09.03.2015, http://www.manager-magazin.de/politik/weltwirtschaft/deutschland-tritt-aiib-bei-china-spaltet-westen-mit-bank-a-1024354.html, Aufruf vom 01.05.2017.

40 Vgl. Ming Wan, „The Asian Infrastructure Investment Bank – The Construction of Power and the Struggle for the East Asian International Order“, New York 2016.

41 Devex, „New Development Bank (NDB)“, ohne Datum, https://www.devex.com/organizations/new-development-bank-ndb-591 49, Aufruf vom 05.04.2017.

42 Yao Nian, CGTN TV, „PBOC official: China increases Silk Road Fund capital to meet enormous demand“ vom 14.05.2017, https://news.cgtn.com/news/3d497a4e33677a4d/share_p.html, Aufruf vom 15.05.2017.

43 Silk Road Fund, ohne Titel, vom 08.11.2014, http://www.silkroadfund.com.cn/enweb/23773/index.html, Aufruf vom 05.04.2017.

44 James Kynge, Financial Times, „The New Trade Routes: Silk Road Corridor: How the Silk Road plans will be financed“ vom 09.05.2016, https://www.ft.com/content/e83ced94-0bd8-11e6-9456-444ab5211a2f, Aufruf vom 06.04.2017.

45 Heiner Sieger, PWC, „Highway der Superchancen“, ohne Datum, http://next.pwc.de/2016-01/highway-der-super-chancen.html, Aufruf vom 05.042017.

46 The Shanghai Cooperation Organisation SCO, „About SCO“, ohne Datum, http://eng.sectsco.org/about_sco/, Aufruf vom 05.04.2007.

47 Nachrichtenexpress, „Shanghaier Organisation für Zusammenarbeit – Shanghai-Pakt: nach Russland nun auch China bereit für Türkei-Beitritt“ vom 21.11.2016, https://www.nachrichtenxpress.com/2016/11/shanghai-pakt-nach-russland-nun-auch-china-bereit-fuer-tuerkei-beitritt/, Aufruf vom 06.04.2017.

48 Shi Ze, „Eine Straße und ein Gürtel – Einige innovative Ideen über die Formen der Zusammenarbeit an der Seidenstraße“, Konferenzbeitrag zum 30. Jahrestag der Gründung des Schiller-Institutes vom 18.10.2014, http://newparadigm.schillerinstitute.com/de/media/one-road-and-one-belt-and-new-thinking-with-regard-to-concepts-and-practice/, Aufruf vom 01.05.2017.

49 Shi Ze, a.a.O.

50 Vgl. Lyndon/Helga LaRouche, EIR Special Report: „The New Silk Road Becomes The World Land-Bridge“, Wiesbaden 2014.

51 Tai Wei Lim, Henry Hing Lee Chan, Katherine Hui-Yi Tseng, Wen Xin Lim: „China's One Belt One Road Initiative“, Imperial College Press, London 2016.

52 People's Republic of China, National Development and Reform Commission, a.a.O.

53 Ebenda, S. 198.

54 Russia Today, „Neue Seidenstraße: China, Russland und Mongolei bilden gemeinsamen Wirtschaftskorridor“ vom 27.06.2016, https://deutsch.rt.com/wirtschaft/39124-neue-seidenstrasse-china-russland-/, Aufruf vom 01.05.2017.

55 Tai Wei Lim et. alt., a.a.O., S. 199.

56 Ebenda, S. 233.

57 Stephan Scheuer, Handelsblatt, „Der 16+1-Gipfel. China will „neue Seidenstraße“ nach Osteuropa“ vom 24.11.2015, http://www.handelsblatt.com/politik/international/der-161-gipfel-china-will-neue-seidenstrasse-nach-osteuropa/12626548.html, Aufruf vom 07.04.2017.

58 Europäische Zeitung, „Investitionsoffensive für Europa „goes global“: China kündigt an, zu investEU beizutragen“ vom 28.09.2015, https://www.euzeitung.de/2015/09/28/investitionsoffensive-fur-europa-goes-global-china-kundigt-an-zu-investeu-beizutragen/, Aufruf vom 07.04.2017.

59 Die Presse, „Chinesen modernisieren Bahnverbindung Belgrad-Budapest“ vom 17.12.2014, http://diepresse.com/home/wirtschaft/international/4621451/Chinesen-modernisieren-Bahnverbindung-BelgradBudapest, Aufruf vom 07.04.2017.

60 Dirk Eckert, Telepolis, „Gutes China – böses China?“ vom 10.03.2017, https://www.heise.de/tp/features/Gutes-China-boeses-China-3648107.html, Aufruf vom 07.05.2017.

61 People's Republic of China, National Development and Reform Commission, a.a.O.

62 Thomas, Puls, Institut der deutschen Wirtschaft Köln, IW-Kurzbericht Nr. 67 „One Belt One Road – Chinas neue Seidenstraße“ vom 17. Oktober 2016, https://www.iwkoeln.de/_storage/asset/303097/storage/master/file/10788 354/download/IW-%20 Kurzbericht_2016-67_China.pdf, S. 1, Aufruf vom 08.04.2017.

63 European Think-tank Network on China „Europe and China's New Silk Roads“ vom Dezember 2016, https://www.yumpu.com/en/document/view/56619534/etnc-report-2016-europe-and-chinas-new-silk-roads, Aufruf vom 08.04.2017.

64 Alexis Eggermont, „Which one is better – CRH (China Railway High-speed) or Shinkansen (Japanese Super Express)?“ vom 27.01.2015, https://www.quora.com/Which-one-is-better-CRH-China-Railway-High-speed-or-Shinkansen-Japanese-Super-Express, Aufruf vom 07.04.2017.

65 Hochgeschwindigkeitszüge, „Schnellfahrstrecken in China“ vom 30.09.2015, http://www.hochgeschwindigkeitszuege.com/china/schnellstrecken-china.php, Aufruf vom 09.04.2017.

66 Margot Schüller / Tam Nguyen, Leibniz-Institut für Globale und Regionale Studien, „Vision einer maritimen Seidenstraße: China und Südostasien“, in: GIGA Focus 7/2015, ohne Datum, https://www.giga-hamburg.de/de/system/files/publications/gf_global_1507_0.pdf, S. 2, Aufruf vom 06.05.2017.

67 German.China.Org.CN, „Forum von Bo'ao soll neues Wachstumsmodell hervorheben“ vom 27.03.2015, http://german.china.org.cn/business/txt/2015-03/27/content_35171701.htm, Aufruf vom 08.04.2017.

68 Vgl. Bal Kishan Sharama, Nivedina Das Kundu, „China's One Belt One Road Initiative, Challenges and Prospects“, New Delhi 2016, S. 69.

69 Analysis IAS, http://analysisias.com/wide-angle/obor/, Aufruf vom 28.9.2017.

70 Brian Eyler, East by Southeast „China's Maritime Silk Road is all about Africa“ vom 17.11.2014, http://www.eastbysoutheast.com/chinas-maritime-silk-road-africa/, Aufruf vom 08.04.2017.

71 Ebenda.

72 Brian Eyler, East by Southeast, a.a.O.

73 Der Spiegel, „Privatisierung Griechenland verkauft Hafen Piräus an chinesische Reederei“ vom 08.04.2014, http://www.spiegel.de/wirtschaft/soziales/griechenland-verkauft-hafen-piraeus-an-chinesische-reederei-a-1086152.html, Aufruf vom 07.05.2017.

74 Frankfurter Allgemeine Zeitung, „Ausverkauf: China investiert kräftig in Griechenland“ vom 22.06.2014, http://www.faz.net/aktuell/wirtschaft/wirtschaftspolitik/china-investiert-kraeftig-in-griechenland-13003672.html, Aufruf vom 07.05.2017.

75 taz.de, „Chinas Engagement in Griechenland: Frisches Geld aus Fernost“ vom 22.06.2014, http://www.taz.de/!5039433/, Aufruf vom 07.05.2017.

76 Börsenzeitung, „Fraport startet in Griechenland“ vom 12.04.2017, https://www.boersen-zeitung.de/index.php?li=5&l=0&isin=DE0005773303, Aufruf vom 07.05.2017.

77 Frankfurter Allgemeine Zeitung, „Ausverkauf: China investiert kräftig in Griechenland“ a.a.O.

78 Frankfurter Allgemeine Zeitung, „Staatsreederei Cosco China kauft sich in Europas Häfen ein“ vom 01.04.2017, http://www.faz.net/aktuell/wirtschaft/unternehmen/cosco-kauft-hafenbeteiligungen-in-ganz-europa-14950093.html, Aufruf vom 07.05.2017.

79 Hendrik Ankenbrand, „Neue Handelswege nach Europa: Überweist Peking bald Milliarden an Griechenland?“ vom 21.04.2015, http://www.faz.net/aktuell/wirtschaft/agenda/bald-milliarden-aus-china-fuer-griechenland-13549712.html, Aufruf vom 07.05.2017.

80 Hendrik Ankenbrand, a.a.O.

81 Ebenda.

82 Moritz Rudolf, „Chancen und Risiken der Seidenstraßeninitiative: Xi Jinpings geostrategisches Prestigeprojekt“ in China heute XXXV (2016), Nr. 3, ohne Datum, http://www.china-zentrum.de/fileadmin/downloads/china-heute/2016/China_heute_191_Moritz_Rudolf_-_Chancen_und_Risiken_der_Seidenstrasseninitiative.pdf, Aufruf vom 07.05.2016.

83 Nele Noesselt, „Chinesische Politik: Nationale und globale Dimensionen“, Baden-Baden 2016, S. 242.

84 Frankfurter Allgemeine Zeitung, „Philippinisches Militärschiff durchbricht chinesische Seeblockade“ vom 29.03.2014, http://www.faz.net/aktuell/politik/ausland/militaerschiff-durchbricht-seeblockade-philippinen-duepieren-chinas-kuestenwache-12870217.html, Aufruf vom 06.05.2017.

85 Nele Noesselt, a.a.O., S. 243.

86 Zeit, „USA werfen China Aufrüstung auf künstlichen Inseln vor“ vom 22.02.2017, http://www.zeit.de/politik/ausland/2017-02/china, Aufruf vom 08.05.2017.

87 Nele Noesselt, a.a.O., S. 245.

88 Nele Noesselt, a.a.O., S. 246.

89 Lothar Rühl, Frankfurter Allgemeine Zeitung, „Die Sorge vor einem starken China“ vom 06.08.2008, http://www.faz.net/aktuell/politik/china-spezial/aussenpolitik/ruestungspolitik-die-sorge-vor-einem-starken-china-1664369.html, Aufruf vom 07.08.2017.

90 Torsten Krauel, Die Welt, „Peking will eine Weltmacht-Marine bauen“ vom 27.04.2017, https://www.welt.de/debatte/kommentare/article164047524/Peking-will-eine-Weltmacht-Marine-bauen.html, Aufruf vom 07.05.2017.

91 Torsten Krauel, a.a.O.

92 Lothar Rühl, a.a.O.

93 Reuters, „China will für Seidenstraßen-Projekte Börsenzugang erlauben“ vom 05.05.2017, http://de.reuters.com/article/china-seidenstrasse-idDEKBN1810I8, Aufruf vom 05.05.2017.

94 Julia Amend, Deutsche Bahn AG, „Transeurasische Landbrücke als Transportalternative (Routen)“ vom Dezember 2016, https://mediathek.deutschebahn.com/marsDB/de/instance/picture/Infografik-Transeurasische-Landbruecke-als-Transportalternat.xhtml?oid=11858, Aufruf vom 08.05.2017.

95 Deutsche Bahn AG, a.a.O.

96 Fundresearch, „asia:insight – Mit Planierraupen auf Wirtschaftsförderung“ vom 08.09.2016, https://www.fundresearch.de/sites/default/files/Metzler%20AM_Asia_Insight_de.pdf, Aufruf vom 08.05.2017.

97 Fundresearch, a.a.O.

98 Reconnecting Asia, „17 Projects to Watch in 2017“ vom 21.12.2016, https://reconasia.csis.org/analysis/entries/17-projects-watch-2017, Aufruf vom 13.05.2017.

99 Klaus Remme, Deutschlandfunk, „China: Chancen und Risiken der neuen Seidenstraße“ vom 04.07.2015, http://www.deutschlandfunk.de/china-chancen-und-risiken-der-neuen-seidenstrasse.799.de.html?dram:article_id=324511, Aufruf vom 12.05.2017.

100 Wade Shephard, Forbes, „5 Upheavals To Expect Along The New Silk Road In 2017“ vom 28.12.2016, https://www.forbes.com/sites/wadeshepard/2016/12/28/5-upheavals-to-expect-from-the-new-silk-road-in-2017/#4c9307126f0e, Aufruf vom 13.05.2017.

101 Markus Ederer, Auswärtiges Amt, „„Implications of the One Belt, One Road Initiative for Europe and the Eurasian Continent“, Rede zur Veranstaltung „Bestandsaufnahme OBOR“ vom 0202.2016, http://www.auswaertiges-amt.de/DE/Infoservice/Presse/Reden/2016/160202-StS_E_Seidenstrasseninitiative.html?nn=344800, Aufruf vom 13.05.2017.

102 Reinhard Wagner, Projektmagazin, „Megaprojekt Seidenstraße: Wie China den alten Mythos zur neuen Schlagader des Welthandels macht“ vom 05.05.2017, https://www.projektmagazin.de/meilenstein/projektmanagement-blog/megaprojekt-seidenstrasse-wie-china-den-alten-mythos-zur-neuen-sch, Aufruf vom 13.05.2017.

103 Klaus Remme, a.a.O.

104 Ebenda.

105 Thorsten Küfner, „Der Aktionär“, „Chinas Mega-Projekt: Das größte Wirtschaftsprogramm in der Geschichte der Menschheit“ vom 05.04.2017, http://www.deraktionaer.de/aktie/chinas-mega-projekt---das-groesste-wirtschaftsprogramm-in-der-geschichte-der-menschheit--310350.htm, Aufruf vom 12.05.2017.

106 Thorsten Küfner, a.a.O.

107 Wade Shephard, a.a.O.

108 Reconnecting Asia, a.a.O.

109 Rodion Ebbighausen, Deutsche Welle, „Neuauflage einer Legende: Chinas neue Seidenstraße – Traum und Realität“ vom 12.05.2017, http://www.dw.com/de/chinas-neue-seidenstraße-traum-und-realität/a-38799315, Aufruf vom 14.05.2017.

110 Dirk Eckert, Telepolis, „Gutes China – böses China?“ vom 10.03.2017, https://www.heise.de/tp/features/Gutes-China-boeses-China-3648107.html, Aufruf vom 07.05. 2017.

111 Ebenda.

112 Rodion Ebbighausen, a.a.O.

113 Margot Schüller / Tam Nguyen, Leibniz-Institut für Globale und Regionale Studien, „Chinas Seidenstraßen-Initiative trifft auf transeuropäische Infrastrukturpolitik“ vom 08.12.2015, https://www.giga-hamburg.de/de/publication/chinas-seidenstrassen-initiative-trifft-auf-transeuropaeische-infrastrukturpolitik, Aufruf vom 08.05. 2017.

114 Finn Mayer-Kuckuck, Frankfurter Rundschau, „Neue Seidenstraße: China winkt mit Milliarden“ vom 14.05.2017, http://www.fr.de/wirtschaft/neue-seidenstrasse-china-winkt-mit-milliarden-a-1278549, Aufruf vom 14.05.2017.

## *Anmerkungen zum 3. Kapitel*

1 Der Spiegel (Website) „Mammut-Programm: China investiert 164 Milliarden Euro in schnelles Internet“ vom 12.01.2017: http://www.spiegel.de/wirtschaft/soziales/china-investiert-160-milliarden-in-schnelles-internet-a-1129672.html, Aufruf vom 03.06.2017.

2 Hans Joachim Fuchs, „Die China AG“, München 1997, S. 326.

3 Matthieu Nègre, altii (Website) „Neuausrichtung des chinesischen Wirtschaftsmodells extrem erfolgreich“ vom 01.03.2017: https://www.altii.de/de/marktmeinung/1688/neuausrichtung-des-chinesischen-wirtschaftsmodells-extrem-erfolgreich/, Aufruf vom 20.05.2017.

4 Vgl. einen Bericht zum Global Innovation Index 2017 vom 15.06.2017: http://www.einnews.com/pr_news/386958045/global-innovation-index-2017-switzerland-sweden-netherlands-usa-uk-top-annual-ranking, Aufruf vom 22.06.2017.

5 Matthieu Nègre, a.a.O.

6 Ebenda.

7 Ulrike Reisach / Theresia Tauber / Xueli Yuan, „China – Wirtschaftspartner zwischen Wunsch und Wirklichkeit“, Heidelberg 2007, S. 401.

8 Ebenda, S. 402.

9 Jens-Philipp Keil, „Chinas ‚Go West’-Policy zur Minderung der ausgeprägten Ost-West-Disparitäten und zur Verbesserung des Investitionsklimas in Westchina: Genese, Ziele, Maßnahmen und Effekte“ (Dissertation), Gießen 2010.

10 Ulrike Reisach et. al., a.a.O., S. 222.

11 Quelle: The Beijing Axis, „The China Compass“ (PDF) vom Januar 2014, S. 35, www.thebeijingaxis.com/en/news-a-media/the-china-compass/107-the-china-compass-january-2014-1/file, Aufruf vom 30.05.2017.

12 Ulrike Reisach et. al., a.a.O., S. 223.

13 The Beijing Axis, a.a.O., S. 15.

14 Ebenda, S. 16.

15 Ebenda, S. 17.

16 Raimung G. Philipp, „China die zukünftige Weltwirtschafts- und Supermacht? Mythos und Realität“, Band 1, Nordhausen 2012, S. 18 f.

17 Jens-Philipp Keil, a.a.O., S. 56.

18 Teo Cheng Wee, Environmental Protection (Website) „China Renews ‚Green GDP’ Initiative“ vom 13.04.2015: https://eponline.com/articles/2015/04/13/china-renews-green-gdp-initiative.aspx, Aufruf vom 27.05.2017.

19 Jens-Philipp Keil, a.a.O., S. 57.

20 Ebenda, S. 57.

21 Dietmar H. Lamparter / Fritz Vorholz, Zeit online „Website), „Man muss springen“ vom 03.12.2009: http://www.zeit.de/2009/50/Interview-Fehrenbach/komplettansicht, Aufruf vom 27.05.2017.

22 Georg Blume / Chikako Yamamoto, Zeit online (Website), „Großer Sprung ins Netz“ vom 25.05.2000: http://www.zeit.de/2000/22/200022.china.ii.neu_.xml/seite-2, Aufruf vom 27.05.2017.

23 Ebenda.

24 Helmut Wiesenthal, Heinrich-Böll-Stiftung Sachsen (Website), „(Irr-)Wege in die inklusive Arbeitsgesellschaft“ vom 15.05.2012: http://www.weiterdenken.de/de/2014/03/13/irr-wege-die-inklusive-arbeitsgesellschaft, Aufruf vom 27.05.2017.

25 Nikolaus Piper, Süddeutsche Zeitung (Website), „China überholt die USA“ vom 20.07.2010: http://www.sueddeutsche.de/wirtschaft/rasantes-wachstum-china-ueberholt-usa-beim-energieverbrauch-1.977158, Aufruf vom 29.05.2017.

26 Vgl. Ha-Joon Chang, „23 Lügen, die sie uns über den Kapitalismus erzählen“, München 2010.

27 Paolo Freire Zentrum, „Technologischer Fortschritt als Ausweg aus dem Umwelt-Wachstum-Dilemma?“ vom 21.07.2008: http://www.pfz.at/article713.htm, Aufruf vom 28.05.2017.

28 Ebenda.

29 Anne Lachmann, Welt (Website), „So kopiert China ganze europäische Städte“ vom 22.10.2015: https://www.welt.de/finanzen/immobilien/article147906970/So-kopiert-China-ganze-europaeische-Staedte.html, Aufruf vom 28.05.2017.

30 Henryk Hielscher / Mark Fehr, „WirtschaftsWoche“, „Chinesen kopieren dm-Filiale – WirtschaftsWoche liegt Foto vor“ vom 10.09.2015: http://www.wiwo.de/unternehmen/handel/dm-drogeriemarkt-chinesen-kopieren-dm-filiale-wirtschaftswoche-liegt-foto-vor/12303130.html, Aufruf vom 28.05.2017.

31 Matthias Schramm / Markus Taube, „absatzwirtschaft“ (Website), „China kopiert alles. Das frustriert.“, ohne Datum: http://www.absatzwirtschaft.de/china-kopiert-alles-das-frustriert-2968/, Aufruf vom 28.05.2017.

32 Tania Branigan, The Guardian (Website), „Does China deserve a reputation as the land of copycats?“ vom 15.10.2016: https://www.theguardian.com/world/2016/oct/15/china-reputation-copycats-pelamis-intellectual-property, Aufruf vom 22.05.2017.

33 Marcel Grzanna, Süddeutsche Zeitung (Website), „Chinesischer Senkrechtstarter“ vom 30.08.2015: http://www.sueddeutsche.de/wirtschaft/xiaomi-chinesischer-senkrechtstarter-1.2627302, Aufruf vom 28.05.2017.

34 Quelle: Xiaomi Mi (Pressefoto).

35 Stefan Schultz, Der Spiegel (Website), „Die eine App für alles“ vom 18.01.2016: http://www.spiegel.de/wirtschaft/unternehmen/messenger-apps-wie-china-die-mobile-zukunft-erfindet-a-1071815.html, Aufruf vom 28.05.2017.

36 Ebenda.

37 China Tech Insights (Website), „Tencent opens an AI center in Seattle“ vom 02.05.2017: http://mailchi.mp/98aa9488de60/tencent-opens-an-ai-center-in-seattle-and-has-a-microsoft-veteran-onboard, Aufruf vom 29.05.2017.

38 Benedikt Kaufmann, Der Aktionär (Website), „Alibaba, Baidu und Co: Kampf um Milliarden“ vom 06.10.2016: http://www.deraktionaer.de/aktie/alibaba--baidu-und-co--kampf-um-milliarden-278490.htm, Aufruf vom 24.05.2017.

39 Helen H. Wang, „The Chinese Dream: The Rise of the World‘s Largest Middle Class and what it Means to You“, 2. Auflage, Brande 2012.

40 Quelle: Alibaba.com (Screenshot der Handelsplattform).

41 Natalie Mayroth, bento, „So sieht das streng kontrollierte Internet in China aus" vom 28.07.2016: http://www.bento.de/gadgets/internet-zensur-in-china-so-sieht-das-web-aus-teil-2-745172/, Aufruf vom 28.05.2017.

42 Vgl. Wirtschaftslexikon 24 (Website), „Trennbankensystem", ohne Datum: http://www.wirtschaftslexikon24.com/d/trennbankensystem/trennbankensystem.htm, Aufruf vom 01.06.2017.

43 Vgl. Wirtschaftslexikon 24 (Website), „Universalbankensystem", ohne Datum: http://www.wirtschaftslexikon24.com/d/universalbankensystem/universalbankensystem.htm, Aufruf vom 01.06.2017.

44 Sabrina Behrens, GeVestor (Website), „Trennbanken vs. Universalbanken: – Systeme im Vergleich" vom 16.05.2013: http://www.gevestor.de/details/trennbanken-vs-universalbanken-systeme-im-vergleich-646753.html, Aufruf vom 01.06.2017.

45 Horst Löchel / Helena Xiang Li, „Die Bank – Zeitschrift für Bankpolitik und Praxis (Website), „In China lockt das Glück der großen Zahl" vom 06.09.2010: http://www.die-bank.de/news/in-china-lockt-das-glueck-der-grossen-zahl-2940/, Aufruf vom 01.06.2017.

46 Ulrike Reisach et. al., a.a.O., S. 288.

47 Horst Löchel/Helena Xiang Li, a.a.O.

48 Ebenda.

49 Anne Kunz, Die Welt (Website), „Warum China an deutschen Banken interessiert ist" vom 20.02.2017: https://www.welt.de/wirtschaft/article162235876/Warum-China-an-deutschen-Banken-interessiert-ist.html, Aufruf vom 02.06.2017.

50 Focus (Website), „Erneute Finanzkrise? Enorme Kreditblase: Warum China die Weltwirtschaft gefährdet" vom 19.09.2016: http://www.focus.de/finanzen/news/erneute-finanzkrise-enorme-kreditblase-warum-china-die-weltwirtschaft-gefaehrdet_id_5956785.html, Aufruf vom 02.06.2017.

51 German.China.org.cn (Website) „China geht bahnbrechenden Plan für digitale Währung vorsichtig an" vom 17.11.2016: http://german.china.org.cn/txt/2016-11/17/content_39724635.htm, Aufruf vom 02.06.2017.

52 Handelsblatt, „Kryptowährung Bitcoin: Verluste nach Warnung von Chinas Zentralbank" vom 09.01.2017: http://www.handelsblatt.com/finanzen/maerkte/devisen-rohstoffe/kryptowaehrung-bitcoin-verluste-nach-warnung-von-chinas-zentralbank/19228020.html, Aufruf vom 02.06.2017.

53 n-tv, „Alternative zu Bitcoin: China testet eigene Digitalwährung" vom 25.02.2017: http://www.n-tv.de/wirtschaft/China-testet-eigene-Digitalwaehrung-article19718322.html, Aufruf vom 03.06.2017.

54 Chinesische Regierung, „Quick view: The State Council executive meeting" vom 25.06.2015: http://english.gov.cn/policies/infographics/2015/06/25/content_281475134297033.htm, Aufruf vom 01.06.2017.

55 Der Spiegel, „Mammut-Programm: China investiert 164 Milliarden Euro in schnelles Internet" vom 12.01.2017: http://www.spiegel.de/wirtschaft/soziales/china-investiert-160-milliarden-in-schnelles-internet-a-1129672.html, Aufruf vom 03.06.2017.

56 Futurezone, „China investiert 20 Milliarden Euro in Breitband-Internet" vom 14.10.2015: https://futurezone.at/digital-life/china-investiert-20-milliarden-euro-in-breitband-internet/158.506.275, Aufruf vom 31.05.2017.

57 Martin Pasquier, „Internet Plus: China's official strategy for the uberisation of the ecnomy" vom 01.05.2015: http://www.innovationiseverywhere.com/internet-plus-chinas-official-strategy-for-the-uberisation-of-the-economy/, Aufruf vom 03.06.2017.

58 Martin Pasquier, a.a.O.

59 Der Spiegel, „Neue Regeln für VPN-Anbieter, China verschärft Internetkontrolle" vom 23.01.2017: http://www.spiegel.de/netzwelt/netzpolitik/china-verschaerft-internet-kontrolle-neue-regeln-fuer-vpn-anbieter-a-1131271.html, Aufruf vom 02.06.2017.
60 Hendrik Ankenbrand, Frankfurter Allgemeine Zeitung, „Chinas Stahl-Überkapazitäten sind sogar noch gestiegen" vom 13.02.2017: http://www.faz.net/aktuell/wirtschaft/agenda/chinas-stahl-ueberkapazitaeten-sind-sogar-noch-gestiegen-14875237.html, Aufruf vom 01.06.2017.
61 Winni Zhou / David Stanway, Reuters, „China extends overcapacity fight to more sectors in 2017" vom 29.12.2016: http://www.reuters.com/article/china-overcapacity-idUSL4N1EP09L, Aufruf vom 30.05.2017.
62 J. Ruben Dost, „Produktionsverlagerungen deutscher Unternehmen nach China", Norderstedt 2014, S. 291.
63 Tobias ten Brink, „Chinas Kapitalismus: Entstehung, Verlauf, Paradoxien", Frankfurt am Main 2013, S. 205.
64 Ebenda, S. 325.
65 The Beijing Axis, a.a.O., S. 38.
66 Ebenda.
67 Ebenda, S. 42.
68 Ebenda, S. 43.
69 Ebenda, S. 44.
70 Vgl. Martin Berger, Brigitte Nones, Der Sprung über die große Mauer, Die Internationalisierung von F&E und das chinesische Innovationssystem, Schriftenreihe des Institutes für Technologie- und Regionalpolitik der Johanneum Research, Hrsg. Michael Steiner, Bd. 9, Leykam, Graz 2008.

## *Anmerkungen zum 4. Kapitel*

1 O.V., „Ein Abkommen, das Druck erzeugt", https://www.tagesschau.de/inland/pariser-klimaabkommen-101.html, Aufruf vom 21.05.2017.
2 O.V. „USA verschieben Entscheid über Ausstieg aus dem Klimavertrag", http://de.reuters.com/article/usa-klima-idDEKBN1850SJ, Aufruf vom 21.05.2017.
3 O.V. „G7-Treffen: Merkel kritisiert mangelnde Verlässlichkeit der USA", http://www.zeit.de/politik/deutschland/2017-05/angela-merkel-g7-donald-trump-europa-eigenstaendigkeit, Aufruf vom 29.05.2017.
4 O.V. „Weltklima. Donald Trump erklärt der Vernunft den Krieg", in: DER SPIEGEL, 23/2017, S. 12.
5 World Ressource Institute, „4 Big Ideas in Sustainable Business", http://www.wri.org/blog/2017/06/4-big-ideas-sustainable-business, Aufruf vom 09.05.2017.
6 Chinesischer Klimabeauftragter zu Gesprächen im BMUB, in: http://www.bmub.bund.de/themen/nachhaltigkeit-internationales/int-umweltpolitik/bilaterale-zusammenarbeit/detailansicht-bilaterale-zusammenarbeit/artikel/chinesischer-klimabeauftragter-xie-zhenhua-zu-gespraechen-im-bmub/, Aufruf vom 21.05.2017.
7 Nils Klawitter, Fehde in Fernost, in Der Spiegel, Heft 20/2017, S. 67.
8 „Chinas Klimabeitrag-(INDC) – Ein Meilenstein auf dem Weg zum Pariser Klimaabkommen", https://germanwatch.org/de/10502, Aufruf vom 21.05.2017.
9 Ebenda.
10 Expo 2010 Shanghai China, Official Guidebook, Bureau of Shanghai World Expo Coordination, China Publishing Group Corporation, Shanghai 2010.

11 Ebenda, S. 184.
12 Susanne Donnar, Chinas Position in der Klimaschutzpolitik, Infobrief der Wissenschaftlichen Dienste des Deutschen Bundestages 2010, WD 8-3010-087/10, S. 13.
13 Ebenda, S. 4.
14 Vgl. die Erklärung des Bundesumweltministeriums unter: http://www.bmub.bund.de/themen/klima-energie/emissionshandel/kurzinfo/, Aufruf vom 22.05.2017.
15 Vgl. „Clean Development Mechanism", https://www.umweltbundesamt.de/sites/default/files/medien/publikation/long/3665.pdf, Aufruf vom 22.05.2017.
16 Vgl. dazu auch die Zahlen zum Klimaschutz des Bundesumweltministerium in: www.bmub.bund.de/fileadmin/Daten_BMU/Pools/.../klimaschutz_in_zahlen_bf.pdf, Aufruf vom 18.05.2017.
17 Sieh edie UN Konvention zum Klimawandel UNFCCC unter: http://unfccc.int/kyoto_protocol/mechanisms/joint_implementation/items/1674.php.
18 www.ictsd.org/downloads/2011/04/technologymechanism.pdf.
19 Susanne Donner, Chinas Position in der Klimapolitik, a.a.O., S. 5.
20 Herrmann Fischer, Stoffwechsel – Auf dem Weg zu einer solaren Chemie für das 21. Jahrhundert, Verlag Antje Kunstmann, München 2012.
21 Vgl. dazu den kritischen Beitrag von Fred E. Mueller „Langfristige Planungen auf realistischer Grundlage", in: http://www.windland.ch/wordpress/?p=5318, Aufruf vom 22.05.2017.
22 Ebenda.
23 Vgl die Weltstatistik in: http://www.kernenergie.de/kernenergie/themen/kernkraftwerke/kernkraftwerke-weltweit.php, Aufruf vom 22.05.2017.
24 Vgl. http://www.world-nuclear.org/information-library/country-profiles/countries-a-f/china-nuclear-power.aspx, Aufruf vom 22.05.2017.
25 Fred. F. Mueller, Chinas Energiepolitik: Daseinsvorsorge im Vordergrund, in: http://www.windland.ch/wordpress/?p=5318, Aufruf vom 14.08.2017.
26 O.V., „China's National Climate Change Programme", en.ndrc.gov.cn/newsrelease/.../P020070604561191006823.pdf, Aufruf vom 15.04.2017.
27 Hartmut Böttiger, Klimawandel – Gewissheit oder politische Machenschaft?, IMHOF-Zeitgeschichte Petersberg 2008 und Nigel Calder, Die launische Sonne widerlegt Klimatheorien, Wiesbaden 1997.
28 Der Weltklimarat legte seine Berichte der Weltgemeinschaft vor und erzielte insbesondere mit dem 4. Sachstandsbericht 2007 hohe Aufmerksamkeit, vgl. Michael Mueller, Ursula Fuentes und Harald Kohl: Der UN-Weltklimareport, Bericht über eine aufhaltsame Katastrophe, KiWi Köln 2007.
29 Der fünfte Bericht aus dem Jahr 2013/14 führte zu den bisher größten Vereinbarungen der Weltgemeinschaft nach dem Pariser Klimagipfel 2015, die 2016 in Kraft traten, Vgl. dazu die Einschätzung des BMU in:, in: www.bmub.bund.de/cop21/.
30 Vgl. Karl Knoch, Klima und Klimaschwankungen, Verlag Quelle & Meyer Leipzig 1930, S. 103 ff.
31 Vgl. Sven Böll, Harald Knaup, Liste des Schreckens, in: Der Spiegel, 23/2017, S. 20.
32 Vgl. hierzu die ökologischen Probleme von Bauprojekten, in: www.bund-bawue.de/fileadmin/bawue/.../S21_Fragen-und-Antworten_BUND.pd, Aufruf vom 20.05.2017.
33 Vgl. Friedrich Schmidt-Bleek, Wieviel Umwelt braucht der Mensch: Faktor 10, Das Maß für ökologisches Wirtschaften, Birkhäuser Verlag Berlin 1994.
34 Friedrich Schmidt-Bleek, Grüne Lügen, Nichts für die Umwelt, alles fürs Geschäft – wie Politik und Wirtschaft die Welt zugrunde richten, Ludwig Verlag München 2014.

35 Umweltbundesamt (Hrsg.), Die Nutzung natürlicher Ressourcen, Bericht für Deutschland 2016, Vorwort von Maria Krautzberger, Präsidentin des Bundesumweltamtes, Dessau – Roßlau 2016, S. 3.

36 Richard Ghiasy and Jiayi Zhou, The Silk Road Economic Belt, Considering security implications and EU-China cooperation prospects, Stockholm International Peace Research Institute, sipri, Stockholm 2017.

37 Vgl. dazu die objektive Darstellung der Hongkonger HKTDC Research, in: http://china-trade-research.hktdc.com/business-news/article/The-Belt-and-Road-Initiative/The-Belt-and-Road-Initiative/obor/en/1/1X000000/1X0A36B7.htm, Aufruf vom 08.06.2017.

38 Thoma Heberer, Armin Müller, Chinas Gesellschaftliche Transformation, Entwicklungen, Trends, Grenzen, FES-Studie Januar, Berlin 2017.

39 Ebenda, S. 1.

40 Vgl. dazu das China Portal für Wirtschaft und Kultur zum Umweltbewusstsein in China: http://interculturecapital.de/umweltbewusstsein-in-china-von-oekologischen-gemeinschaften-zu-eco-cities, Aufruf vom 08.06.2017.

41 Vgl. dazu das Branchenmagazin recyclingnews in: https://www.recyclingnews.info/recycling/deutsches-recycling-know-how-in-china-begehrt/ Aufruf vom 08.06.2017.

42 O.V., „Hangzhou im Ausnahmezustand, Gipfel in der Geisterstadt", https://www.tagesschau.de/ausland/g-zwanzig-china-103.html, Aufruf vom 05.05.2017.

43 European Resources Forum 2016, 9-10-November 2016, Programme booklet, Umwelt Bundesamt Dessau-Roßlau, 2016.

44 Die Nutzung natürlicher Ressourcen, Bericht für Deutschland 2016, Umweltbundesamt Dessau-Roßlau, 2016, S. 8.

45 Vgl. die Konferenzunterlagen dazu in: https://www.adelphi.de/.../adelphi_giz_green-economy_sino-german_dialogue_deutsch.

46 China Strategie des BMBF 2015.2020, in: https://www.bmbf.de/pub/China_Strategie_Langfassung.pdf, Aufruf vom 25.04.2017.

47 Thomas Heberer, Armina Müller, a.a.O., S. 8; Der Begriff Entwicklungsstaat wurde ursprünglich von Chalmers Johnson mit Blick auf die Rolle des MITI in Japan und das japanische Wunder 1982 eingeführt.

48 O.V., „Elektroauto-Quote: China gibt Autobauern ein Jahr mehr Zeit", Handelsblatt vom 02.06.2017, http://www.handelsblatt.com/unternehmen/industrie/elektroauto-quote-china-gibt-autobauern-ein-jahr-mehr-zeit/19888480.html, Aufruf vom 05.06.2017.

49 O.V., „Das große Zittern vor der Quote", http://www.handelsblatt.com/unternehmen/industrie/china-und-die-e-autos-das-grosse-zittern-vor-der-quote/19949604.html, Aufruf vom 29.06.2017.

50 Sebastian Heilmann, „Wer baut das Auto von morgen?", Frankfurter Allgemeine Zeitung vom 18.3.2017, http://www.faz.net/aktuell/wirtschaft/neue-mobilitaet/elektromobilitaet-in-china-14920175.html, Aufruf vom 10.06.2017.

51 Sebastian Viehmann, Focus (Website), „Shanghai Auto Show 2017 – Fünf Gründe: Darum entscheidet sich die Zukunft des Autos in China" vom 19.04.2017, http://www.focus.de/auto/automessen/shanghai-auto-show-2017-fuenf-gruende-darum-entscheidet-sich-die-zukunft-des-autos-in-china_id_6973991.html, Aufruf vom 05.06.2017.

52 Tom Grünweg, „Elektroautos Chinas Erfolgsstrategie", Der Spiegel vom 26.04.2017, http://www.spiegel.de/auto/aktuell/auto-shanghai-2017-elektroautos-chinas-erfolgsstrategie-a-1144511.html, Aufruf vom 05.06.2017.

53 Tom Grünweg, a.a.O.

54 Nio (Website), „Digital Experience“, ohne Datum, http://www.nio.io/experience, Aufruf vom 07.06.2017.
55 Wilfried Eckl-Dorna, „Tesla-Fighter“ chinesischer Elektroauto-Startups: Diese Firmen wollen die Autowelt umstürzen“, manager magazin vom 13.04.2017, http://www.manager-magazin.de/unternehmen/autoindustrie/elektroautos-diese-startups-aus-china-wollen-tesla-konkurrenz-machen-a-1143214.html, Aufruf vom 05.06.2017.
56 Tom Grünweg, a.a.O.
57 Wilfried Eckl-Dorna, a.a.O.
58 Ebenda.
59 Ebenda.
60 Tom Grünweg, a.a.O.
61 Tom Grünweg, a.a.O.
62 O.V., „Chinesischer Supersportwagen hat sechs E-Motoren“, Golem IT News vom 14.03.2017, https://www.golem.de/news/techrules-ren-chinesischer-supersportwagen-hat-sechs-e-motoren-1703-126659.html, Aufruf vom 11.06.2017.
63 Tom Grünweg, a.a.O.
64 Frank Volk, „BMW beendet Produktion des China-Stromers Zinoro 1E“, Automobil-Produktion vom 16.08.2016, https://www.automobil-produktion.de/maerkte/bmw-beendet-produktion-des-china-stromers-zinoro-1e-235.html, Aufruf vom 11.06.2017.
65 O.V., „Neuer Versuch: Daimler-Elektroauto Denza schwächelt“, n-tv vom 24.05.2017, http://www.n-tv.de/auto/Daimler-Elektroauto-Denza-schwaechelt-article19856414.html, Aufruf vom 11.06.2017.
66 Tom Grünweg, a.a.O.
67 Matthias Kamp, „Elektroautos: Womit Chinas Autohersteller BYD wirklich auftrumpft“ Wirtschaftswoche vom 23.03.2010, http://www.wiwo.de/unternehmen/auto/elektroautos-womit-chinas-autohersteller-byd-wirklich-auftrumpft-seite-2/5143950-2.html, Aufruf vom 05.06.2017.
68 Georg Kacher, „In China könnte die nächste Auto-Revolution starten“, Süddeutsche Zeitung vom 01.05.2017, http://www.sueddeutsche.de/auto/automarkt-in-fernost-in-china-koennte-die-naechste-auto-revolution-starten-1.3481319, Aufruf vom 08.06. 2017.
69 O.V. „China wird ‚riesiger Markt‘ für selbstfahrende Autos“, Automobilwoche vom 19.04.2017, http://www.automobilwoche.de/article/20170419/AGENTURMELDUNGEN/304199923/autonome-autos-in-china-china-wird-riesiger-markt-fuer-selbstfahrende-autos, Aufruf vom 06.06.2017.
70 Frederic Spohr, „Autonomes Fahren – China gibt Gas“, „8MRD“ vom 28.10.2016, http://8mrd.com/2016/10/28/china-autonomes-fahren-autos-strassenverkehr/, Aufruf vom 10.06.2017.
71 O.V. (Automobilwoche), a.a.O.
72 McKinsey & Company, Wettlauf um den vernetzten Kunden – Überblick zu den Chancen aus Fahrzeugvernetzung und Automatisierung vom September 2015, https://www.mckinsey.de/files/mckinsey-connected-customer_deutsch.pdf, S. 44, Aufruf vom 11.06.2017.
73 O.V., „Neue Testzonen für autonomes Fahren in China“, MPR China Certification vom 28.04.2017, http://www.china-certification.com/neue-testzonen-fur-autonomes-fahren-in-china, Aufruf vom 10.06.2017.

74 Vgl. dazu die Einschätzung der DVZ in ihrem Spezialdienst Blue Rocket: http://blue-rocket.de/chinesischer-hersteller-will-autonomen-lkw-bereits-2018-auf-die-strasse-schicken/, Aufruf vom 25.06.2017.

75 Ajaz Shah, „Baidu entwickelt Plattform für autonomes Fahren", Energy Load vom 01.06.2017, http://energyload.eu/elektromobilitaet/baidu-plattform-autonomes-fahren/, Aufruf vom 07.06.2017.

76 Wendell Cox, „Beijing Gigacity to Cover Area of Cambodia or Oklahoma" vom 01.07. 2014, http://www.newgeography.com/content/004394-beijing-gigacity-cover-area-cambodia-or-oklahoma, Aufruf vom 15.06.2017.

77 Thomas Heberer / Armin Müller, Friedrich-Ebert-Stiftung, „Chinas gesellschaftliche Transformation – Entwicklung, Trends und Grenzen", Berlin 2017, S. 35 f.

78 Ebenda, S. 37.

79 Ebenda, S. 38.

80 Leo Benedictus, „Chinese city opens ‚phone lane' for texting pedestrians", The Guardian vom 15.09.2014, https://www.theguardian.com/world/shortcuts/2014/sep/15/china-mobile-phone-lane-distracted-walking-pedestrians, Aufruf vom 27.06.2017.

81 TU Berlin Smart City Platform, „Smart City Definition", ohne Datum, http://www.smartcity.tu-berlin.de/smart-city-definition-an-der-tu-berlin-smart-city-platform/, Aufruf vom 27.06.2017.

82 China Academy of Information and Communications / EU-China Policy Dialogues Support Facility, Comparative Study of Smart Cities in Europe and China 2014, S. 1

83 Daisy Carrington, „Yinchuan: The smart city where your face is your credit card", CNN vom 11.10.2016: http://edition.cnn.com/2016/10/10/asia/yinchuan-smart-city-future/index.html, Aufruf vom 18.06.2017.

84 Elizabeth Carr-Ellis, „Smart cities: How China is leading the world", The Week vom 27.09.2016: http://www.theweek.co.uk/77008/smart-cities-how-china-is-leading-the-world, Aufruf vom 19.06.2017.

85 Federico Guerrini, „Cities Cannot Be Reduced To Just Big Data And IoT: Smart City Lessons From Yinchuan, China", Forbes vom 19.09.2016: https://www.forbes.com/sites/federicoguerrini/2016/09/19/engaging-citizens-or-just-managing-them-smart-city-lessons-from-china/#57b1368edab0, Aufruf vom 19.06.2017.

86 Daisy Carrington, CNN, ebenda.

87 Don Johnson, „Smart City Development in China", China Business Review vom 17.06.2017, https://www.chinabusinessreview.com/smart-city-development-in-china/, Aufruf vom 18.06.2017.

88 China Academy of Information and Communications / EU-China Policy Dialogues Support Facility, a.a.O., S. 23.

89 Federico Guerrini, a.a.O.

90 Frank Haugwitz (AECEA), Rolf Hug (SolarServer), „China wurde im dritten Quartal 2013 weltgrößter Photovoltaik-Markt und ist bereit für einen Multi-Gigawatt-Ausbau", SolarServer vom November 2013, http://www.solarserver.de/solar-magazin/solar-report/china-wurde-im-dritten-quartal-2013-weltgroesster-photovoltaik-markt-und-ist-bereit-fuer-einen-multi-gigawatt-ausbau.html, Aufruf vom 18.06.2017.

91 Frank Haugwitz, AECEA / Rolf Hug, a.a.O.

92 O.V., „Photovoltaik in Deutschland", Stromvergleich vom 05.06.2017: https://1-stromvergleich.com/strom-report/photovoltaik/Aufruf vom 18.06.2017.

93 Daniel Wetzel, „Chinas billige Solarzellen fluten den Weltmarkt", Die Welt vom 12.09.2016, https://www.welt.de/wirtschaft/article158064534/Chinas-billige-Solarzellen-fluten-den-Weltmarkt.html, Aufruf vom 18.06.2017.

94 Daniel Wetzel, a.a.O.

95 Franz Hubik/Till Hoppe, „18 weitere Monate Abschottung", Handelsblatt vom 02.03. 2017, http://www.handelsblatt.com/politik/international/zoll-auf-chinesische-solarmodule-18-weitere-monate-abschottung/19461966.html, Aufruf vom 18.06.2017.
96 Mario Brück, „Solarbranche boomt, Deutschland verliert", Wirtschaftswoche vom 24.10.2013, http://www.wiwo.de/unternehmen/energie/solarindustrie-solarbranche-boomt-deutschland-verliert/8951402-all.html, Aufruf vom 18.06.2017.

## *Anmerkungen zum 5. Kapitel*

1 Johnny Erling, „Chinas 13. Fünfjahresplan steht für Marktwirtschaft" vom 28.10.2015, in: „Die Welt", https://www.welt.de/print/die_welt/wirtschaft/article148156084/Chinas-13-Fuenfjahresplan-steht-fuer-Marktwirtschaft.html, Aufruf vom 01.08.2017.
2 KPMG, The 13th Five-Year Plan – China's transformation and integration with the world economy: Opportunities for Chinese and foreign businesses vom 20.10.2016: https://home.kpmg.com/cn/en/home/insights/2016/10/the-13th-fyp-opportunity-analysis-for-chinese-and-foreign-business.html, Aufruf vom 12.04.2017.
3 KPMG, a.a.O.
4 Nachrichtenagentur Xinhua (Website), „Regionale Entwicklungsstrategien des 13. Fünfjahresplans: Wie sich das Rad der Wirtschaft dreht" vom 09.11.2015: http://german.xinhuanet.com/2015-11/09/c_134797874.htm, Aufruf vom 04.11.2017.
5 N-TV (Website), „Parteitag in Peking: China will sauberer werden" vom 15.10.2007: http://www.n-tv.de/politik/China-will-sauberer-werden-article237258.html, Aufruf vom 12.04.2017.
6 Johnny Erling, a.a.O.
7 AHK China Delegierte der Deutschen Wirtschaft in Beijing (Website), „China veröffentlicht 13. Fünfjahresplan (2016-2020)" vom 23.03.2016, http://china.ahk.de/de/news/single-view/artikel/china-veroeffentlicht-13-fuenfjahresplan-2016-2020/?cHash=5d084facf9180cee4b948ef9d27b6b8f, Aufruf vom 14.04.2017.
8 O.V., China wird zum größten Supermarkt der Welt, Handelsblatt vom 22.04.2010, http://www.handelsblatt.com/unternehmen/mittelstand/einzelhandel-china-wird-zum-groessten-supermarkt-der-welt/3418302.html, Aufruf vom 16.05.2017.
9 PWC PricewaterhouseCoopers, Chinas Bevölkerung liebt westliche Lebensmittel vom Jahr 2012, http://www.pwc.de/de/handel-und-konsumguter/chinas-bevoelkerung-liebt-westliche-lebensmittel.html, Aufruf vom 17.04.2017.
10 Quelle: IMF, © Statista 2017.
11 AHK China Delegierte der Deutschen Wirtschaft in Beijing, Pressestatement: Marktwirtschaftlicher Status China vom 14.12.2016, http://china.ahk.de/de/news/single-view/artikel/pressestatement-marktwirtschaftsstatus-chinas/?cHash=a8bed7e54f060e6baa19d6ba1fcfbcaf, Aufruf vom 17.04.2017.
12 Wharton University Pennsylvania, „Where Will China's ‚One Belt, One Road' Initiative Lead?" vom 22.03.2017, http://knowledge.wharton.upenn.edu/article/can-chinas-one-belt-one-road-initiative-match-the-hype/, Aufruf vom 06.04.2017.
13 AHK China Delegierte der Deutschen Wirtschaft in Beijing (Website), a.a.O.
14 ifo Institut, Zentrum für Außenwirtschaft, Neue Handelsregeln für China? Chancen und Risiken für die EU vom Dezember 2015, http://www.cesifo-group.de/de/ifoHome/research/Projects/Archive/Projects_AH/2015/proj_AH_Trade_China.html, Aufruf vom 17.04.2017.

15 Alexander Kaymer, Kayro Solutions, Chancen aus Chinas 13. Fünfjahresplan vom 24.05.2016, CHINA NEWS: https://www.kayro.com.hk/de/news/china-news-chancen-aus-chinas-13-fuenfjahresplan-teil-2, Aufruf vom 17.04.2017.
16 Uptin Saiidi, CNBC, „Why foreign start-ups fail in China“ vom 23.05.2017, https://www.cnbc.com/2017/05/23/why-foreign-startups-fail-in-china.html, Aufruf vom 01.08.2017.
17 Nachrichtenagentur Xinhua, „10 konkrete Vorteile in den nächsten 5 Jahren“ vom 06.11.2015, http://german.xinhuanet.com/2015-11/06/c_134790525.htm, Aufruf vom 04.08.2017.
18 Hongkong Trade Center HKTDC, National Bureau of Statistics of China; Government Work Report vom März 2016, https://www.kayro.com.hk/de/news/china-news-chancen-aus-chinas-13-fuenfjahresplan-teil-1, Aufruf vom 17.04.2017.
19 AHK China Delegierte der Deutschen Wirtschaft in Beijing (Website), a.a.O.
20 Alexander Kaymer, Kayro Solutions, Chancen aus Chinas 13. Fünfjahresplan, CHINA NEWS vom 24.05.2016, https://www.kayro.com.hk/de/news/china-news-chancen-aus-chinas-13-fuenfjahresplan-teil-2, Aufruf vom 17.04.2017.
21 Ralph Schechterle, „Der 12. Chinesische Jahresplan: Umweltpolitische Betrachtung“, Hamburg 2014, S. 12.
22 Alexander Kaymer, Kayro Solutions, a.a.O.
23 Ebenda.
24 Ebenda.
25 Mercator Institute for Chinese Studies, „Chinas 13. Fünfjahresplan: Zu ehrgeizige Ziele gefährden die Reformagenda“ vom 31.03.2016: https://www.stiftung-mercator.de/media/downloads/4_Partnergesellschaften/Merics/China_Flash.pdf, Aufruf vom 22.04.2017.
26 Ebenda.
27 Dietrich Alexander, Johnny Erling, Sonja Gillert, Pekings Probleme: Daran könnte das mächtige China wirklich scheitern, Die Welt vom 31.07.2015, https://www.welt.de/politik/ausland/article144559090/Daran-koennte-das-maechtige-China-wirklich-scheitern.html, Aufruf vom 17.04.2017.
28 Vgl. Michael Vaupel, „Mehr Geld verdienen mit Rohstoffen“, München 2013.
29 World Bank, Cost of Pollution in China, Februar 2007.
30 Dietrich Alexander, Johnny Erling, Sonja Gillert, a.a.O.
31 O.V., „Artenvielfalt im Reich der Mitte – Chinas Probleme, Chinas Potenziale“, ohne Datum, http://www.wwf.de/themen-projekte/projektregionen/china/probleme-und-potenziale/, Aufruf vom 28.07.2017.
32 Dietrich Alexander, Johnny Erling, Sonja Gillert, a.a.O.
33 World Wildlife Fund, „Artenvielfalt im Reich der Mitte – Chinas Probleme, Chinas Potenziale“, o. Datum, http://www.wwf.de/themen-projekte/projektregionen/china/probleme-und-potenziale/, Aufruf vom 28.07.2017.
34 Gerald Heydenreich, „Qualifizierungsstrukturen von Führungskräften in der Volksrepublik China“, Hamburg 1996, S. 17.
35 Gerald Heydenreich, a.a.O., S. 18.
36 Ebenda, S. 19.
37 Ebenda, S. 25.
38 Ebenda, S. 22.
39 O.V., „Das Silicon Valley war gestern: Ist China der neue Innovationsmotor in der Tech-Branche?“, Trends der Zukunft vom 08.08.2016, http://www.trendsderzukunft.de/das-silicon-valley-war-gestern-ist-china-der-neue-innovationsmotor-in-der-tech-branche/2016/08/08/, Aufruf vom 30.07.2017.

40 Stefan Maierhofer, Investieren in China: Risiken und Erfolgsfaktoren für Unternehmen, Hamburg 2014, S. 16.
41 Minyan Luo und Constanze Müller, „Das Shanzai-Phänomen in der Debatte um Geistiges Eigentum in China" in: „Geistiges Eigentum in China", Wiesbaden 2011, S. 47.
42 Minyan Luo / Constanze Müller, a.a.O., S. 48.
43 Margot Schüller, „Innovation um jeden Preis? Chinas Innovationspolitik und Rückwirkungen auf Auslandsunternehmen in China" in: „Geistiges Eigentum in China", Wiesbaden 2011, S. 33.
44 Joachim Freimuth, „Geistiges Eigentum in China", Wiesbaden 2011, S. 3.
45 Florian Keßler / Jutta Ludwig, „IPR-Schutz in China aus Sicht der deutschen Wirtschaft" in: „Geistiges Eigentum in China", Wiesbaden 2011, S. 72.
46 Christian Breternitz, „Gefährliches Spielzeug aus China: Produktsicherheit in globalen Produktionsnetzwerken", Hamburg 2011, S. 34.
47 Martin Berger, Brigitte Nones, „Der Sprung über die große Mauer", a.a.O., S. 58.
48 Wei Liu, „China in the United Nations", Singapur 2014, S. 168.
49 Guangyu Hu, „The Cost of Development in China", Singapur 2017, S. 420.
50 Ebenda, S. 424.
51 Ebenda, S. 422.
52 Ebenda, S. 327.
53 Gerald Heydenreich, a.a.O., S. 23.
54 Stefan Maierhofer, a.a.O., S. 98.
55 Ebenda, S. 13.
56 Nina Trentmann, „‚Made in China' auf dem Weg zur Top-Marke", Die Welt vom 10.08.2012, https://www.welt.de/wirtschaft/article108563568/Made-in-China-auf-dem-Weg-zur-Top-Marke.html, Aufruf vom 02.08.2017.
57 Gerald Heydenreich, a.a.O., S. 24.
58 Stephan Scheuer, „Chinas ‚System der Unterdrückung'. Ausländische Konzerne werden diffamiert", Teleböse vom 25.10.2013, http://www.teleboerse.de/aktien/Auslaendische-Konzerne-werden-diffamiert-article11608026.html?coherent=true, Aufruf vom 02.08.2017.
59 Ruben Ranke, Stimmen aus China – ein Blog des Lehrstuhls Ethnologie der Globalisierung, Universität zu Köln und der Stiftung Asienhaus, „Verbraucherschutz als Wirtschaftshetze entlarvt – Organisierte Kritik an Apples Kundenservice im Internet fliegt auf" vom 10.04.2013, https://www.stimmen-aus-china.de/2013/04/10/verbraucherschutz-als-wirtschaftshetze-entlarvt-organisierte-kritik-an-apples-kundenservice-im-internet-fliegt-auf/, Aufruf vom 02.08.2017.
60 Jost Wübbeke, „Die Zeit", „Made in China 2025- die Kampfansage an Deutschland" vom 27.05.2015: http://www.zeit.de/wirtschaft/2015-05/china-industrie-technologie-innovation, Aufruf vom 02.08.2017.
61 Jörg Seyfart, Innovation und Unternehmertum in der VR China, Marburg 2005, S. 141.
62 Kurt Seinitz, „Zeitbombe China", Salzburg 2012, S. 8.
63 Ming Zeng / Peter J. Williamson, Harvard Business Review 10/2003, „The Hidden Dragons", S. 99.
64 Jörg Seyfart, a.a.O., S. 192.
65 Jörg Seyfart, a.a.O., S. 142.
66 Spiegel online (Website), „Anti-Korruptionskampf: China brüstet sich mit Erfolgen" vom 10.01.2017: http://www.spiegel.de/politik/ausland/china-praesident-xi-jinping-zieht-bilanz-zu-kampf-gegen-korruption-a-1129312.html, Aufruf vom 17.04.2017.

67 Brigitte Ott-Göbel, Gründerszene (Website), „So funktioniert die Startup-Szene in China“ vom 28.03.2016: https://www.gruenderszene.de/allgemein/startups-china, Aufruf vom 02.08.2017.

68 Chinesische Botschaft, „Chinas Startup-Boom: Alle 7 Minuten ein neues Unternehmen“ vom 10.07.2015: http://www.china-botschaft.de/det/zgtphsz/t1280376.htm, Aufruf vom 03.08.2017.

69 Uptin Saiidi, CNBC, a.a.O.

70 Brigitte Ott-Göbel, a.a.O.

71 Kane Wu / Julie Zhu, „Chinese bike-sharing startup in talks for billion dollar funding“, The Independent vom 28.07.2017, http://www.independent.co.uk/Business/indyventure/ofo-china-bike-sharing-startup-funding-billion-dollars-softbank-japan-a7864291.html, Aufruf vom 01.08.2017.

72 Beth Timmins, „Chinese bike-sharing startup Ofo trials in Cambridge ahead of European launch“, The Independent vom 20.04.2017, http://www.independent.co.uk/Business/indyventure/ofo-china-bike-sharing-startup-funding-billion-dollars-softbank-japan-a7864291.html, Aufruf vom 01.08.2017.

73 Marlene Ronstedt, „Warum der echte Startup-Boom gerade in China startet“, Wired vom 19.06.2017, https://www.wired.de/collection/business/china-niu-startup-shenzhen-joseph-constanty, Aufruf vom 03.08.2017.

74 Chinesische Botschaft, a.a.O.

75 Marlene Ronstedt, a.a.O.

76 Chinesische Botschaft, a.a.O.

77 Vgl. Hans Joachim Fuchs / Mingming Du / Alexander Gangnus / Liyuan Wang, „Neue Chancen in China: Mit den aufstrebenden Märkten wachsen, aber geistiges Eigentum schützen“, München 2012.

78 Klaus Fiala, „Armutsbekämpfung: Der Weg stimmt“, Forbes vom 09.10.2015, http://forbes.at/armutsbekampfung-der-weg-stimmt/, Aufruf vom 17.04.2017.

79 The World Bank, Global Poverty Line Update vom September 2015, http://www.worldbank.org/en/topic/poverty/brief/global-poverty-line-faq, Aufruf vom 17.04.2017.

80 Axel Dorloff, „China: Nachwuchssorgen trotz Zwei-Kind-Politik“ vom 17.02.2017, tagesschau.de, https://www.tagesschau.de/ausland/china-zwei-kind-politik-101.html, Aufruf vom 30.07.2017.

81 Martin R. Textor, Institut für Pädagogik und Zukunftsforschung (IPZF), „Zukunftsentwicklungen Weltbevölkerung“, ohne Datum, http://www.zukunftsentwicklungen.de/welt.html, Aufruf vom 18.04.2017.

82 Dietrich Alexander, Johnny Erling, Sonja Gillert, „Pekings Probleme: Daran könnte das mächtige China wirklich scheitern“, Die Welt vom 31.07.2015, https://www.welt.de/politik/ausland/article144559090/Daran-koennte-das-maechtige-China-wirklich-scheitern.html, Aufruf vom 17.04.2017.

83 Gu Zhenqiu / Gui Tao, „Kommentar: Chinas Anti-Terror-Internetregulierung sollte fair anerkannt werden“ Nachrichtenagentur Xinhua vom 04.08.2017, http://german.xinhuanet.com/2017-08/04/c_136499556.htm, Aufruf vom 04.08.2017.

84 Gu Zhenqiu / Gui Tao, ebenda.

85 Sandra Tjong, „Soziale Spannungen wachsen: Die Weltmacht China steht auf wackligen Beinen“, Focus vom 07.08.2012, http://www.focus.de/politik/ausland/tid-26772/soziale-spannungen-wachsen-in-der-aufstrebenden-weltmacht-china-rumortes_aid_792752.html, Aufruf vom 30.07.2017.

86 Ebenda.

87 Bundesregierung, „Staatsbesuch aus China: Pandabären als Symbol für die Beziehungen“ vom 05.07.2017, https://www.bundesregierung.de/Content/DE/Artikel/2017/ 07/2017-07-04-staatsbesuch-xi-jinping.html, Aufruf vom 06.07.2017.
88 Vgl. den Kommentar „Süße Pandas – hässliche Diktatur“ vom 07.07.2017 in: Märkische Oderzeitung, Frankfurt/Oder, S. 2.
89 EIR News Service Inc., EIR Special Report: „The New Silk Road Becomes The World Land-Bridge“, 3. Aufl. Feb. 2015, Lithning Source UK. Ltd., Milton Keynes 2015, S. I: 2.
90 Lai Suetyi, „Understanding Europe's Interest in China's Belt-and-Road-Initiative“, Carnegie Endowment for International Peace vom 10.05.2017: http://carnegieendowment.org/2017/05/10/understanding-europe-s-interest-in-china-s-belt-and-road-initiative-pub-69920, Aufruf vom 10.07.2017.
91 Zhang Weiwei, „The Rise Of A Civilizational State“, New Jersey 2012.
92 Zu einer Analyse der Haltung der 14 großen EU-Staaten zur Neuen Seidenstraße Vgl. Clingendael Institut für internationale Beziehungen, Europe and China's New Silk Roads, https://www.clingendael.nl/sites/default/files/Europe_and_Chinas_New_Silk_Roads_0.pdf, Aufruf vom 10.07.2017.
93 Yang Minghong, Understanding the One Belt One Road Initiative: Chinas Perspective, in: China's one Belt One Road Initiative, Challenges and Prospects, Ed. By Bat Kisahan Sharma Nivedita, Das Kundu, New Delhi 2016, S. 11.
94 Vgl. ETNC Report Europe and China's New Silk Roads, Dezember 2016, S. 7.
95 Zahng Weiwei, ebenda.
96 Zukunftsinstitut, Dossier Konnektivität, ohne Datum, https://www.zukunftsinstitut.de/dossier/megatrend-konnektivitaet/, Aufruf vom 14.07.2017.
97 Ebenda.
98 Glossar der Webseite des Zukunftsinstituts: http://www.zukunftsinstitut.de/mt-glossar/konnektivitaet-glossar/, Aufruf vom 14.07.2017.
99 Vgl. ebenda, S. 9.
100 Vgl. EIR Special Report, The New Silk Road, a.a.O., S. I:21.
101 Ebenda, S. I: 27.
102 Vgl. Konferenzdokumentation, Deutschlands Chancen mit der Neuen Seidenstraße, hrsg. von der E.I.R. GmbH, Wiesbaden 2016, S. 80.
103 Shi Ze, in: ebenda, S. 19.
104 Zhang Weiwei, The China Wave, a.a.O., S. 3.
105 Thomas Wrießnig, „Die geostrategische Bedeutung der Seidenstraßen-Initiative Chinas (OBOR)“ vom Februar 2017, ISPSW Strategy Series No. 471, http://www.ispsw.com/wp-content/uploads/2017/02/471_Wrie%C3%9Fnig.pdf, Aufruf vom 28.07.2017.
106 Thomas Wrießnig, a.a.O.
107 Thomas Wrießnig, a.a.O.
108 Shi Ze, ebenda, S. 16.
109 O.V., „US-Experten aufgrund neuer Chancen durch umweltfreundliche Entwicklung Chinas optimistisch“ Xinhua vom 09.11.2015, http://german.xinhuanet.com/2015-11/09/c_134797921.htm, Aufruf vom 04.08.2017.
110 Niall Ferguson, Der Aufstieg des Geldes, Berlin 2009, S. 252.
111 Heike Buchter, „Die Verflochtenen“, Die Zeit vom 07.03.2013, http://www.zeit.de/2013/11/Handelspartner-USA-China, Aufruf vom 15.07.2017.
112 O.V. „Celebrate the past, design the future – CRH trains soak up demand“, Railway Gazette International, 07/2015, S. 35.

113 Vgl. Lyndon Larouche Political Action Committee, The United States join the New Silk Road, A Hamilton Vision for an Economic Renaissance, Dezember 2015, S. 5.

114 Vgl. Peter Frankopan, „Licht aus dem Osten; Eine neue Geschichte der Welt", Reinbek 2016.

115 Ute Welty, Deutschlandfunk Kultur, „Chinas Projekt ‚Neue Seidenstraße': Waren statt Waffen?" vom 13.05.2017: http://www.deutschlandfunkkultur.de/chinas-projekt-neue-seidenstrasse-waren-statt-waffen.1008.de.html?dram:article_id=386106, Aufruf vom 06.08.2017.

116 Wharton University Pennsylvania, a.a.O.

## *Anmerkungen zum Anhang*

1 Vgl. Valerie Hansen, The Silk Road. A New History, Oxford 2012, S. 6.

2 Vgl. zu Ferdinand von Richthofen: Uta Lindgren, Art. „Richthofen, Ferdinand Paul Wilhelm Dieprand Freiherr von", in: Neue Deutsche Biographie, Bd. 21, Berlin 2003, S. 543 f.; Ute Wardenga, Ferdinand von Richthofen and the development of German geography, in: The Silk Roads. Critical Concepts in Asian Studies, 4 Bde., hg. v. Barbara Meisterernst, New York 2017, Bd. 1: Geography and History: Empires and Countries along the Silk Roads in Past and Present Times, S. 23-38.

3 Vgl. Ferdinand von Richthofen, China. Ergebnisse eigener Reisen und darauf gegründeter Studien, 5 Bde. mit Atlas, Berlin 1877 – 1911.

4 Vgl. ebd., Bd. 1: Einleitender Theil, Berlin 1877, S. 500.

5 Vgl. Valerie Hansen, The Silk Road. A New History, a.a.O., S. 8; Vgl. auch: Daniel C. Waugh, „Richthofen's ‚Silk Roads': Toward the Archaeology of a Concept", in: Silk Road 5, 2007, S. 1-10, online verfügbar unter: www.silk-road.com/newsletter/vol5num1/srjournal_v5n1.pdf.

6 Vgl. etwa die Broschüre: Turfanforschung. Berlin-Brandenburgische Akademie der Wissenschaften von 2007, online verfügbar unter: http://turfan.bbaw.de/bilder/Turfan_deutsch_07-Druck.pdf.

7 Vgl. Albert Herrmann, Die alten Seidenstrassen zwischen China und Syrien, Göttingen 1910.

8 Vgl. Sven Hedin, Die Seidenstraße, Leipzig 1936.

9 Sehr viel ausführlicher wird der Verlauf der Seidenstraße beschrieben in: The Silk Road. A History, a.a.O., S. 7-32.

10 Vgl. Roderich Ptak, Die maritime Seidenstrasse: Küstenräume, Seefahrt und Handel in vorkolonialer Zeit, München 2007.

11 Vgl. Peter Wieg, Chinesische See-Dschunken, Rostock 1984, S. 10.

12 Vgl. Marco Polo, Die Wunder der Welt. Die Reise nach China an den Hof des Kublai Khan, hg. u. übers. v. Elise Guignard, Frankfurt a. M./Leipzig 2003.

13 Vgl. Thomas O. Höllmann, Die Seidenstrasse, a.a.O., S. 25.

14 Vgl. Peter Wieg, Chinesische See-Dschunken, a.a.O. S. 12.

15 Siehe Peter Frankopan, Licht aus dem Osten, a.a.O., S. 428

16 Vgl. Valerie Hansen, The Silk Road. A New History, a.a.O., S. 13.

17 Vgl. zu weiteren frühen Kontakten entlang der Seidenstraße: Elena Efimowna Kuzmina, The Prehistory of the Silk Road, hg. v. Victor H. Mair, Philadelphia 2008.

18 Vgl. J. P. Mallory und Victor H. Mair, Tarim Mummies: Ancient China and the Mystery of the Earliest Peoples from the West, London 2000, S. 179 ff.

19 Vgl. Monika Motsch, Die chinesische Erzählung. Vom Altertum bis zur Neuzeit, München 2003, S. 41 f.

20 Vgl. Irene M. Franck u. David M. Brownstone, The Silk Road: A History, a.a.O., S. 33 ff.

21 Siehe zu dieser legendären Gottheit der Chinesen: Suzanne E. Cahill, Transcendence and divine passion. The Queen Mother of the West in medieval China, Stanford CA 1993.

22 Eine sehr ausführliche Darstellung der Reise Zhang Qians in: Irene M. Franck u. David M. Brownstone, The Silk Road: A History, a.a.O., S. 91 ff.

23 Vgl. Sima Qian, Shiji xuan. Aus den Aufzeichnungen des Chronisten, 3 Bde., übers. v. Gregor Kneussel u. Alexander Saechtig, Peking 2016, Kap. 123.

24 Diese Verbindung ist nicht gesichert, aber wahrscheinlich. Die Bezeichnungen „Xiongnu" und „Hunnen" sind phonetisch verwandt. Zudem beschreibt ein sogdischer Brief einen Angriff der Xiongnu im Jahr 316 n. Chr. den Namen der Angreifer als „xwn" – das heißt als „Hunnen" (Vgl. James A. Millward, The Silk Road. A Very Short Introduction, Oxford 2013, S. 27).

25 Siehe ausführlich hierzu: Ma Yong u. Sun Yutang, The Western Regions under the hsiung-Nu and the Han, in: The Silk Roads, a.a.O., Bd. 1, S. 57-69; siehe zu grundsätzlicheren Überlegungen zu den Auseinandersetzungen Chinas mit den Nomadenvölkern Zentralasiens: Nicola Di Cosmo, Ancient Inner Asien Nomads. Their economic basis and its significance in Chinese history, in: Silk Roads, a.a.O., S. 374-411.

26 Siehe zu Maodun: Nicola Di Cosmo, Ancient China and Its Enemies, Cambridge 2002, S. 174 ff.

27 Vgl. James A. Millward, The Silk Road. A Very Short Introduction, a.a.O., S. 24.

28 Siehe zu Sogdien: B.I. Marshak u. N.N. Negmatov, Sogdiana, in: The Silk Roads, a.a.O., Bd. 1, S. 170-190.

29 Vgl. Thomas O. Höllmann, Die Seidenstrasse, a.a.O., S. 67. – Siehe zu den Handelsnetzwerken der Sogder: Richard N. Frye, The merchant world of the Sogdians, in: The Silk Roads, a.a.O., Bd. 3: Famous travellers on the Silk Road: generals, monks, merchants and explorers, S. 1-4.

30 Vgl. Valerie Hansen, The Silk Road. A New History, a.a.O., S. 15 f.

31 Vgl. ebd., S. 16 f.

32 Vgl. ebd., S. 17.

33 Ebd., S. 17 f. [Übers. N.E.].

34 Der Periplus des Erythräischen Meeres von einem Unbekannten, griech.-dt., hg. u. übers. v. B. Fabricius, Leipzig 1883, § 64, S. 109 f.

35 Vgl. Valerie Hansen, The Silk Road. A New History, a.a.O., S. 19.

36 Vgl. James A. Millward, The Silk Road. A Very Short Introduction, a.a.O., S. 66 f.

37 Vgl. Vergil, Georgica, lat.-dt., hg. u. übers. v. Otto Schönberger, Stuttgart 1994, II, Z. 120.

38 Vgl. Strabon, Geographika, 10 Bde., hg. v. Stefan Radt, Göttingen 2002–2011, Bd. 8, XV, 1, 21.

39 Vgl. Plinius, Naturkunde, lat.-dt., hg. u. übers. v. Roderich König u. a., 32 Bde., München/Zürich 1973-2004, Buch VI, 54.

40 Vgl. Valerie Hansen, The Silk Road. A New History, a.a.O., S. 20.

41 Vgl. James A. Millward, The Silk Road. A Very Short Introduction, a.a.O., S. 26.

42 Siehe zu den Hephthaliten: Franz Altheim, Die Hephthaliten in Iran, Berlin 1960; Boris A. Litvinsky, The Hephthalite Empire, in: The crossroads of civilizations. A.D. 250 to 750, hg. v. Boris A. Litvinsky, Paris 1960.

43 Vgl. Wu Chengen, Die Reise nach Westen. Ein klassischer chinesischer Roman, übers. u. hg. v. Eva Lüdi Kong, Stuttgart 2016.

44 Siehe zur Ausbreitung des Buddhismus entlang der Seidenstraße vertiefend: Xinru Liu, A Silk Road legacy: the spread of Buddhism and Islam, in: The Silk Roads, a.a.O., Bd. 2: Religions on the Silk Roads: Buddhism, Manichaeism, Nestorianism and Islam, S. 406 ff.

45 Ausführlicher zu dieser Zeit mit weiterführender Literatur: Boris A. Litvinsky u. Zhang Guang-da, Central Asia, the Crossroads of Civilizations, in: The Silk Roads, a.a.O., Bd. 1, S. 354-373.

46 Vgl. James A. Millward, Eurasian Crossroads: A History of Xinjiang, New York 2007, S. 36.

47 Vgl. Wilhelm von Rubruck, Reisen zum Großkhan der Mongolen. Von Konstantinopel nach Karakorum 1253–1255, hg. v. Hans D. Leicht, Darmstadt 1984, S. 40.

48 So etwa Matthäus Parisiensis, der die Mongolen mit den legendären Völkern Gog und Magog verglich, die dem Antichrist – und damit dem Ende der Welt – unmittelbar vorausgingen. Vgl. Matthäus Parisiensis, Chronica Majora, hg. v. Henry Richards Luard, 7 Bde., Bd. 4, [A.D. 1240–A.D. 1247], London 1877 [Reprint Wiesbaden 1964], S. 76.

49 Diese Legende eines christlichen und sehr mächtigen Königs im fernen Osten – gleich vor dem Irdischen Paradies gelegen – beflügelte die Fantasie der Europäer bis ins 16. Jahrhundert hinein. Die Legende geht auf eine der folgenreichsten Fälschungen der Geschichte zurück: Im Jahr 1165 tauchte ein Brief an den byzantinischen Kaiser Manuel I. Komnenos auf, in dem der angebliche Priesterkönig Johannes sein Reich beschreibt, in dem nahezu alle Legenden der Zeit – von Skiapoden über Edelsteinflüsse bis hin zu sich niemals leerenden Tischen und riesigen Überwachungsspiegeln – vertreten waren. Der Brief wurde so ernst genommen, dass Papst Alexander III. im Jahr 1177 sogar seinen Leibarzt Philippus mit einem Antwortschreiben aussandte – allerdings ohne jemals wieder etwas von Philippus zu hören (siehe ausführlich: Nikolaus Egel, Die Welt im Übergang, a.a.O., S. 307-315).

50 Vgl. Johannes von Plano Carpini, Kunde von den Mongolen 1245–1247, hg. u. übers. v. Felicitas Schmieder, Sigmaringen 1997.

51 Vgl. Wilhelm von Rubruck, Reisen zum Großkhan der Mongolen. Von Konstantinopel nach Karakorum 1253-1255, a.a.O., S. 19 ff.

52 Vgl. ebd., S. 33.

53 Ebd., S. 98.

54 Vgl. ebd., S. 162 ff.

55 Vgl. Nikolaus Egel, Die Welt im Übergang, a.a.O., S. 148 f.

56 Ebd., S. 192.

57 Vgl. Michèle Guéret-Laferté, Le voyageur et le géographie: l'insertion de la relation de voyage de Guillaume de Rubrouck dans l'Opus maius de Roger Bacon, in: La géographie au Moyen Age. Espaces pensés, espaces vécus, espaces revés, Perspectives médiévales, Suppl. 24, 1998, S. 81-96; Roger Bacon, Opus maius, hg. u. übers. v. Nikolaus Egel, Hamburg 2017.

58 Vgl. Marco Polo, Il libro di Messer Marco Polo Cittadino di Venezia detto Milione dove si raccontano Le Meraviglie del Mondo, hg. u. übers. v. Luigi Foscolo Benedetto, Mailand/Rom 1932.

59 Vgl. ebd., S. 156 ff.

60 Vgl. ebd., S. 151.

61 So findet man beispielsweise in einer toskanischen Marco-Polo-Handschrift aus dem 14. Jahrhundert die Schlussbemerkung des Abschreibers: „Hier endet das Buch von Messer Marco Polo aus Venedig, welches ich, Amelio Bonaguisi, Bürger-

meister von Ciereto Guidi, mit eigener Hand abgeschrieben habe, um mir die Zeit und die Schwermut zu vertreiben. Und wenngleich mir einiges unglaublich zu sein scheint, glaube ich nicht, daß das, was er sagt, erlogen ist, sondern vielmehr wunderbar. Vielleicht ist das, wovon er erzählt, auch wahr, aber ich glaube es nicht; freilich finden sich auf der Welt von einem Land zum anderen ziemlich verschiedenartige Dinge." (In: Marco Polo, Il Milione. Versione toscana del trecento, hg. v. Valeria Bertolucci Pizzorusso, Mailand 1975, S. 333, zitiert nach: Marina Münkler, Marco Polo. Leben und Legende, München 1998, S. 96 f.).

62 Francesco Balducci Pegolotti, La pratica delle mercatura, hg. v. Allen Evans, Cambridge/MA 1936, S. 21 f., deutsche Fassung zitiert nach: Thomas O. Höllmann, Die Seidenstraße, a.a.O., S. 70 f.

63 Vgl. Peter Frankopan, Licht aus dem Osten, a.a.O., S. 275 ff.

64 Zu diesen Vorbereitungen und ihren geistigen Kontexten siehe ausführlich: Nikolaus Egel, Die Welt im Übergang, a.a.O., S. 167 ff.

# Die Autoren

**Wolf D. Hartmann**, Prof. Dr., internationale Innovations- und Umweltberatung. Wirtschaftsingenieurstudium an der TU Dresden, Promotion in Berlin und Habilitation an der TU Dresden. Als Hochschullehrer und in leitender Position in der Industrieforschung in Berlin, Bochum, Witten/Herdecke sowie in Iserlohn und in Osteuropa sowie Zentralasien tätig. Autor zahlreicher wissenschaftlicher und literarischer Buchpublikationen, insbesondere zur Kritik des Managements und nachhaltigen Innovationen. Mitglied der Europäischen Akademie der Wissenschaften und Künste sowie der Vereinigung Deutscher Wissenschaftler.

**Wolfgang Maennig** ist Professor für Volkswirtschaftslehre am Fachbereich Volkswirtschaftslehre der Universität Hamburg. Er war Gastprofessor an der University of California Berkeley, am MIT, an der Federal University Rio de Janeiro, an der American University in Dubai, an den Universitäten Stellenbosch (Südafrika) und Istanbul sowie an der Wirtschaftsuniversität Bratislava. Seine Forschungsarbeiten zur Verkehrswissenschaft sowie zur Stadt- und Regionalwissenschaft wurden in den führenden nationalen und internationalen wissenschaftlichen Zeitschriften veröffentlicht. Wolfgang Maennig hat vielfach als Gutachter für große Infrastrukturprojekte oder Projekte mit großen Infrastruktureffekten gearbeitet, z.B. Zum Projekt der Magnetschwebebahn und zu den Olympiabewerbungen von Berlin 2000, Leipzig 2012 und München 2018.

**Run Wang**, Prof. Dr., Hochschullehrer. Studium der Wirtschaftsgeografie an der Northwestern Universität in Xian, China. Promotion mit Unterstützung des DAAD an der Universität Gießen. Als Forschungsteamleiter und in leitender Position an einem Institut der Chinesischen Akademie der Wissenschaften in Xiamen tätig sowie an der Hubei Universität in Wuhan, China.

**Nikolaus Egel** (geb. 1984), Dr., studierte Philosophie an der Ludwig-Maximilians-Universität München, promovierte über die *Mappamondo* des Fra Mauro und ist Wissenschaftlicher Mitarbeiter am Lehrstuhl für Wissenschaftsgeschichte der Ludwig-Maximilians-Universität. Seine Forschungsschwerpunkte sind die Philosophie und die Kulturgeschichte des Mittelalters und der Renaissance. Derzeit arbeitet er über Roger Bacon sowie über die Geschichte der Seidenstraße im Mittelalter und der Frühen Neuzeit.